Donata Elschenbroich | *Todo lo que hay que saber a los siete años*

imago mundi

Donata Elschenbroich

Todo lo que hay que saber a los siete años

Cómo pueden descubrir el mundo los niños

Traducción de Nuria Villagrasa Valdivieso

Ediciones Destino | Colección imago mundi **Volumen 42**

Título original: *Weltwissen der Siebenjährigen.*
Wie Kinder die Welt entdecken können.

© Verlag Antje Kunstmann GmbH, München 2001
© Ediciones Destino, S. A., 2004
Diagonal, 662-664. 08034 Barcelona
www.edestino.es
© de la traducción, Nuria Villagrasa Valdivieso, 2004
Primera edición: enero 2004
ISBN: 84-233-3579-8
Depósito legal: M. 52.366-2003
Impreso por Lavel Industria Gráfica, S. A.
Gran Canaria 12. Humanes de Madrid
Impreso en España - Printed in Spain

ÍNDICE

I

EDUCACIÓN EN CONOCIMIENTOS DEL MUNDO

Las personas no son sólo seres que nacen, sino también seres que deben nacer al mundo. Uno de nuestros rasgos esenciales es que nacemos prematuros. Para poder acomodarnos en el mundo poco a poco, necesitamos que nos lo *enseñen*. Además, las crías humanas son las únicas que *señalan* las cosas. Una orden, una petición, un diálogo que empieza antes de la adquisición del habla. El bebé, que aún no es un sujeto activo, ordena, pide: «¡Explícame, responde!». El dedo, la mano del bebé, que ya puede levantar y girar la cabeza, elige. En el entorno en el que se encuentra el niño, sobre todo en esta parte real del mundo, el niño escoge con determinación el objeto que le llama la atención, la bicicleta, el secador: «¡Eso!». El niño se asombra y transforma su asombro en un gesto, en una interrogación. Es un aprendiz nato. El niño escenifica el diálogo: la mirada pasa del fenómeno al adulto, el compañero mayor que se siente seguro en el mundo. Con una confianza instintiva en su poder, en sus conocimientos del mundo y en su benignidad, le exige: «¡Dámelo! ¡Compártelo conmigo! ¡Te toca!». Y el adulto no puede hacer otra cosa. La madre, mecenas biológica durante nueve meses, sigue siéndolo a través de un mecenazgo pedagógico elemental. Pero la madre no es la única, todos somos maestros natos. No podemos negarnos. De forma intuitiva, nos entregamos al diálogo con el bebé en una cantinela en falsete, alargando y repitiendo las sílabas. Así, ofrecemos al bebé la mejor propedéutica posible para la adquisición del lenguaje. Ponemos la cara en el ángulo correcto y a la distancia adecuada para los ojos del recién nacido de forma que éste pueda aprender a descifrar los mensajes del rostro humano. Y reaccionamos, solícitos, ante las preguntas gestuales, el dedo señalador, la mirada que vaga entre el objeto que observa fijamente y nuestros ojos. Es nuestro turno. Los adultos en contacto con recién nacidos nos ponemos manos a la obra y actuamos como nos enseñaron. A los niños de un año les decimos el nombre de las cosas, comentamos sus movimientos como si fuéramos reporteros deportivos, aunque nuestras palabras aún no tengan sentido en su vocabulario. Estamos programados para hablar con nuestros descendientes.[1] Sólo podemos evolucionar como seres humanos si nos sentimos mimados.

Levantar la cabeza o escuchar son gestos que crean el mundo. El niño levanta la cabeza y ve cómo se abre el mundo. Al mismo tiempo, el niño crea un horizonte, la frontera entre lo conocido y lo desconocido, lo real y lo posible. Ganar terreno, ampliar el horizonte, para crecer en el mundo sin cesar: eso es aprender. El ser humano, afirma Sloterdijk, es un «animal de varios mundos», y la apropiación del mundo es la «continuación del nacimiento con otros medios».[2]

El mundo es la suma de todo aquello con lo que se conforman las experiencias cuando se está en él. Esta convivencia progresiva con el mundo nos dura toda la vida, pero en las etapas tempranas de la vida resulta especialmente arriesgada, prometedora, pionera. Durante los primeros años, todo está orientado genéticamente para que la joven persona que aún no se adapta biológicamente, dotada de un potencial profusamente variado, pueda asimilar las señales necesarias para su existencia, ya sea en Borneo, Boston o Bremen. En estos primeros años, depende mucho más claramente de los demás, de los emisores de información. Para comprender las expresiones de la cara y descifrar la lengua se precisa una gran capacidad intelectual. Al cerebro humano le gusta aprender de otras personas. No tiene por qué ser la madre biológica, pues la naturaleza ha sido buena previsora. Cualquier otra persona que le aventaje en conocimientos del mundo puede participar.

Sigmund Freud llamaba «inteligencia radiante» a las tremendas dotes naturales, a las ganas de inventar, al entusiasmo por aprender, de los niños en edad preescolar. ¿Conoce a algún niño en edad de gatear que no tenga ganas de aprender a gatear? Son auténticos aprendices. No hacen trampas, no dejan que les ayuden a encontrar la solución...

«Si los niños continuaran creciendo con la misma fuerza, contaríamos con cientos de genios»,[3] afirmó Goethe en su obra *Poesía y verdad* en relación con el enorme potencial de desarrollo que muestran los niños durante los primeros años. El «horizonte» es transparente. La abundancia de lo existente manifiesta al niño el poder de lo posible. La conciencia del mundo también es siempre la conciencia del exceso. Aquel que empieza a estar en el mundo, está camino de crecer en el mundo.

LOS PADRES

¿Qué debería conocer, saber, haber vivido un niño a los siete años de vida?

¿Quién se hace esa pregunta? Los padres. Los niños representan un mensaje de lo que es posible también para los padres.

Esto no sólo es prometedor, sino también inquietante. ¿El niño tiene lo que necesita? Transcurridos los primeros años, siempre hay algún momento en que los padres se hacen esta pregunta. Al principio, se preocupaban de conocer al niño, su ritmo, su temperamento. Y el niño estaba completamente ocupado con el programa que llevaba consigo, con sus primeras tareas de desarrollo ontogénicas. Cada tarea, en cuanto se dominaba, llevaba a la siguiente: fijarse, agarrar, sentarse, morder, andar...

Pero después, cuanto más avanza el niño en el habla, más rápido se amplía el horizonte y se multiplican las posibilidades y alternativas del estímulo. Lo que no hacemos, ¿es una omisión?, ¿es negligencia? Lo que no estimulamos, ¿quedará yermo? Presente, en medio, en contacto con todo lo que queda a mano, así está el niño camino del mundo. Obviamente dispone de materia prima, pero ¿es suficiente para el futuro?

No hay ninguna madre ni ningún padre que no esperen en su interior algo más de sí mismos. ¿Más de qué? No puede ser lo mismo que en la propia infancia. ¿Cómo lo hacen otros padres? ¿Qué opinan los especialistas? ¿Qué necesita *este* niño? De repente, el tiempo empieza a apremiar. En los primeros meses y años, a los padres les parece que el tiempo no pasa lo suficientemente deprisa hasta que pueden volver a dormir por la noche sin interrupciones, hasta que el niño pasa una noche en otra casa por iniciativa propia. A partir de ese momento, el tiempo vuela. Mentalmente se calcula el resto de la infancia. ¿Cuántos años quedan para que empiece a ir al colegio? ¿Debería vivir en un paraíso de juegos a los dos y tres años ? ¿Hay que proteger al niño de cualquier exigencia y dejarle «en paz»? Pero ¿y si en la familia se hablan dos lenguas? Si se quiere que el niño adquiera una segunda lengua materna, habría que empezar a enseñársela ahora. Hemos leído sobre las «ventanas de desarrollo», sobre los momentos óptimos para la adquisición de los fundamentos cognitivos, matemáticos, lingüísticos y musicales. ¿Se cerrará una ventana de desarrollo con cada vela del pastel de cumpleaños? ¿Nos parece demasiado fácil? ¿Qué hemos pasado por alto? La prima de Inglaterra sólo tiene cuatro años y ya firma la postal con su nombre y un saludo...

Al igual que los animales hacen con sus crías, los padres inspeccionan el terreno al que envían al hijo. Mentalmente dan vueltas concéntricas alrededor de la zona, como el pájaro que sobrevuela el nido. ¿Dónde están hoy en día los campos donde alimentarse? ¿Cuándo resulta menos peligroso dar el siguiente paso de desarrollo hacia el exterior? En salidas exploratorias, los padres examinan el siguiente fragmento de mundo, lo que el psicólogo del desarrollo ruso Lev Vygotsky denominó *zone of proximal development*.

Al mismo tiempo sabemos que, a diferencia de los gorriones o las crías de canguro, el ser humano no puede seguir un programa genético seguro durante el crecimiento. La capacidad de decisión, la libertad de elegir y de decir no forman parte de la capacidad de supervivencia y de la suerte de los seres humanos. Sólo las preguntas *propias*, sólo las soluciones *propias* del niño le convierten en un contemporáneo, en un conocedor del mundo humano. Abandonado en la autopista de la información, el niño se encoge. El conocimiento es siempre algo personal y social, un conocimiento unido al sujeto.

Haber entendido estas tareas de desarrollo específicas y contemporáneas, supone prever todo lo que se planea para el niño sabiendo que puede salir de otra forma. Una duda pedagógica, el escepticismo frente a la enseñanza y la escolarización, una relación ligeramente irónica con la pedagogía en general, todo eso es herencia del siglo XX, del «siglo de los niños». A través de las tentativas y los errores en la búsqueda de la infancia ideal durante el siglo XX, también hemos aprendido que a los niños no se les puede enseñar. Sólo pueden aprender por sí mismos. Los programas de formación de los años setenta para la adquisición temprana de la habilidad lectora no han conseguido que los niños sean más inteligentes. A finales de siglo, muchos adultos vieron cómo sus conocimientos perdían valor y dudaron de la ventaja generacional que poseían en conocimientos. «Y veía que su hija le sacaba ahora ventaja en muchos aspectos, cosa que agradecía a los tiempos: al presente», comenta Peter Handke en 1980 en su libro *Historia de niños*.[4]

Veinte años después, cinco adultos en una sala de conferencias se esfuerzan en vano en poner en marcha un proyector de vídeo. En busca de ayuda, preguntan: «¿Hay algún niño por aquí?».

¿Cómo se integrarán esos conocimientos en el apoyo a la construcción de los conocimientos del mundo? En el caso del niño, se trata de reafirmar sus capacidades, de que se convierta en su propio profesor. ¡Cuánta reflexión, energía y tiempo necesita el joven adulto cuando se enfrenta solo en sus nuevos comienzos, en su propio desaprendizaje y aprendizaje!

PUERTAS DE LA CULTURA

¿Qué debería conocer, saber, haber experimentado un niño a los siete años de vida? ¿Con qué debería por lo menos haber entrado en contacto?

Eso mismo se preguntan culturas enteras. Como mínimo, la sociedad responde a la pregunta de facto, lo que permiten o niegan a los niños en su primera etapa. La organización de la infancia, la estructuración de esta etapa de la vida de una parte de la población es una tarea constante de la sociedad. ¿A través de qué puertas al exterior envían las sociedades a sus niños?

Los niños son la clave para comprender un país; no sólo para comprender las costumbres de una sociedad, sino también para comprender su inteligencia colectiva, su capacidad de futuro. ¿En qué se invierte en los primeros años de cada generación? ¿Cuánta atención en forma de tiempo, fantasía y dinero merecen según los adultos? ¿Qué libertades se permiten a los adolescentes? ¿En qué ocasiones pueden decir no?

Las ciencias psicológicas de los niños y la investigación sociológica de la infancia de momento no han contribuido mucho al conocimiento de uno mismo en comparación con otros países. Los indicadores todavía son demasiado vagos. Calculamos la tasa de mortalidad infantil de todos los rincones del mundo, algo sabemos también sobre las estructuras familiares en las que crecen los niños en Calcuta, California y Kenia. Pero, por ejemplo, ¿cómo se reparten las generaciones el *espacio* en las distintas sociedades? El espacio dentro de la vivienda. El espacio en las ciudades. ¿Cuánto espacio les corresponde a los niños en los discursos públicos, en los medios de comunicación? ¿Los niños son sobre todo un asunto de mujeres, un tema para el suplemento dominical o una cuestión para la portada, para la franja de máxima audiencia? ¿Con qué *fantasías* culturales se ocupan los primeros años de vida de los niños? ¿Predominan las expectativas de rendimiento o más bien las fantasías regresivas sobre un oasis sin tensiones, un «paraíso infantil»? ¿Cuánto *tiempo* (tiempo de la madre, tiempo de relaciones) se dedicará a los niños? ¿Qué valor tiene ese tiempo en la sociedad? ¿Se lo tendrá en cuenta? ¿Se recompensará? ¿Qué *reputación* tienen los que se ocupan de los niños de forma profesional? ¿Su trabajo se considera atractivo o de segunda categoría?

Para semejantes filtros en la cultura del crecimiento, hacen falta todavía estudios comparativos. Una tarea para el futuro.

¿Qué debería conocer, saber, haber vivido un niño a los siete años de vida? ¿Con qué debería por lo menos haber entrado en contacto? Eso mismo se preguntan los educadores en los parvularios. No hace mucho que se plantean estas cuestiones tan amplias; de hecho, sólo desde que existe un nuevo debate educativo en el que se presta cada vez más atención a la etapa de la primera infancia.

Desde 1996, cada niño que vive en Alemania tiene derecho a una plaza en un parvulario. A partir de los cuatro años, como muy tarde, se considera a todos los niños que viven en Alemania «niños de parvulario».

Actualmente, los niños pasan unas 4.000 horas despiertos en un parvulario antes de empezar el colegio. Durante estas horas, deben estar expresamente más que «cuidados». La ley de educación infantil alemana de 1996 establece una misión educativa a todos los parvularios. De este modo, se supera, al menos sobre el papel, la histórica separación en diferentes modelos de parvularios, algo que de hecho era siempre una división de clases; por una parte, el mero cuidado de los niños de las madres que trabajaban en la industria o en el campo, y, por otra, la estimulación y la educación de los niños en selectos parvularios a cambio de elevados precios o del trabajo no remunerado de las madres. Desde que entró en vigor la ley de educación infantil en Alemania, no hay organismos ni academias de formación continua que no dediquen cada año varias conferencias a esta nueva «responsabilidad educativa en la etapa infantil».

En Alemania, los educadores no forman parte de una profesión mimada. En los últimos treinta años se ha cuadruplicado el número de profesionales en este campo. Sin embargo, la situación de las educadoras (el 95 por ciento son mujeres) no ha cambiado. En el mejor de los casos, ganan dos tercios del sueldo de las profesoras de educación primaria, y su formación en las escuelas de enseñanza media, apartadas de las de artes y ciencias, no les permiten trabajar en un país europeo. En cuanto a la situación de la formación de los educadores, Alemania, junto con Austria, se encuentra por detrás de los países europeos. A la profesión de educador infantil se suelen dedicar mujeres jóvenes que no han tenido una buena experiencia en los estudios. La expansión de la formación y el creciente número de aspirantes a la universidad ha apartado del campo profesional a muchas jóvenes emprendedoras y conscientes de su valía.

En el siglo XX, la infancia se consideró en ocasiones una cuestión de esperanza. Movilizó visiones y energías que no se limitaban a las de aquellos que se ocupaban directamente de los niños (padres y educadores). El último gran «despertar de la infancia» en este sentido se produjo en los años posteriores a 1968.

Muchos de los que actualmente tienen éxito en la política o en los medios de comunicación trabajaron en tiendas infantiles en los años setenta. Entonces había un consenso casi intuitivo en que, para superar el carácter autoritario, como el que habían aportado el nacionalsocialismo y los años cincuenta, había que empezar en los jardines de infancia. Las bases sociales y psicológicas del carácter democrático sólo se pueden sentar en los primeros años de vida.

La relación con los niños se volvió más liberal, y la atención se centró en nuevos temas relacionados con el horizonte de su crecimiento. No obstante, en los años ochenta disminuyó la energía reformadora. Se hizo el silencio en torno a los niños y la infancia. Se hablaba de ellos como de los pensionistas, es decir, del número decreciente de niños y de pensionistas. Además, los niños y la infancia atraían pocas ideas; se trataba de una minoría social de la que ya se ocuparían los profesionales del ámbito social. En el marco profesional de los parvularios de Alemania occidental, en los años ochenta se trataba sobre todo de «cuidar» en «centros de atención» con «horarios de apertura a medida» mientras la madre trabajaba o estudiaba.

El sujeto de interés pasó del niño a la mujer. El lema rector era la «conciliación de la vida familiar y laboral», por lo que el parvulario se convirtió en una empresa de servicios.

Durante esos años, el debate de los educadores profesionales se centró básicamente en las «condiciones marco del trabajo con los niños». Absurdos hasta en cuanto al lenguaje, a partir de entonces los parvularios pasaron a llamarse «instalaciones» en las que se les debía «cuidar en función de las necesidades». Con los «padres de los alumnos» se negociaban los «enfoques de los cuidados» y el «horario de apertura» en función de sus «expectativas», y en el parvulario, los niños ya no se encontraban en habitaciones, sino en «espacios». En todo caso, para los niños la estancia debía resultar soportable; eso era lo mínimo que se tendría que esperar de un país rico. El parvulario debía ser, sobre todo, un entorno tranquilo y entretenido. El aprendizaje debía producirse, si es que se producía, de forma espontánea e inadvertida. El primer contacto con las artes y las ciencias se aplazaba para los años posteriores. Las educadoras no tenían nada que aportar, cumplían puramente una función social. El aprendizaje y la formación se equiparaban a la «exigencia de rendimiento», y no «anticipar» esa exigencia se consideraba la función especial de los educadores. Las palabras clave eran «creatividad» y «no autoridad». Parece que hubo poca preocupación por el futuro de los niños en los años ochenta, en aquellos años de la certeza del desarrollo de la vieja república federal, los años con la tasa de desempleo más baja de la historia alemana.

¡No escolarizar a los niños! Aún hoy, las educadoras describen sus escenarios de futuro como lugares con zonas de descanso, espacios protegidos en las escuelas infantiles con luz suave, habitaciones para dormir la siesta, música suave, aromas agradables, colchonetas mullidas, hamacas... Pedagogía de la tranquilidad, pedagogía del ocio. En contraposición a esta imagen, está la del niño como investigador, inventor, estimulado mediante áreas de escritura, bancos de trabajo, muestras interactivas..., pero los modelos no suelen seguir esta dirección. Así pues, la profesión se pone en marcha y busca cómo entender la nueva misión educativa. Los padres jóvenes (educados en el ambiente contrario al concepto de rendimiento de los años ochenta) hace tiempo que han experimentado en su formación y en su puesto de trabajo la transición de la sociedad industrial a la del conocimiento. Las rápidas transformaciones de la rutina cotidiana preocupan a los educadores tanto como a los padres de niños en el parvulario. También se sabe que, en los estudios comparativos internacionales, el sistema educativo alemán no sale muy bien parado. Se está creando una nueva imagen de la infancia, un nuevo autoconcepto del educador: «Aprender a aprender». ¿Cómo puede reflejarse en esas 4.000 horas?

La pedagogía elemental académica alemana no ayuda a sus 400.000 educadoras. Con apenas un puñado de cátedras, en Alemania la pedagogía de la primera infancia vive a la sombra. Aunque nadie espera que la pedagogía académica sea la salvación, no por ello es menos grave el hecho de que en este campo apenas haya tesis, congresos y ningún doctorado, y que falten revistas internacionales en las bibliotecas. Por eso, a grandes rasgos, en Alemania se puede aprender poco de la experiencia de otros países. Apenas sabemos algo de los *Early Excellence Centers* de Gran Bretaña, de la pedagogía de Reggio Emilia de Italia, de los proyectos de *emergent curriculum* (investigación del currículo en la etapa elemental) de Estados Unidos, o de la cuidada pedagogía infantil de Japón. La situación de la pedagogía elemental alemana está aislada de esos estímulos, prácticamente sólo se conoce a sí misma.

LA INVESTIGACIÓN SOBRE LOS CONOCIMIENTOS DEL MUNDO

¿Qué debería conocer, saber, haber vivido un niño a los siete años de vida? ¿Con qué debería por lo menos haber entrado en contacto?

Durante tres años, entre 1996 y 1999, hemos entrevistado a personas de todas las edades, de todas las clases sociales y de todos los niveles educativos. Padres, abuelos, educadores y jóvenes. Investigadores, psicólogos del desarrollo, sociólogos y profesores de enseñanza primaria. El director de una residencia de ancianos, un arzobispo, madres en tratamiento de recuperación posparto, padres desempleados, empresarios, un general del ejército suizo, el vendedor del quiosco de la estación de tren, la estudiante de empresariales... ¿Qué conocimientos del mundo desean los especialistas de todo tipo para los niños de siete años de hoy en día?

(¿Por qué siete años? Un número mágico. Una primera etapa de la vida en muchas culturas. Además, en Alemania marca el paso del aprendizaje informal al formalizado, ya que esta etapa acaba en el primer año de colegio.)

Una investigación de este tipo debe presentar diferentes puntos de vista. Todos tenían algo que decir al respecto y todos eran una autoridad. (Tan sólo un experto rechazó la entrevista: un futurólogo. ¿Se le preguntaría como padre de tres hijos o como futurólogo? Desde las dos perspectivas a la vez, como se le sugirió, era algo impensable para él, así que mantuvo la negativa.)

En más de ciento cincuenta entrevistas, el horizonte de los niños de siete años fue cambiando. Al igual que sucede con todas las entrevistas sobre educación, las entrevistas sobre los conocimientos del mundo que se desean a los descendientes son siempre entrevistas sobre uno mismo. La pregunta era amplia, y abría un gran abanico de experiencias vitales y laborales.

Los adultos se encuentran a sí mismos en los niños. Se interesan por ellos debido a las preguntas sin contestar de la vida adulta. En *Sobre poesía ingenua y poesía sentimental*, Schiller se centra en la «espontaneidad» de la existencia y la contempla fascinado encarnada en los niños. Que ofrezcamos a los niños, afirma él, así como a los minerales, animales y paisajes «cierto amor y conmovido respeto», es la sensación feliz de contemplar un «ser espontáneo». Para Schiller, los niños son mensajeros de una existencia que no lo es «por compasión». Prometen existir según leyes propias, «subsistir las cosas por sí mismas»: unidad consigo mismo, la seguridad en uno mismo de la burguesía, «dignidad humana». También afirma que lo que amamos no es la infancia, sino «la idea que representa».[5]

El niño como libertador no es un tema nuevo. Que los niños y los locos dicen las verdades y que de ellos es el reino de los cielos han sido tópicos durante siglos. Pero la infancia como *modelo* para la emancipación de la humanidad fue un nuevo concepto histórico de Schiller, del que el siglo XX, «siglo de los niños», debería ocuparse en muchos aspectos. Hasta ahora, este modelo fue seguido por última vez en los años setenta, cuando convenía una nueva variante de subjetividad apasionada: la emancipación de las estructuras familiares opresoras. En ese momento se veía a los niños como a los amantes en las óperas italianas, con sus celos ardientes y su dolor por la separación. La sexualidad, las relaciones, los afectos ambivalentes... Ante el dramatismo de las relaciones intergeneracionales, el punto de vista cotidiano de los adultos frente a los niños se ha sensibilizado desde entonces. ¿Cómo surgirá un ser social a partir de un amasijo de impulsos egocéntricos?

Actualmente aparece como una importante cuestión entre los adultos la constante necesidad de volver a empezar, la obligación de readaptarse, el continuo esfuerzo cognitivo en un entorno de acelerada innovación. Por eso, últimamente ha surgido un interés por los niños como *sujetos de conocimiento*, por sus estrategias de aprendizaje, por su rendimiento cognitivo. Ser autodidacta, «poner en marcha procesos de autoformación», convertirse en su propio profesor, «solucionar problemas»... ¿Cómo funciona todo esto? ¿Cómo nos enseñan los principiantes en este mundo?

Los niños nos muestran las cosas como si ya estuvieran formadas, y las sensaciones como si fueran inspiradas directamente por el Creador. En Japón, una sociedad en la que se encorsetan las manifestaciones vitales espontáneas de los adultos en una rígida gramática social, los niños en edad preescolar se disfrutan de un modo muy especial. No sólo les fascina su encanto, admiran las rabietas elementales de los niños: tifones, terremotos... ¿Acaso no se enfurecen a veces los dioses?

La naturaleza nos recompensa por los esfuerzos de criar a los niños. De nuevo podemos experimentarlo con los recién llegados, por ejemplo con las palpitaciones ante el primer mensaje que nos manda mediante signos. La inquietud al observar la temblorosa pata de una araña, los movimientos del pez abisal, la misteriosa energía de un campo energético...

La capacidad de leer ya no esconde secretos para nosotros, los lectores adultos, y a veces se convierte en un reflejo casi molesto. En el lado opuesto, el triunfo de la primera lectura. Desde unos signos hasta un texto compuesto, el mundo entero se levanta ante ellos. Nosotros no somos los únicos que enseñamos. Los niños nos muestran las cosas puras. Las cosas y nuestra mirada humana sobre las cosas y los fenómenos. «Cuando me pongo a inventar, vuelvo a ser niño», afirmó el inventor Otto Wankel.

Nuestros interlocutores abordaron de buen grado la simple pregunta sobre los «conocimientos del mundo». También para ellos la transformación de la experiencia educativa elemental ha significado el acceso a un nuevo mundo. Las reflexiones sobre los conocimientos del mundo que merecen la pena nos forman y nos expanden en todas direcciones. Simplificar a modo de prueba la complejidad de los estímulos y de la información que invaden al niño implica siempre que uno mismo debe ocuparse de eso y de tomar conciencia de ello. Todos nuestros entrevistados coincidieron en calificarlo como un proyecto «con las mejores intenciones». Avanzar hacia un futuro mejor como promesa tácita: ¡queremos incluir lo mejor en vuestro equipaje!

Casi todas las entrevistas empezaron con una primera mirada sobre el panorama de los conocimientos del mundo a los siete años. Yo había intentado reunir algunos ejemplos de «conocimientos del mundo» (prácticos, sociales, motrices, cognitivos, estéticos…), mi primera lista de deseos.

Conocimientos del mundo: una primera lista (1996)

[…] Un niño de siete años debería poder realizar cuatro tareas del hogar (como barrer el suelo, hacer la cama, tender la ropa o doblar toallas). Debería poder envolver un regalo. Debería poder elaborar dos recetas de cocina para él y un amigo, para él y para tres amigos. Debería haber cambiado o ayudado a cambiar a un bebé. Debería haber podido preguntar cómo se forma la vida. Debería tener alguna idea sobre lo que sucede en su cuerpo durante un resfriado y saber curar una herida. El niño debería saber cómo se alimenta a tres animales diferentes y poder regar una planta. Un niño de siete años debería haber visitado por lo menos una vez un cementerio. Debería saber qué es el braille y entender quizás tres palabras en braille (o en el lenguaje de signos de los sordos). Debería dominar dos trucos de magia. Debería poder cantar tres canciones, de las que una será en otro idioma. Debería haber construido un instrumento musical. Debería haber dirigido el movimiento lento de una sinfonía con el aparato de música y haber experimentado que una pausa forma parte de la música. Debería reconocer tres idiomas extranjeros o tres acentos por el sonido. Debería poder contar tres adivinanzas y tres bromas, y decir un trabalenguas. Debería poder representar tres personajes o fenómenos con mímica y formas de saludo de dos culturas. Debería conocer una oración. Debería poder rimar en dos lenguas. Debería haber escrito un signo chino. Debería haber visto un reloj de sol. Debería haber hecho una excursión nocturna. Debería haber mirado por un telescopio y reconocer dos constelaciones. Debería saber qué es el agua subterránea, qué es un diccionario, el nivel del agua, una lupa, un catalizador, un plano urbano, un modelo arquitectónico. Debería haber estado en una librería, en una iglesia (o mezquita, sinagoga...), en un museo. Debería haberse subido alguna vez a un escenario y haber representado en público algo preparado junto con otros.

Un niño de siete años debería conocer algunos acontecimientos de la historia familiar, de la vida o la infancia de los padres o de los bisabuelos. Y algo de la propia biografía, como poder contar un par de anécdotas sobre uno mismo cuando era más pequeño. Debería saber en qué época (de los padres o de los abuelos) se construyó la casa en la que vive.

Debería poder explicar una discusión desde dos posturas diferentes, describir un ejemplo de injusticia.

Debería conocer ciertos conceptos: ¿qué es un secreto? ¿Qué es la hospitalidad? ¿Qué es una voz interior? ¿Qué son los celos? ¿Qué es la añoranza? ¿Qué es un malentendido? Debería saber un ejemplo de la diferencia entre el valor real y el valor sentimental de las cosas...

A menudo, esta lista provocaba indignación en un principio. ¡Unas aspiraciones exageradas! Leer palabras en braille, escribir un signo chino... ¡Ni siquiera yo puedo hacerlo! «Eso lo ha escrito alguien que no tiene hijos.» Dirigir una sinfonía... ¡educación burguesa! Decir dos trabalenguas, saber tres canciones... ¿Por qué no seis o quince? «Aguas subterráneas... Eso es cargar a los niños con la depravación del mundo. ¿A qué ecologista gracioso se le ha ocurrido?» Ya sólo la forma, una lista, ¡qué pedante! «Una mierda de teoría.» ¿Habrá que examinar a todos los niños con eso?

La irritación animó las entrevistas. ¿Y no se debe luchar contra la imposición, contra la presunción prometeica? En la construcción de una infancia óptima, ¿no se definiría igualmente lo negativo, el déficit? ¿Acaso fantasear con lo bueno no da como resultado al mismo tiempo lo malo, la infancia inculta? ¿Acaso el ideal no se transforma siempre ante la persona concreta, el niño concreto? ¿Una infancia ideal puede ser mejor que la real, que la vivida? ¿Una persona auténtica no tiene más valor que la persona deseada? ¿El niño de siete años ideal es una construcción totalitaria?

Es un malentendido, contestamos. No se trata de una lista de control para comprobar qué habilidades y experiencias cumplen los niños. Más bien se trata de una lista de control de las obligaciones de los adultos. Debe servir para preguntarse: ¿qué oportunidades educativas debemos a los niños de siete años? Para prometer: los padres, educadores y vecinos nos comprometemos a procurarlo. Se debe ofrecer a los niños. En el horizonte de los adultos, hay que acercar estas posibilidades a los niños en algún momento de sus primeros siete años de vida.

La riqueza consiste en el poder de lo posible. No todos los ejemplos de oportunidades educativas pueden comprimirse en la única vida de un niño, una especie de «bulimia» de conocimientos, como se temía un padre. El niño sobreestimulado, alentado hasta el límite, asediado, rodeado pedagógicamente, del que se exige demasiado... No, nos referimos a los niños de siete años como generación. Es más, como principio de actuación, de entrada no debería excluirse ninguna de estas oportunidades en la vida de un niño.

Actualmente, sólo ése puede ser el aspecto de un canon educativo para la etapa infantil. La superioridad de lo posible sobre lo real debe seguir siendo siempre evidente. Así pues, lo real no puede reducir lo posible de forma que el horizonte se cierre.

Esta limitación se aplica al «inicio de la situación» que les gusta a las educadoras infantiles de Alemania occidental desde los años setenta. Simplificado para hacerlo más cómodo, el concepto pedagógico dice así: «Los niños sólo se interesan por lo que pueden preguntar por sí mismos. Sólo tomamos lo que se corresponde con su situación en la vida». Esto ata a los niños a la casualidad de su nacimiento, a su clase social. No pretendemos jugar con el destino de los niños. Coger moras del arbusto, oír tocar un órgano en una catedral, construir un trozo de muro, una excursión nocturna... son experiencias educativas que no se dan de forma espontánea en la actual «situación vital» de muchos niños.

La primera lista (y también la segunda lista, ampliada tras ciento cincuenta entrevistas, que enseguida se presentará) está inacabada, al igual que *El hombre sin atributos* de Robert Musil. Final abierto. Un canon de experiencias educativas obligatorias para los niños no puede entenderse en nuestros días como un círculo cerrado, un «orbis», como en tiempos de Comenius. Los círculos concéntricos sobre el nido de los niños de cuatro o seis años conforman un movimiento continuo. Los adultos practican este movimiento de dar vueltas, de tantear, de tomar precauciones exageradas. Este rodeo horizontal también es un juego en el que nunca se llega hasta el final. Con el hecho de entrar a vivir en el mundo sucede lo mismo que con la vivienda. «Aún no está terminada», dicen los adultos pidiendo disculpas mientras nos conducen por el interior de su nuevo hogar. Las viviendas terminadas, como se las denomina en una de las «miniaturas educativas» de este libro, son una declaración de guerra a los niños. El rodeo del horizonte no llegará nunca al principio, el círculo nunca se cerrará del todo, porque durante el viaje siempre se cambia un poco la dirección. Es tan poco probable que pueda haber un canon completo como que haya una imagen del mundo completa. La pedagogía norteamericana denomina *emergent curriculum* a este movimiento pedagógico en espiral.

Pero tampoco cualquier cosa posible puede superar la realidad. Lo «omniposible» anula la calidad al igual que lo imposible.

En la investigación se exageró. (También a los niños les gusta exagerar. De ellos hemos tomado prestado ese derecho.) ¿La lista se hará cada vez más larga con cada nueva sugerencia? ¿Cómo pasamos del condicional al indicativo? ¿En qué medida?

Por razones prácticas, la mayoría de nuestros interlocutores han eliminado el uso del condicional. En muchos casos, se podían sentir reconocidos. «Donar algo, eso ya lo hacemos de todos modos. Nosotros no planchamos las toallas, pero a mi hija ya le gustaba limpiar los zapatos con cinco años. Muchas de estas cosas también las hacemos.» «Visitar un cementerio, ¿por qué no?» «Construir una casa en un árbol, eso falta en vuestra lista.» «Escribir signos chinos... ¡Menuda tontería! Pero lo del braille... Eso puede ser interesante.»

La gente tiene por delante lo que se propone. Las predicciones, una vez enunciadas, suelen hacerse realidad. La desilusión de no verlas cumplidas sería más dura que el esfuerzo de hacerlas realidad. De la lista de conocimientos del mundo se desprende un efecto tonificante, el incentivo de las «ilusiones operativas», como lo llama Sloterdijk. También se puede hablar de calidad en sentido estricto. «Por el camino del habla, nos acostumbramos a los horizontes lejanos. Aquel que ya no se engaña a sí mismo, no tiene nada más por delante.»[6] «*Expectations matter*», dijo la famosa investigadora en educación Diane Ravitch.[7] Se trata de las expectativas. De hecho, en Alemania, las expectativas políticas en educación se centran, como siempre, primero en la universidad y, luego, descendiendo poco a poco por la educación secundaria hasta la primaria. Para la primera infancia ya no queda nada. Cuando el ministerio de Educación alemán realizó el estudio *Delphi* (1996-1998), una encuesta de varias etapas en la que se preguntó a más de mil expertos en ciencias, economía y política por las estimaciones sobre el futuro del conocimiento y la supuesta repercusión del sistema educativo, no se incluyó ni una sola pregunta sobre la etapa preescolar entre las ochenta preguntas del borrador del cuestionario. En ninguna pregunta se mencionaban los fundamentos de la curiosidad y el interés en la etapa educativa más temprana. En el último momento, se incluyeron dos preguntas sobre experiencias educativas en la etapa preescolar. Sin embargo, después, precisamente en ese punto la conclusión de los expertos fue unánime: hay que aumentar las expectativas en educación en la etapa infantil.[8]

Desde entonces, las expectativas en educación preescolar como etapa educativa elemental han aumentado notablemente (en relación con la pedagogía del cuidado y la *fun morality* de los años ochenta). Prepararse para la resolución de problemas, ser capaces de cooperar, aprender a aprender... Ya nadie pone en duda que las bases para todo esto se remontan a los primeros años. Proporcionar habilidades básicas, aptitudes clave... Cualquiera puede intuir lo que podrían significar estos términos y nadie se opone. El único problema consiste en saber en qué ocasiones y cómo se construyen estas habilidades. Por eso, se necesitan estímulos concretos para oportunidades educativas preparadas, ilustraciones y ejemplos que presenten lo posible como algo realizable.

Agradecimos a los interlocutores esos ejemplos y estímulos. Además, también contribuyeron con respuestas sorprendentes. Así, una chica de catorce años deseó que cada niño se pudiera responsabilizar de un animal: «Porque *se aprende de los animales*». O una abuela: «Los niños de hoy, al estar tanto tiempo sentados delante de la televisión, *pasan demasiado tiempo con ellos mismos*». Un estudiante de empresariales apuntó algo parecido a lo que dijo Goethe: «*Cuanto más sabemos del mundo, más interesante nos resulta*». Y una bisabuela: «¿Quieren hablar conmigo sobre mi bisnieta Rebecca? *Con sólo cinco años ya es muy inteligente*».

Tras ciento cincuenta entrevistas (1996-1999), ampliamos la lista:

Conocimientos del mundo: panorama tras 150 entrevistas
Qué debería conocer o haber experimentado un niño de siete años
Oportunidades educativas, estímulos, experiencias, intuiciones, preguntas...

- Haber sentido la propia presencia como una aportación positiva: «Si tú no estuvieras...», «Nos faltabas tú...».
- Querer ganar y saber perder.
- Saber qué significa «portarse mal» (*Theory of mind*). No mezclar el hambre con el enfado, el cansancio con la tristeza. Intuir las relaciones psicosomáticas elementales. Por ejemplo, mojar la cama está relacionado con las emociones.
- Haber perdonado a un adulto un castigo injusto.
- Relacionar imágenes con emociones: «Como cuando explota un globo», «la gota que colma el vaso».

- Recordar un avance propio en el aprendizaje que provocó una nueva satisfacción.
- Haber observado al padre mientras se afeita.
- Haber cocinado, limpiado, hecho la cama, trabajado, pasado días enteros con el padre.
- Haber pasado una enfermedad al cuidado del padre.
- Poder experimentar que el cuerpo flota en el agua.
- Saber columpiarse. ¿Qué hace mi cuerpo con el columpio? ¿Qué hace el columpio con mi cuerpo?
- Haber participado en una pelea de almohadas.
- Haber levantado un muñeco de nieve, un castillo de arena, un dique en una corriente de agua. Saber encender y apagar un fuego al aire libre. Probar un farol, un molinete.
- Hacer mantequilla. Batir nata. (Tener conocimientos elementales de química y física culinaria: moho, perjudicial, picante. Remover, picar, pelar, amasar, colar. Diferenciar entre crujiente y quemado, crudo y pasado. «Una pizca de sal.»)
- Viajes: darse cuenta de que la familia, los padres se encuentran en otro entorno. Experimentar lo contrario: comodidad frente a aventura, estar en casa frente a estar de viaje. Primeras nociones de añoranza, migración, «albergue», sin techo.
- Pasar una noche con otra familia. Entrar en contacto con otras culturas familiares o códigos de conducta. Conocer una costumbre familiar que sólo sirva en la propia familia.
- Quién pertenece a la «familia extendida». Conocer diferentes relaciones familiares: tío, primo, madrina...
- Donar al mendigo o al músico callejero.
- Tener la experiencia de que se ponga en práctica una propuesta de mejora realizada por uno mismo. Un recuerdo: yo como alguien que mejora el mundo.
- Cuidados médicos básicos: ¿mantener en alto, calor, frío? Respirar, «aceptar el dolor». ¿Reposo o movi-

miento? Tocar con las manos es beneficioso, ¿dónde? ¿En el codo? ¿En el cuero cabelludo? Primeras nociones de masaje. Saber descansar. Qué es beneficioso para los ojos, las orejas, la piel, los pies. ¿Qué es la piel de gallina? Sentirse orgulloso de las enfermedades pasadas: «Las enfermedades forman parte de la vida».

- Conocer el cuento de Hansel y Gretel, y otras alegorías elementales sobre el abandono y la seguridad.
- Museo de curiosidades: el mensaje de las cosas. Su prestigio, su antigüedad, su permanencia tras nuestra muerte. Conocer un castillo. Tener la sensación de que el mundo cambia. Saber que la abuela se crió de otra forma. Escoger un objeto para guardarlo y pasarlo a los propios hijos.
- Haber reunido una colección o desear hacerlo.
- Tener una idea de la distribución del mundo, de los otros continentes.
- Notar la diferencia entre comer y celebrar una comida, movimientos y gestos, olor y aroma, ruido y sonido, ver y observar, andar y marchar…
- Saberse el número de urgencias. Conocer los sistemas de ayuda y de vigilancia. Saber si existe un teléfono de emergencias para niños.
- Saber guardar un secreto: «Sólo entre tú y yo», «Queda entre nosotros».
- Recordar una promesa cumplida.
- Tener la experiencia de que se pueden delegar, defender los propios intereses o que otros pueden administrarlos.
- Conocer un método de conservación para evitar la caducidad. Haber reparado algo y, al comprar, ser consciente de la importancia de la pregunta «¿Se puede reparar?».
- Saber la diferencia entre mercado y supermercado.
- Adelantarse a su edad (por ejemplo, en las indicaciones de los juegos). Haber explicado algo a un adulto.

- Haber compartido con un adulto una cuestión sin resolver («Esto no lo sabe nadie»).
- Haberse subido a un árbol.
- Haberse metido en un arroyo.
- Haber sembrado y cosechado.
- Haber investigado una cremallera y un cierre de velcro. Poder manejar cerrojos y llaves. No quedarse encerrado por error.
- Poder conectar y desenchufar aparatos (radio...).
- Conocer los típicos juegos de niños y niñas. Que le hayan consultado su opinión al respecto.
- Querer ponerse guapo, tener sentido de estilo: «Este jersey no me queda bien».
- Haber escrito un mensaje, haber estado expectante o haberse sentido aliviado por un mensaje escrito. Haber recibido o enviado un mensaje de correo electrónico.
- ¿Qué aspecto tiene el propio nombre escrito en la arena? ¿Y en la nieve, en la tierra del bosque, en el cristal empañado de la ventana?
- Haber sentido la tensión y la expectativa que puede provocar la hoja en blanco.
- «Saberse» un libro de principio a fin.
- La sombra azul... en una pintura, en el paisaje invernal...
- Hoy he soñado...
- Haber mediado en una pelea. Haberse mantenido al margen de una pelea.
- Yo, un ser que ha llegado: imaginar, «recordar» los meses y semanas antes del nacimiento.
- Haber pelado, «liberado» una fruta, haber partido el hueso.
- Haber examinado el nervio de las hojas y las líneas de la propia mano.
- Tipos de fruta y cómo se diferencian por el aroma. Tres olores preferidos.

- Hallar la propia voz. Haber cantado el propio nombre. Saber imitar el sonido de los pájaros y de otros animales. Cantar un canon: juego de enredo y experiencia de orden. Representar un diálogo con instrumentos, provocar y oír el eco. Siento el ritmo con los pies y con este volumen me empiezan a doler los oídos.
- Saber controlar la propia fuerza al tocar un tambor o dar un masaje, por ejemplo.
- Conocer insultos y palabrotas (en dos idiomas). Tener ciertas nociones sobre los niveles del lenguaje, las convenciones, dónde se dice cada cosa.
- Saber clavar un clavo, atornillar un tornillo, cambiar una pila.
- Saber tomar un recado al teléfono, guardarlo y darlo.
- Agacharse cuando se le ha caído algo a alguien.
- Dejar terminar de hablar. Saber lo que esto significa. Saber esperar: la fila.
- Saber que no todos los deseos se cumplen por igual.
- Haber ido de excursión: conocer la diferencia entre correr, caminar y pasear. La experiencia del camino, de una situación difícil. Tener un «objetivo ante los ojos».
- Conocer algunas formas de hojas, saber qué plantas pueden comerse y cuáles no.
- Haber vivido la naturaleza como amiga y enemiga. Como delicada y necesitada de protección, y como más agresiva y peligrosa.
- Haber negociado una norma. Haber cambiado una norma. Relacionar algo con el concepto de «excepción».
- Tener experiencia con cantidades en unidades de medida. Por ejemplo, tres litros es igual a dos botellas de agua llenas. Haber medido un espacio con el propio cuerpo.
- Reflexión: ¿qué puedo hacer yo? ¿Qué puede hacer el ordenador? Primeros conceptos de inteligencia: «inteligencia» humana y artificial.

- Experimentos de apariencia y realidad. Detrás de la «nada» del cristal se esconde algo.
- Experiencias con un experimento (serie de ensayos) y con ejercicios (repetición sistemática de procesos).
- Conocer el color de los propios ojos; haber pintado un autorretrato.
- Haber notado el pulso propio, el de un amigo y el de un animal.
- Haber conocido a un experto, una especialista o una autoridad. Haber trabajado con él o ella («mentor»).
- Haberse sentido orgulloso de ser un «niño». Simplemente un niño.

¿Demasiado? ¿Qué tacharía de la lista?

Aunque muchos de nuestros interlocutores se sintieron abrumados ante semejante abundancia, para su sorpresa les resultó difícil decidir qué experiencias o conocimientos sobraban o eran prescindibles. Ocasionalmente, nos recomendaron recopilar lo que se debería evitar a los menores de siete años, lo que puede faltar en un canon educativo para la etapa infantil, lo que debería dejarse para más tarde. Se habló de la economía del tiempo, del concepto «pérdida de tiempo». La infancia debe ser la etapa del tiempo abierto al futuro. Algunos entrevistados mencionaron el aborto como otro conocimiento que no debería pesar sobre los hombros de los niños. De esta forma, se les quiere ahorrar fantasías sobre niños «no deseados». Además, en la etapa preescolar, según la mayoría de los entrevistados, debería ser un privilegio de los niños no tener que decidir entre tratar de tú o de usted.

Con la segunda lista, tras una investigación de tres años, nos encontramos con el siguiente problema: ¿qué entendemos actualmente por un canon para las experiencias educativas de la primera infancia? ¿Necesitamos un canon de ese tipo?

La primera lista era un esbozo a la ligera, un impulso, estaba inacabada. Un esquema, como indicábamos a los entrevistados. Ahora, con la segunda lista, ¿nos adentramos en el terreno de la investigación social empírica? Se consultó a un grupo de gente muy amplio. Aquí ya no habla un grupo reducido de padres o un grupo reducido de educadores en un taller. Ahora ha crecido el número de participantes, suficientes para llenar un salón de actos mediano. ¿Tiene la segunda lista, la lista ampliada, más peso para un canon de oportunidades educativas imprescindibles? ¿Tendría aún más peso si se incluyeran más entrevistas en la investigación? Hacia el final de nuestro estudio, nuestros interlocutores nos sugirieron poner la lista en internet para seguir recopilando... en todo el mundo...

En vez de eso, prefiero plantear la pregunta otra vez, empezar de nuevo a partir de las entrevistas, con sólo unos pocos ejemplos de conocimientos del mundo, y luego seguir el rumbo que marcan los entrevistados. El niño que construye sus conocimientos por su cuenta es el nuevo faro que guía el proceso de aprendizaje en la primera infancia; en esto los adultos no se diferencian de los niños: queremos pensar por nosotros mismos, llenar los huecos solos, poder reinventar solos el canon de la primera etapa educativa. En el sentido más amplio, el aprendizaje es un aprendizaje estético: de las películas recordamos sobre todo las imágenes que nos hemos creado. Lo que más nos interesa son los pensamientos y los planes que desarrollamos por nuestra cuenta.

En este sentido, la segunda lista, la ampliada, no es «más completa» que la primera, pues una recopilación de ejemplos educativos ampliada con miles de respuestas recibidas por internet no constituiría necesariamente una base «más fiable» para un canon.

¿Cómo puede concebirse un canon para la etapa infantil?

Abandonemos brevemente el debate sobre la educación en la transición hacia la sociedad del siglo XXI y retrocedamos a un canon clásico. Estudiemos un canon creado en el siglo XVII, tras la Guerra de los Treinta Años, un libro de imágenes vigente hasta bien entrado el siguiente siglo, hasta la época de Goethe, un libro escolar para la construcción sistemática de cosmovisiones o experiencias vitales en los niños que ya leen: el *Orbis Sensualium Pictus* de Jan Amós Comenius.

UN CANON DE CONOCIMIENTOS DEL MUNDO: EL *ORBIS SENSUALIUM PICTUS* (MUNDO ILUSTRADO EN IMÁGENES) DE COMENIUS

Jan Amós Comenius dotó de una forma clásica a la necesidad de presentar el mundo de un modo ordenado y de ofrecer un horizonte tranquilizador a las preguntas y la intuición de los niños.[9] Cuando en 1658, hacia el final de su vida, el conocido y viajado sabio escribió su «libro de libros» para niños, probablemente explicaba una misión de su propia infancia, una infancia que estuvo influida tanto por el terrible caos de la Guerra de los Treinta Años, como por la formación recibida en el seno de una secta protestante de Bohemia.

Nacido en 1592 en la zona este de Moravia (actualmente parte de la República Checa), a los diez años Comenius perdió a su padre, y a los once, a su madre y a dos de sus hermanas. Una tía que vivía en el sur de Moravia acogió al huérfano. No hay testimonios acerca de sus primeras experiencias de aprendizaje en la escuela de una secta protestante (Unidad de Hermanos Moravos), pero se sabe que estas sectas trataban a los niños con increíble respeto por su «propio camino hacia Dios». Probablemente, éstos fueron los únicos años de su vida sin miedo ni desorden, y acabaron violentamente cuando la zona fue arrasada por el fuego durante la Guerra de los Treinta Años. De regreso a su lugar de nacimiento, trabajó en el molino de su tutor. Los tres años de trabajo agrícola y artesano —otro tipo de escuela— influyeron en Comenius durante el resto de la vida. Comenius, ya fuera un sabio reconocido, el consejero de un príncipe o el obispo de la comunidad de hermanos de Bohemia, nunca olvidó la actividad manual, la inteligencia práctica de las personas de las clases sociales más bajas, las posibilidades de desarrollo a las que no se presta la debida atención.

A los dieciséis años, Comenius pudo por fin volver a estudiar: tres años de clases de latín y formación religiosa. Esta escuela erudita, de ninguna ayuda en su búsqueda del conocimiento universal, le supuso una dolorosa sorpresa. El recuerdo le persiguió toda la vida. «Entre muchos miles yo soy uno, mísero hombrecillo, cuya dulce primavera de la vida, los florecientes años de la juventud, dedicados a las vaciedades escolásticas, fueron desdichadamente perdidos.» Y quiere evitar que otros lo sufran: «Sólo nos resta una cosa, solamente hay una cosa posible, que hagamos cuanto podamos en beneficio de nuestros sucesores; esto es, que conociendo el camino por el que nuestros Preceptores nos han inducido a error, señalemos el medio de evitar esos errores».[10]

Las energías con que durante toda su vida intentó dar con el orden, su vuelta al mundo enciclopédica en busca de una armonía universal, que se reflejó en un canon armónico de conocimientos del mundo, proceden de la experiencia del caos y de la escasez. No se trata de la experiencia del privilegiado, del que recibe regalos sin esfuerzo, como en el caso de la infancia de Goethe. «Quien recibe, quiere dar.» Este compromiso de un adulto en agradecimiento retrospectivo por una infancia de mimos no podía ser un tema para Comenius. Las experiencias de estar sitiado y de la desesperación se repitieron durante su juventud. En 1622 tuvo que huir de Fulnek, su hogar en Bohemia, ante el avance de las tropas católicas. De nuevo, lo perdió todo: la ciudad quedó reducida a cenizas y su mujer y sus dos hijos murieron por la peste. Para colmo de males, su biblioteca quedó destruida.

«Sólo permanece una cosa y es posible una cosa: que prestemos realmente la ayuda que podamos prestar a nuestros descendientes.» El deseo de compensación, de autocuración, en representación de los niños, determinó toda la obra de Comenius, que lo denominó «servicio de la mente». ¿En qué imágenes y experiencias se inspiró para desarrollar la visión de un aprendizaje independiente y placentero? Probablemente, de los pocos años felices en la escuela de la Unidad de los Hermanos de Moravia. Los hermanos se apoyaban en el Evangelio para cuidar a los niños. El bautismo de los niños en los primeros años sólo lo contemplaban como una introducción provisional a la comunidad que habría que sustituir durante la madurez por medio de una decisión consciente y permanente.

Comenius entendía la educación independiente y la formación de los niños como un objetivo vital de todas las personas. Mantuvo firme esta convicción frente a la desmoralización que se produjo durante la Guerra de los Treinta Años. Durante todas las etapas de su vida, en universidades, en el campo, en Holanda, en Alemania, en Italia, buscó los principios del orden, un punto de apoyo en la explosión del conocimiento de su época. Comenius era un erudito que no sólo estaba familiarizado con la tradición teológica y filosófica, sino también con los nuevos conocimientos de las ciencias naturales de su época. ¿Cómo afrontar la abundancia de los nuevos conocimientos? ¿Cómo debían utilizarse estos conocimientos sin divagar enciclopédicamente sobre las «cosas»?

El laberinto, una metáfora barroca para el estado del mundo, parece también el laberinto de la información. Sin embargo, estudiando no se puede dominar la angustiosa complejidad de la vida durante las guerras de religión, así no se puede crear un orden. La «tortura del espíritu» (*Didáctica magna*), el «tormento de la cabeza» (como se lee en el prólogo de su *Orbis Sensualium Pictus*) que había supuesto para Comenius la escuela de latín —y tortura significaba algo muy concreto para la gente de su época—, constituían un ejemplo de la violencia sobre los hombres al margen de Dios. No se puede tratar así a la «criatura sensible»; la obligación de obedecer borra en el hombre sus rasgos humanos. «La violencia se encuentra lejos de las cosas» es el lema de la *pansophia* de sus últimas obras.

Para Comenius, el saber era ante todo personal, en primaria relación con el saber establecido. Creyó en las madres, reconoció su misión educativa. Consideraba que los primeros maestros de los niños no debían ser «preceptores y predicadores», sino, como afirmaba categóricamente, «con quien practican los niños», y nadie mejor que las madres para desempeñar esta labor. En su obra *Escuela materna* (1626), Comenius describió las tareas educativas para los primeros años.

La *escuela materna* estaba pensada para los niños y madres de todas las clases sociales y no es poco lo que pretendía construir. Empieza con una actitud básica de los niños: la *Temperantia*, con la que no sólo se pretende conseguir el cumplimiento de los Diez Mandamientos, sino también lo que actualmente llamaríamos el comportamiento social. Además, la madre debe enseñar al niño los fundamentos de las *Artes*, que son:

Física: Diferencia entre lluvia y nieve, entre plantas y animales.

Óptica: Saber diferenciar los colores.

Astronomía: Conocer el Sol, la Luna y alguna estrella.

Geografía: Conocer el propio lugar de nacimiento y términos geográficos elementales, como campo, monte o río.

Cronología: El niño debería saber diferenciar las horas, los días, las semanas y las estaciones del año.

Historia: Poder acordarse de algo que sucedió tres o cuatro años atrás.

Economía: Saber explicar la pertenencia a la casa (relaciones familiares, dependencias sociales, quién pertenece al servicio y quién no).

Política: El niño debería tener alguna idea del papel que desempeña un alcalde o gobernador, poder presentar algo ante la asamblea local.

Dialéctica: Conocer la diferencia entre pregunta y respuesta, saber responder adecuadamente a una pregunta (y «no que uno hable del ajo y el otro de la cebolla»).

Aritmética: Saber contar hasta veinte, poder realizar la teoría de conjuntos elemental y operaciones aritméticas elementales.

Geometría: Se les deberían proporcionar las primeras nociones de medidas.

Música: Cada niño debería saber cantar algunas canciones de memoria.

Poesía: Saber algunos versos de memoria.

Por último, un tema para el que Comenius no encontró ningún nombre latino que se ajustara:

Mecánica: Saber desatar, atar, raspar y plegar algo.

Comenius tenía un alto concepto de los niños, les creía capaces de todo eso, pedía para todos los niños, de todas las clases sociales. En las conversaciones entre madre e hijo, se incluirían estas enseñanzas. Debería aproximarse con respeto, y la conversación debería ir acompañada de «la cortesía de los gestos».

Veinticinco años después de la aparición de *Escuela materna*, después de haber viajado por Alemania, Inglaterra, Suecia, Hungría y Holanda, después de haberse dado a conocer gracias a más de cien publicaciones, después de varios golpes del destino, después del exilio y la expulsión, después de haber sido testigo de diversas injusticias en el mundo, Comenius plasmó estas experiencias en 1658, a los sesenta y seis años, según un orden del mundo, y las orientó hacia un conocimiento del mundo promovido por la comunidad: el *Orbis Sensualium Pictus*.

Se trata de un canon de lo hay que conocer, de las realidades, pero también de las formas de convivencia humana. Nada más y nada menos que una «breve idea del conjunto del mundo y de la lengua» (prólogo). Un intento enciclopédico, parecido al de Leibniz, de reducir hasta la esencia de forma sistemática la posible extensión del conocimiento que, en su caso, estaba centrado en los libros. (Leibniz partió de una sala, una biblioteca que podía convertirse en una segunda memoria de los eruditos en tres o cuatro salas. En ese espacio se reuniría todo, allí volvería a encontrar lo que hubiera olvidado.)

Para poner orden al conocimiento, recurrió a los niños, comprimió los conocimientos del mundo para ellos. Quiso despertar su atención, aguzar sus observaciones. No sólo hay que aprender con la cabeza, el alma y las manos también participan. Saber, hacer y hablar, estas tres actividades juntas constituyen la «sal de la vida».

Esto debería destacar claramente por encima de todo, no debe sernos indiferente. «Las personas no deben edificar su sabiduría sobre los libros, en todo lo posible, sino sobre el cielo y la tierra, sobre robles y hayas, deben conocer e investigar las cosas por sí mismas y no a través de observaciones y testimonios ajenos [...] en todo debe demostrarse el sentido siempre que sea posible, lo que se puede ver a la vista, lo que se puede oír al oído, lo que se puede oler al olfato [...] aunque sólo haya probado el azúcar una vez, haya visto un camello una vez, haya oído el canto del ruiseñor una vez [...] todo queda bien grabado en la memoria y no se puede volver a olvidar.»[11]

Comenius escribió que la escuela debía estar compuesta de imágenes. Los 150 dibujos del *Orbis Sensualium Pictus* no son medios auxiliares subordinados al contenido, son más que meras ilustraciones. Los dibujos presentan las cosas y su contexto con el mismo valor que el texto en alemán y en latín. El texto y los dibujos se mejoran mutuamente.

«Enseñar todo a todos y totalmente.» El *Orbis Sensualium Pictus* debe ser el libro por excelencia, un vademécum para pequeños y mayores, para chicos y chicas, para niños de todas las clases sociales. *Omnia omnes omnina*. Comenius está convencido de que todos pueden entender lo esencial de todo, incluso los niños, aunque a su manera.

Se utiliza el libro en función de la edad. Los niños que aún no leen se acercan al libro con el «sentido del noble guía de la tierna edad». En las siguientes etapas de desarrollo, «cuando el alma [...] razona sobre la observación inmaterial de las cosas», se van añadiendo la lectura, la escritura y, finalmente, el latín. Se entrega a los niños el valioso libro «según su propia voluntad» para que lo guarden, recomienda Comenius, el magnánimo, que quiere compartirlo, dejarlo. Los niños deben poder «divertirse» por sí mismos, el *Orbis Sensualium Pictus* debe ser su primer libro de imágenes. Pero también deben poder colorear los dibujos «para que puedan disfrutar, porque, si no disfrutan, hay que conseguir que disfruten». Los niños mayores regresan a este libro de libros para describir las definiciones y «ocupaciones de la vida» (profesiones). Algunos años después, regresan a esta obra, en esta ocasión para aprender las explicaciones en latín. Así pues, el *Orbis Sensualium Pictus* es también el primer ejemplo de «plan de estudios en espiral».

El *Orbis Sensualium Pictus* es algo más que una relación de hechos interesantes. Para Comenius se trataba nada más y nada menos que del «mundo» en sí mismo, el orden del mundo para niños. Este canon ya existía antes del *Orbis Sensualium Pictus*, según Comenius, del mismo modo que siempre había existido el mundo. Tan sólo había que darle forma a este canon ya existente, trasladarlo a palabras y dibujos, a este cruce barroco de imagen y escritura.

En comparación con otros escritos de Comenius, el *Orbis Sensualium Pictus* es más bien austero y racional. Sin visiones, sin utopías, sin preguntas sin resolver. Quiere pacificar el mundo, ahorrar a los niños el aspecto laberíntico del mundo, reducir su complejidad. Tampoco está siempre a la altura de los conocimientos de la época. Por ejemplo, cuando, sorprendentemente, sostiene la imagen del universo de Ptolomeo. Comenius no quiere estimular, no le interesa aprender cada vez más. El *horror vacui* no le preocupa, más bien le preocupa el *horror pleni*, el miedo al exceso. Este deseo de reducir también hace que hoy resulte actual. Para Comenius, lo principal no es conocer *más*, sino la integración, la comunidad a través del conocimiento. Actualmente, ésa es la cuestión pertinente en cuanto a la conexión de las informaciones aisladas. No obstante, el *Orbis Sensualium Pictus* no trata de eso. Lo que mantiene unido el mundo sigue sin mencionarse, se sigue creyendo.

El *Orbis Sensualium Pictus* describe un mundo limitado, pero no ideal. El sistema de Comenius no está «cerrado». Comenius se ve a sí mismo durante toda su vida como un aprendiz. «Agradezco a Dios que me haya permitido ser un hombre nostálgico durante toda la vida.»[12]

En sus últimos escritos en Holanda, en el *Allgemeinen Beratung* (Prontuario Universal), donde trabajó hasta su muerte, Comenius concibió no sólo la infancia y la juventud, sino también el conjunto de la vida del ser humano, como aprendizaje, como una escuela. El anciano Comenius llegó incluso a hablar de aprendizaje prenatal, de «inicio de la sabiduría en el vientre de la madre».

Heydorn escribió sobre Comenius: «No abandonar durante toda una vida, eso fue lo más difícil. Para el lector actual, la certeza de Comenius suele resultar difícil de entender. En medio de la intranquilidad, al borde de la destrucción».[13]

¿Por qué Comenius nos resulta tan familiar, tan contemporáneo cuando recorremos los conocimientos del mundo de los niños de siete años? ¿Es la voz de la buena voluntad absoluta que nos habla a través de los siglos? Los que nacieron después tienden a una superioridad pedagógica. Pero la postura de Comenius, su relación reverente y objetiva con los fenómenos naturales y sociales, ha vuelto a gustar en épocas posteriores. Se han realizado 250 ediciones del *Orbis Sensualium Pictus* desde entonces. Goethe recordaba con cariño este libro de su infancia.

En el *Orbis Sensualium Pictus* hay delicadeza y elegancia. Comenius eligió al grabador de las viñetas con cuidado. Sigmund von Birken, el poeta del primer barroco, tradujo el texto en latín de Comenius a un alemán delicioso y preciso. Con pocas palabras, se recrean situaciones de la vida tanto en un contexto cotidiano como en el de un mundo lejano. Comenius presenta a los niños incluso el Islam (la fe mahometana). No como un mundo exótico, sino de forma tolerante y objetiva.

Más temas: la natación, la miel, el Juicio Final... Cada miniatura es en sí misma un pequeño *Orbis*, un paseo en

XCI.
Ars Scriptoria. Die Schreibkunst.

Veteres	Die Alten
scribebant	schrieben
in tabellis ceratis	auf wächserne Tafeln
æneo Stilo, 1	mit einem ehrnen Griffel/1
cujus parte cuspidatâ 2	mit deße spitzigem End 2
exarabantur literæ,	die Buchstaben gezogen/
planâ 3 verò	mit dem breiten 3 aber
rursum obliterabantur;	wieder ausgethan wurden,
Deinde	Darnach
literas pingebant	mahlten sie die Buchstaben
subtili Calamo. 4	mit einem zarten Rohr. 4
Nos, utimur	Wir/ gebrauchen
anserinâ Pennâ, 5	die Gansfeder / 5
cujus	

cujus Caulem 6	deßen Kiel 6
temperamus	wir zuschneiden
Scalpello; 7	mit dem Federmeßer/ 7
tum intingimus	darnach tuncken wir ein
Crenam	den Spalt (Schlitz)
in Atramentario, 8	ins Dintenfaß / 8
quod obstruitur	welches zugemacht wird
Operculo; 9	mit dem Deckel, 9
& Pennas	und die Federn
recondimus	stecken wir (10
in Calamario, 10	in di Pennal[Federrohr.]
Scripturam	Die Schrifft
siccamus,	trucknen wir
chartâ bibulâ,	mit dem Löschblat/
vel arenâ scriptoriâ,	oder mit Streusand/
ex Thecâ pulverariâ. 11	aus der Sandbüchse. 11
Et nos quidem,	Und zwar wir/
scribimus,	schreiben
à sinistrâ	von der linken
dextrorsum; 12	gegen die rechte Hand;
Hebræi	die Ebreer [Juden] (12
à dexterâ	von der Rechten
sinistrorsum; 13	gegen der Linken; 13
Chinenses	die Chineser
& Indi alii,	und andre Indianer/
à summo	von oben
deorsum. 14	herunter. 14

Papyrus,

torno al texto y la imagen. El tono es narrativo, amable, «entre colegas», como diríamos actualmente. Exige interés y comprensión por parte del niño, pero se esfuerza por conseguir la facilidad y la cercanía con él. Un pedagogo con paciencia, no se debe cargar innecesariamente al niño. «Pero aquel que consiga que los miedos se mantengan alejados de las pequeñas raíces de la certeza, habrá ofrecido algo grande.»

Para los conceptos abstractos se introducirá a los niños en la forma de representación emblemática: detrás de lo visible se esconde otro sentido, se ensayará la representación en todos los ámbitos, se detendrán para observar bajo la superficie…

En conjunto, las ilustraciones eran insuficientes, a veces sobrias, pero nunca pedantes. Comenius no es contemplativo, no describe un mundo ideal. Presenta la tortura y la pena de muerte, así como el Juicio Final. Para él, esto también forma parte del horizonte de los niños, como la librería y el eclipse de luna.

Que las fantasías de los niños estuvieran amenazadas por la Guerra de los Treinta Años o lo estén por la violencia de la televisión quizás no marca ninguna diferencia fundamental. Y que un niño crezca sin padre por culpa de la guerra y la peste o por culpa de una separación, tampoco es determinante. Las conmociones del conocimiento (ya sea por la concepción del universo de Copérnico o por los vertiginosos cambios tecnológicos) también nos acercan a Comenius a través de los siglos.

No obstante, a diferencia de lo que sucede con el canon de Comenius, actualmente se intenta ver a los niños como seres activos, y considerar lo tangible como algo también *social*. El coche no sólo transporta personas y objetos, también es un medio de transporte cuestionado. Lo tangible también se considera *emocional*. Por ejemplo, un sillón no sólo es un mueble, también puede ser el mueble preferido del padre, quien a su vez lo heredó de su bisabuela. Así pues, el conocimiento, a diferencia del entendimiento de Comenius, no es lo definitivo. Siempre se puede revisar.

Por todo esto, sería interesante poder retroceder en el tiempo y conversar con Comenius. Hoy en día una única persona no desarrolla un canon, aunque sea tan erudito y magnánimo, sino que se combinan elementos de las vivencias, estudios especializados y experiencias laborales. Un canon sería abierto, con más espirales que círculos cerrados; en su expresión podrían reconocerse los condicionantes de los mayores que ya han experimentado que el presente de hoy no será el futuro de mañana. Un canon se entenderá como oferta, como posibilidad. El mapa del conocimiento mostrará manchas blancas, tematizará los propios desconocimientos e incluirá preguntas abiertas que provocarán más preguntas.

Hacia el final de nuestra investigación, nuestros interlocutores ya podían aceptar con más facilidad que tres años antes el aspecto inacabado de un canon educativo para nuestros días, el movimiento en espiral rodeando el horizonte educativo infantil y la concepción del proyecto de conocimientos del mundo como un proyecto abierto. El carácter provisional, la obligación de reinventar el mundo siempre en nuevas versiones, a esas alturas también lo habíamos experimentado.

Quizás próximamente se inventen formas menos pesadas para esos mundos educativos. En muchas entrevistas, se pusieron en nuestra contra las enumeraciones lineales del tipo «un niño debería...», «y además debería...» (la pedagogía del «debe», como lo denominó una de nuestras interlocutoras). Quizás dentro de unos años estemos más capacitados para la relación con las imágenes. Quizás crearemos montajes pictográficos de tal modo que, con formas de representación discontinuas, el carácter múltiple de los conocimientos del mundo que crea un niño durante los primeros años se ajustará más.

Pero la valiente melancolía, la simplicidad educada de Comenius también debería ser la actitud fundamental para crear un canon contemporáneo. La necesidad de Comenius y de su lector sigue siendo actual a lo largo de las generaciones: presentarle al niño el mundo en su diversidad, traducírselo a una forma que le permita descubrir sus propias posibilidades y que le haga sentir curiosidad y ganas de aprender más. Hojear el libro. Saltar unas páginas y volver a otras. Apartar el libro y dejar que los ojos y las manos hablen. Enseñar todo a todos y totalmente.

A los niños no se les puede enseñar. Sólo pueden aprender por su cuenta, se apunta al principio. ¿La postura de nuestro panorama sobre los conocimientos del mundo será justa para este punto de vista? ¿O resulta invasiva? ¿Los adultos asediarán al niño con una oferta pedagógica desorbitada? ¿Un exceso de «mundos»? ¿Se debe condensar el mundo, añadir siempre uno más, como si todavía no fuera suficientemente intenso? Los pintores de la Edad Media lo sabían. El Niño Jesús está de mejor humor y más alegre mientras le dan de comer que cuando tiene su propia cuchara en la mano. ¿Seguimos la boca del niño con la cuchara? Cuando gira la cabeza, ¿aparece de nuevo una cuchara con papilla en la esquina de su nueva perspectiva?

Cuando hablamos de niños «propiamente activos», ¿qué imagen de *actividad* nos viene a la cabeza?

El desarrollo psicosocial del niño se describió durante mucho tiempo en la categoría del drama, sobre todo en el psicoanálisis: tensiones, luchas, afectos en ebullición, conflictos violentos... Actualmente, la psicología del desarrollo ha empezado a interesarse más por los «bajos estados de tensión», por los «espacios intermedios». En las fases de *low-tension* (cuando se alimenta y se cambia al bebé, las sensaciones destacadas, como el hambre y la saciedad, desaparecen), se produce la individualización, el aprendizaje diferenciador contemplado desde el exterior desdramatizado. Lo que conocemos como «espacios intermedios» es probablemente un período de individualización, de aprendizaje excelente: «Mi intención era no buscar nada».

Los adultos también deben practicar el no entender. Querer reconocer y entender la actividad del niño puede resultar una intención invasiva. Actualmente, la resistencia de los niños a la participación dominadora de los adultos se llama Pokémon y es un negocio millonario. Los niños se encuentran ahí con el conocimiento de un mundo creado para ellos. Resulta interesante ver lo fascinados que están algunos adultos de hoy en día por no poder entender este mundo de los niños de siete años. El mundo de los llamados juguetes baratos siempre ha sido distinto, subversivo. A los niños siempre les ha gustado lo que pueden meterse en la boca sin que se acabe la diversión, lo que se rompe con las manos, lo que no cumple las expectativas de un buen material, lo que pueden comprar por sí mismos... Los llamados juguetes basura, en cierto modo la clase más baja de todos los juguetes, resultaban más cercanos para los niños que todo el material didáctico o incluso los «juguetes buenos» con una estética exquisita. Antes, los juguetes baratos no llamaban la atención de los adultos, o eran discriminados en la escuela como juguetes basura que los niños usaban «bajo el pupitre». (En muchas escuelas se obligaba a los niños a entregarlos antes de la clase y se quedaban en una caja hasta el final de la clase.) Ahora, por primera vez, los críticos se ocupan de ese conocimiento secreto de los niños inaccesible para los adultos. Los adultos están fascinados por cómo dominan los niños el complicado mundo Pokémon.

¿Qué abarca el conocimiento de los conocimientos del mundo?

Es más que hechos y que información. Entre los conocimientos se incluyen también recuerdos de los niños, rutinas, dudas, preguntas abiertas, consejos inteligentes... También se incluye la posibilidad de decidir: «Esto ya no me interesa». El conocimiento no consiste en poder hablar mucho sobre algo, sino en poder hacer algo.

Cuando los niños, estos veloces aprendices, llegan al

parvulario, ya saben que los árboles no crecen en las habitaciones, que los niños nunca pueden ser mayores que sus padres, que la caja se encuentra en la salida del supermercado, que la madre habla a gritos por teléfono cuando llama a la bisabuela, o que hay zapatos para el pie izquierdo y zapatos para el derecho. A la edad preescolar, ya saben que el niño que pese menos debe ponerse más atrás en la barra del balancín para ejercer más peso, o que algunos niños llaman a su madre *ane*, que es la palabra que utilizan los turcos para decir madre. Los espaguetis parecen una papilla cuando se cuecen demasiado. Algunos adultos cierran los ojos cuando escuchan música. El amigo no ha tirado la torre por equivocación, sino intencionadamente.

En la lista, en ambas listas, hay algunas cosas mezcladas: lo que la mayoría de los niños ya saben a los siete años, lo que han aprendido por casualidad, lo que se les puede exigir y lo que sería deseable que supieran. Objetivo y resultado, habilidades y ocasiones en las que probablemente aprenderían. Para los pedagogos sistemáticos resulta difícil ver el aprendizaje formal y el informal juntos. Pero las experiencias educativas no están ligadas a lugares y momentos concretos. Menos aún durante la infancia. Por eso el aprendizaje en la escuela resulta tan insoportable en ocasiones. En palabras de una niña de ocho años:

—Hemos hablado del pan. Aburrido.

—¿Cómo? Eso puede ser interesante.

—Era interesante, pero la charla fue muy aburrida.

Una profesora de primaria con más de treinta años de experiencia comentaba en casi cada punto de nuestra lista: «De eso ya hemos hablado». Y en la siguiente propuesta: «Y de eso también».

El conocimiento es algo más que almacenar información, no es el cortocircuito entre internet y el cerebro. La información no es sólo algo diferente del conocimiento, en cierto modo es lo contrario. La información es todo lo que el mundo nos obliga a percibir. ¿Cómo se pasa de ese «conocimiento vago» de Weinert a un «conocimiento inteligente»?

El conocimiento sólo surge en un intercambio total con el mundo. Los niños deben acercarse a las oportunidades de conocimiento con todo el cuerpo. Actualmente hay una ciencia que subraya esto especialmente, una ciencia de la que se habría esperado la superación de un pensamiento tan débil: la neurología. Al afirmar que la mente no está en el cerebro, la neurología apoya esta hipótesis basándose en investigaciones neuropsicológicas de pacientes en los que se han observado cambios en el cerebro tras accidentes que han afectado a sus extremidades.

«Explíqueme y olvidaré. Muéstreme y recordaré. Déjeme hacerlo y lo comprenderé.» Esta máxima confuciana se confirma gracias a los resultados de la nueva neurología. Las sinapsis se forman en el cerebro del niño sobre todo cuando es «autoefectivo», «autoformador», cuando participa de forma activa. El niño no debe experimentar el mundo como algo que ya existía, debe *inventarlo de nuevo*.

Los años previos a la escolarización es el momento ideal para la adquisición de ese conocimiento del mundo. La evolución ha procurado que la humanidad necesite mucho tiempo para el desarrollo de su independencia en el mundo. Y lo ha dispuesto bien de forma que el niño sea molesto para el adulto por su inmadurez. Por nuestro propio interés, los adultos nos esforzamos en elevar el potencial de desarrollo del niño para que la vida también se vuelva más fácil para nosotros. En el caso ideal, los niños y los adultos se ayudan a liberarse de las dependencias mutuas. El recién llegado dispone de buenas estrategias para reunir material para su desarrollo. También en condiciones adversas para el niño se logra, como ha demostrado la investigación de *resilience,* la investigación sobre la sorprendente «invulnerabilidad» de muchos niños en relaciones opresivas.

Durante los primeros años, la escuela infantil es el entorno educativo ideal. Ahí se reúnen los niños de diferente origen social bajo un mismo techo. Ahí todavía no se dan notas. En los largos días, siempre hay nuevos momentos no programados pedagógicamente para errores o repeticiones. Y se puede ser diferente sin inconvenientes, ya que a estas edades «extranjero» no significa nada. En el parvulario se puede aprender tanto en «proyectos» como por uno mismo. La química, las matemáticas, la física en la cocina (el principio de la palanca con el cascanueces, la teoría de conjuntos elemental al salar)... La plástica y las matemáticas todavía no son asignaturas independientes. El futuro se aprende en el parvulario.

II

CUANTO MÁS SABEMOS DEL MUNDO, MÁS INTERESANTE NOS RESULTA

Entrevistas con todo tipo de especialistas

Durante los tres años de la investigación sobre los conocimientos del mundo a los siete años, se realizaron más de ciento cincuenta entrevistas en estudios, en trenes y aviones, en seminarios y redacciones, en centros de educación infantil, en parques, en cocinas, en habitaciones de niños... Se recopilaron los testimonios de personas y de colectivos, como grupos de padres, el equipo de redacción de la radio infantil suiza, talleres con educadoras... Estas entrevistas duraron desde media hora (como en el caso del arzobispo Johannes Dyba) hasta una noche entera (como sucedió en la entrevista con la poeta Lia Frank, durante la que nos quedamos dormidas en el sofá a medianoche para retomar el hilo de la conversación al amanecer).

La mayor parte de las entrevistas la realicé yo misma, y alrededor de una quinta parte la hizo un grupo de trabajo formado por periodistas especializados en educación y pedagogos. Como no habíamos establecido un cuestionario estándar, cada uno enfocó la entrevista desde su punto de vista. La mayoría de los colaboradores se habían criado en los años cincuenta, habían trabajado muchos años en temas relacionados con la pedagogía o la sociología infantil y participaban en el «nuevo debate educativo» impartiendo conferencias o como docentes. Obviamente, también influyeron en sus preguntas y comentarios los recuerdos sobre la experiencia con sus propios hijos en los años posteriores a 1968.

También hubo entrevistas sobre conocimientos del mundo realizadas por estudiantes de pedagogía en seminarios de universidades de Alemania, Suiza y Austria. Normalmente, entrevistaban a alguien de su familia (hermanos, abuelas, el propio hijo) o a sus amigos. Las preguntas de este grupo reflejan las experiencias de la infancia de los años ochenta. En las preguntas y comentarios de los estudiantes, aparece con frecuencia la impaciencia de la «pedagogía del ocio» que vivió la «generación Golf»[1] en el entorno crítico con el rendimiento de los años ochenta. Muchos comentaron que se acordaban de cómo se habían frenado o subestimado sus expectativas en entornos educativos alternativos o en los centros de educación infantil de la reforma educativa posterior a 1968. Estos estudiantes tenían menos dudas sobre la «escolarización» y la «planificación» de la infancia que la generación anterior del grupo de trabajo. Estos estudiantes querían para sus propios hijos actividades de desarrollo más exigentes.

Las entrevistas de los estudiantes se realizaron en numerosos idiomas: italiano, japonés, coreano, inglés, francés, turco, ruso, checo, croata y húngaro. Por este motivo, hubo problemas de traducción muy instructivos. Por ejemplo, a la estudiante japonesa le resultó difícil transmitir el enfoque básico del proyecto. ¿Cómo se puede plantear qué experiencias educativas *deben* los adultos a los niños en vez de preguntar por lo que los niños pueden hacer o saben? Pero tras la primera sorpresa, los interlocutores japoneses se implicaron en esta nueva perspectiva. A los norteamericanos les pareció que el tenor de la lista de conocimientos del mundo resultaba demasiado frío y distante. Si se quisiera iniciar una gran investigación sobre este tema en Estados Unidos, habría que encontrar un punto de partida más sensato. A los que se entrevistó en ruso (una familia de emigrantes judíos procedente de la antigua Unión Soviética), la lista en general no les pareció lo suficientemente exigente. La necesidad de un canon educativo obligatorio para la etapa infantil les resultaba natural. Por supuesto, los niños debían haberse aprendido por lo menos «un poema de Pushkin» en la etapa preescolar y no simplemente «un poema».

Los resultados de todas las entrevistas que se realizaron de forma que quedara cubierto todo el espectro social se han incluido en la segunda lista sobre conocimientos del mundo.

Sin embargo, los resultados también han influido en el trabajo de los propios entrevistadores. Algunos colaboradores han leído copias de las entrevistas en clase representando los diferentes papeles y recreando el ambiente de la entrevista en una familia o en un grupo de padres. Algunos estudiantes reflejaron en entrevistas con sus padres su propia biografía educativa. Y cuando los estudiantes entrevistaban a su pareja, la conversación no sólo giraba en torno a la pedagogía de la etapa infantil, sino también en torno a su futuro. ¿Cómo tratarían a sus propios hijos?

Los siguientes fragmentos de entrevistas, agrupados en seis temas, resumen las ideas fundamentales de los entrevistados: ¿Cómo se crearán las bases del aprendizaje y del conocimiento? ¿Qué es un entorno educativo exigente para los niños en la etapa infantil? ¿Qué nuevas imágenes del niño deben crearse y cómo habrá que cambiar esas imágenes que ya se encuentran en la mente de padres y educadores? Los comentarios de todos los especialistas arrojan luz sobre los temas y el nivel de reflexión con los que se piensa actualmente sobre la calidad de la educación en la etapa preescolar. Las experiencias de los entrevistados (científicos, empresarios, emigrantes y padres) añaden color a esa luz.

En el primer capítulo se plantea la necesidad de un nuevo canon educativo para la etapa infantil. Los psicólogos del desarrollo Franz Weinert y Rolf Oerter afirman que, de todos modos, ya existe un canon educativo para la etapa infantil, independientemente de las opiniones explícitas de padres y educadores, y demuestran con algunos ejemplos qué orientaciones y contenidos deberían incluirse en ese canon hoy en día. También el sociólogo de la educación Heimfrid Wolff, que ha analizado el estudio *Delphi* del Ministerio de Educación alemán sobre el futuro del conocimiento y de la educación (1996-1998), señala la necesidad de un canon para la etapa infantil. La sociedad de la información necesita una base para comprender el conjunto de experiencias de la etapa infantil. Sobre los cimientos que deben construirse ya en la infancia para poder adaptarse en el futuro a una constante reorientación en el precario mundo laboral, reflexionan en el siguiente capítulo un pedagogo social encargado de la «asesoría de *outplacement*» en una empresa suiza, la directora jubilada de una guardería en la que hay un parlamento de los niños desde hace años, y un sociólogo de la medicina que investiga las expectativas de vida en todo el mundo. Sobre cómo podría ser el «regreso» de una infancia sin conocimientos a un entorno educativo más interesante y arriesgado, hablan en el siguiente capítulo un inventor famoso, un especialista en conocimiento del medio para la etapa infantil, una química, la directora de una academia para niños y un organizador de cursos de informática para niños. No obstante, enriquecer el mundo educativo de los niños no sólo supone proporcionarles nuevos contenidos y estímulos adicionales. ¿Qué se experimenta con los pensamientos, las imágenes y las voces interiores? Para responder a esta pregunta recurrimos a tres pedagogos religiosos con posturas diferentes: un arzobispo, un psicólogo del desarrollo y el párroco de una comunidad de una gran ciudad.

Los conocimientos del mundo con los que llegan muchos niños a los centros de educación infantil proceden de las familias que han llegado a Alemania desde todos los rincones del mundo. A estos padres no se les suele preguntar sobre sus expectativas y sus puntos de vista sobre la educación en la etapa infantil. Aquí oiremos dos voces: la voz tranquila de una analfabeta turca y la impaciente de un quiosquero indio con ansias de prosperar.

¿Hemos preguntado también a los niños? Muchos querían saberlo cuando se enteraban de la investigación sobre los conocimientos del mundo. Para concluir, presentamos a dos niños de siete años en un entorno que nos pareció todo lo óptimo para su crecimiento como se podría desear. Cuatro años después, comprobamos que la escuela apenas había reconocido los conocimientos del mundo que estos niños habían adquirido en la etapa preescolar y cómo éstos no se habían seguido desarrollando de forma que Fredi y Sabrina pudieran ser considerados buenos estudiantes según los parámetros de la escuela.

En los textos que se incluyen en este capítulo hemos dado más voz a los especialistas que han compartido sus ideas y experiencias con nosotros que la que se suele dar en la investigación social empírica. Al contrario de lo que sucede en las grandes encuestas a expertos, como es el caso del estudio *Delphi*, en el que los expertos sólo podían poner cruces en escalas del 1 al 5 en un formulario cerrado, aquí se les podrá escuchar con su particular forma de hablar, con su tono profesional o personal. Esta investigación se cierra con quince «miniaturas educativas» sobre mis propios deseos y las oportunidades educativas que considero necesarias para los primeros siete años de vida.

¿UN CANON EDUCATIVO PARA LA ETAPA INFANTIL?
Entrevistas con los profesores doctor Franz Emanuel Weinert,
doctor Rolf Oerter y doctor Heimfrid Wolff

*Franz Emanuel Weinert fue director del Instituto Max-
Planck de investigación psicológica de Múnich. Fundamental-
mente, ha investigado el desarrollo de los niños en la etapa de enseñanza primaria y, desde hace varios años, asesora a la* Stiftung
für das hochbegabte Kind *(Fundación para los niños superdotados). Desde su punto de vista, ¿tiene sentido preguntar a numerosas personas de todas las clases sociales lo que opinan sobre
las experiencias educativas necesarias para los niños? ¿Puede
crearse un canon de experiencias educativas necesarias a partir
de dichas opiniones? ¿Necesitamos de verdad dicho canon? En
caso de ser así, ¿qué debería incluir?, ¿qué sería imprescindible
desde su punto de vista?*

«Actualmente hay un gran interés por lo que se conoce
como las teorías implícitas de lo cotidiano en las personas,
las teorías subjetivas colectivas, los puntos en común entre
personas de diferentes procedencias, profesiones o bio-
grafías. Si partimos de esa base, resulta interesante observar lo que la gente cree que un niño de una determinada
edad debería haber experimentado, oído, visto, vivido o
aprendido. Estas entrevistas me parecen muy pertinentes
y necesarias porque también tratan sobre las expectativas
no enunciadas para los niños y las condiciones de socialización más importantes.

»La transición a un currículo desde una teoría colectiva ingenua sobre la formación de la siguiente generación es difícil. No debería convertirse en un currículo explícito, debería considerarse como un conjunto de
propuestas no obligatorias. En los años setenta ya se re-
cogieron experiencias negativas por intentar trasladar a
los currículos las ideas educativas ingenuas, una mezco-
lanza de ideas.

»No obstante, un canon es algo diferente de un currículo. En mi opinión, que no es la de un lego, sino la de alguien influido por cientos de artículos y libros, al asimilar las habilidades y los conocimientos básicos, los niños deben adquirir en primer lugar lo que ya se les ha proporcionado en los primeros años de vida mediante la evolución de las actividades de desarrollo, como la adquisición de una serie de coordinaciones motrices y habilidades, la lengua materna, las "operaciones de cálculo" simples y las nociones elementales de tamaños, cantidades y números. También se incluiría lo que se conoce como *theory of mind*, una comprensión psicológica elemental mediante la cual los niños pequeños captan que los adultos también sufren cambios de humor, estados de ánimo variables.

»Así pues, los niños adquieren un gran número de competencias que, en parte, llegan como moldes genéticos vacíos. Se sabe, por ejemplo, que ya en los primeros meses de vida disponen por sí mismos de una categoría física básica como el concepto de la fuerza de la gravedad. Eso debe cuidarse y seguir desarrollándose, pero sin olvidar nunca que todos aquellos niños que no enferman se desarrollan de la misma forma que los demás. Los adultos pueden llegar a comportarse como tontos ya que las necesidades cognitivas del desarrollo infantil pueden satisfacerse de formas diferentes por cuestiones culturales. Durante la etapa infantil, hay un gran número de lo que se conoce como "equivalencias funcionales", es decir, el niño puede ser flexible en la recepción de lo que utiliza.

»En mi opinión, el resto de competencias que debería adquirir el niño es lo que aparece en su lista, lo básico, aquellas competencias que constituyen la base para la posterior adquisición del dominio, conocimiento y práctica en ámbitos muy diferentes. La lengua es un buen ejemplo, pero también lo es la competencia numérica, que estudiaremos a fondo en su momento. No se trata de que se conviertan en matemáticos, sino de que entren en contacto con los números de la misma forma que los necesitarán a diario en la calle. Hay un gran número de factores que establecen las bases para una cantidad ilimitada de procesos de aprendizaje. Si fallan los cimientos, los siguientes procesos de aprendizaje que se levantan sobre éstos resultarán más difíciles. Por eso, yo no permitiría que un niño llegase a los siete años sin saber leer. La adquisición de la habilidad lectora no puede dejarse para después de los siete años. Hay demasiadas desventajas derivadas del desconocimiento de la lectura.

»También me gustaría destacar un tercer aspecto. En el ámbito académico, no se debería discutir sobre en qué momento exacto de su desarrollo tienen los niños una visión del mundo "mágica o mística". Lo más que se puede afirmar al abordar este tema es que, a esta edad, los niños tienen necesidades evidentes de entrar en contacto con lo irreal, con fuerzas personificadas más allá de la realidad. En cuanto a esto, más allá de cualquier discusión ideológica sobre los cuentos, el mundo de lo mágico y lo místico, también en la frontera con el mundo real, supone un importante enriquecimiento vital para los niños al que no se puede renunciar. No creo que sea cierta la opinión de que, por culpa de los cuentos, los niños *adquieran* el miedo. Los niños tienen miedo por naturaleza y lo que adquieren son las ocasiones y los objetos que les producen miedo, por lo que necesitan imágenes y temas en los que descargarlo.

»En cuarto lugar, y aquí mis impresiones coinciden con la esencia de su trabajo, ¿qué significa actualmente crecer en una sociedad completamente diferente de la sociedad de principios del siglo xx, de la de los años veinte o de la de los cincuenta en cuanto a los contenidos y a la concepción de sí misma? ¿Qué supone que muchos niños hayan crecido, ya sea en el campo o en la ciudad, en familias en las que se hablan diferentes lenguas? ¿O en las que se practican diferentes religiones que obligan a unos sí y a otros no a cumplir ciertos preceptos? Básicamente, ya sea por la televisión o por los viajes, lo extranjero ya no se define obligatoriamente como *ajeno*. No es que ya no lo sea o que no resulte "extraño", pero ya no lo es "obligatoriamente" como en los años cincuenta.

»Creo que el niño debería tropezarse con muchos aspectos básicos y paradigmáticos. No me gustaría establecer cuáles serían en concreto. Actuaría poco en el sentido de preestablecer y más bien reaccionaría positivamente ante nuevas experiencias, las apoyaría, las explicaría y las permitiría. Más bien consistiría en una educación reactiva, y no en una que adoptara y diferenciara las experiencias y vivencias espontáneas de los niños. Así que no se trata, como se dice en la lista, de escribir signos chinos (por mí podrían ser también perfectamente letras árabes), sino de la experiencia de la escritura. Eso es lo crucial, descubrir que los temas y las imágenes pueden reproducirse con ayuda de signos.»

Franz Weinert insistió en las normas del programa de desarrollo genérico de cada niño. Sin embargo, cada niño tiene también un margen de maniobra individual para su desarrollo. ¿En qué se puede influir y qué se puede aumentar? Obviamente, hay clases sociales, épocas y culturas que dedican más o menos atención a los primeros siete años de vida que las demás, lo que repercute en la inteligencia colectiva de toda la sociedad. Aunque Franz Weinert considera que la pedagogía sobrestima sus posibilidades.

«Básicamente, creo que sobrestimamos lo explícito sobre lo implícito. El 90 por ciento (cifra ficticia) de la educación procede de lo que sucede en el mundo y no de lo que se pretende educativamente. Así educa el mundo tal y como es, y ni la escuela infantil ni el hogar podrán inmunizarse del mundo exterior. No pretendo predecir lo que pasará en Alemania dentro de diez años en relación con la xenofobia, por ejemplo. Que el 90 por ciento o el 60 por ciento de la gente sea xenófoba influirá más en la educación de los niños de lo que pretendamos explícitamente. No hay cuestiones ajenas al contexto. El conocimiento tiene un destino propio que debe fijarse continuamente mediante llamadas de atención, en comunicación con otros que tienen un punto de vista distinto.

»¿En qué consiste este conocimiento adquirido de forma adicional y qué diferencias se crean por medio del talento, del interés y del apoyo? Piense en el duro debate sobre si no se ha estimulado a los superdotados lo suficientemente pronto. Las autoridades internacionales en la materia sospechan que no es tanto la herencia genética como el estímulo de las *posibilidades* lo que decide al final a quién se puede considerar superdotado.»

Aunque se puede influir muy poco en el desarrollo infantil de forma pedagógicamente activa, como opina Franz Weinert, también debe tenerse en cuenta este exiguo porcentaje. También se debe tener en cuenta en qué medida se ha contribuido a compensar las oportunidades de desarrollo repartidas de forma desigual entre los niños y cómo se ha favorecido el aumento de las expectativas generales en la etapa infantil.

«Por una parte, estoy de acuerdo en que se necesitan unos cuantos incentivos, ofertas, modelos y estímulos. ¡Pero no un catálogo de obligaciones! Ustedes lo formulan con precaución: los niños "deberían entrar en contacto con...". Por otra parte, es demasiado poco, demasiado pasivo. Las ofertas deben incluir incentivos, estímulos, modelos activos. Soy evolucionista en cuanto a que considero que lo que se ofrece a los niños es muy importante. No creo que los niños puedan elegir por sí mismos lo que más les conviene, ni que el niño sea el "constructor de su propio desarrollo". Creo que deben crearse *hábitos*, lo que ahora es un tabú. Kant dijo que no se podía imaginar llegar a viejo sin haberse creado diferentes hábitos a modo de esqueleto. No puede ser que cada día haya que encontrar razones para lavarse los dientes. Eso no lo aguanta la naturaleza humana.»

Franz Weinert considera que las expectativas de calidad educativa en los primeros siete años de vida son demasiado bajas en Alemania.

«Esto se debe a que en Alemania hay un concepto concreto de "infancia" fuertemente arraigado. Las afirmaciones de los años veinte, la distinción entre espacio de descanso y espacio de formación, los ataques a una educación preescolar exigente, la gran importancia que la mayor parte de la población asoció al juego espontáneo... En general, tenemos muy idealizada la infancia, probablemente mucho más que en otros países, y esta idealización está muy arraigada.

»En los padres, sobre todo en los padres con estudios, observo esta profunda inseguridad: ¿Cuánto tiempo debemos mantener en la infancia a nuestros hijos? ¿Dónde deberíamos intervenir? ¿Cuántos intereses debemos fomentarles? Por supuesto, actualmente ya no por obligación, sino por insinuación. Todavía no he observado ninguna corriente que tienda a una mayor formación en la etapa preescolar. Más bien domina una tendencia conservadora ante la etapa infantil, un intento de alejar de los niños este mundo según el arbitrio de los padres, que en esta época intervienen y apoyan mucho, por lo que he podido observar en mi labor en la Fundación para los niños superdotados. Ahí chocan los mundos. Como se dice en Schulpforta en la primera entrada sobre Lessing: "Aquí hay un caballo que siempre necesita el doble de comida". Pero esta actitud todavía se considera "demasiado ambiciosa", aunque parece que empieza a cambiar algo. Mientras tanto, se puede hablar de élite sin ser insultado, algo que hace diez años era impensable. Actualmente se tolera más la individualización, las generalidades colectivas están en retroceso.

»Por eso, mientras se mantenga como algo general, mientras sólo se pretenda establecer en un canon las "capacidades clave", las "capacidades básicas", estaremos todos de acuerdo. Pero en cuanto se concreta más, los grupos se dividen. Pondré un ejemplo. ¿Cuándo deben empezar los niños a aprender una segunda lengua? En esta cuestión, me sorprende que no haya un mayor consenso en la sociedad. Sólo el hecho de *intentar* introducir en la escuela primaria una lengua extranjera (como lengua hablada sin gramática ni ortografía), ¡se ha visto polarizada! Y esto es sólo una señal. Siempre que se concreta, crecen los conflictos, porque no hay referentes obligatorios.

»Yo diría que cada niño debería haber tenido pronto la oportunidad de tener contacto con otra lengua. En el futuro, el mundo se dividirá en tres grupos: aquellos que sólo hablan su lengua materna, aquellos que hablan inglés y su lengua materna, y los privilegiados que hablan alguna otra lengua. No podemos proseguir con la preparación para Europa si no permitimos que los niños aprendan pronto otra lengua.

»También me parece injustificable que hoy en día un niño crezca sin saber manejar un ordenador. Resulta extraño que esta cultura técnica no se haya generalizado todavía, al menos a la vez que se aprende a leer. Y posiblemente resulte más grave en vista de los recursos comunicativos desarrollados. La competencia informática debe adquirirse en la escuela, ya que, de lo contrario, al menos el 20 por ciento no tendrá acceso. Y que alguien tema a los números es una catástrofe para su vida corriente. Igual que sucede con la competencia en la expresión oral. Poder relatar desde otro punto de vista algo que ha sucedido, poder juzgar la información de otros... Todos éstos son requisitos necesarios para la vida.

»Cuando se trata de la riqueza de la oferta y los incentivos, podrá encontrarme en su bando. Esa riqueza implica que los niños conozcan muchos fragmentos del mundo de forma amplia y diversa.

»Una riqueza involuntaria, aunque obligada en cierto modo. No todos pueden decidir qué incluye la riqueza. La formación de los padres tiene un nivel muy bajo en este aspecto. Observo grandes carencias en el planteamiento abierto de las cuestiones relacionadas con la educación. Algo parecido a un *product placement* de modelos innovadores de educación infantil tendría sentido, por ejemplo, en la televisión. Ese tipo de ejemplos de prácticas adecuadas deberían realizarse con más frecuencia en los programas de máxima audiencia.»

En relación con el canon de experiencias educativas para la infancia, hemos preguntado a otro conocido psicólogo del desarrollo: el profesor Rolf Oerter, de la Universidad de Múnich. Ya participó en el debate sobre la educación preescolar de los años setenta, los años de la reforma de los centros de educación infantil en Alemania occidental. Según él, todos los padres disponen de un conjunto de experiencias educativas que ofrecen a los hijos, una especie de canon inconsciente parecido al hidden curriculum *(currículo oculto) que hay en las escuelas.*

«De todos modos, existe un canon. Es inevitable. Obviamente, un canon así va cambiando, es temporal. En la actualidad, los niños conocen otras cosas, como el tráfico. En tiempos de Comenius, eso no representaba ningún problema, pero ahora las normas de circulación constituyen un elemento fundamental de cualquier canon, quizás más importante incluso que haber visto una vaca. No obstante, siguen necesitando tener experiencias básicas con la vida animal, humana y vegetal. Necesitan conocimientos en todos estos ámbitos.

»Actualmente sabemos que el desarrollo emocional está más relacionado con la adquisición del conocimiento que con las estructuras mentales generales, tal y como las describió Piaget. El déficit de los menores de seis años en comparación con los adultos ya no lo vemos hoy en día como un déficit de capacidades, sino como un déficit de conocimientos. Naturalmente, se necesita tiempo para adquirir los conocimientos.»

Oerter se opone con firmeza al intento de transmitir los conocimientos del mundo de un modo «apto para los niños, como si fuera un cuento de hadas» o, como en los últimos años, «de forma políticamente correcta».

«Una autora de literatura infantil eslovena acaba de enviarme sus libros para que le dé mi opinión. En esos libros, las flores se inclinan, se saludan, se hacen señales. Todo precioso. Pero no es acertado. En este mundo tan complejo, los niños deben adquirir tantos conocimientos que no podemos transmitirles de entrada algo falso que, después, debamos corregir. El niño debe conocer por separado los mundos (el mundo de la fantasía y el real) que le preocupan. En la literatura, en el espejo, en la fantasía, las situaciones presentan rasgos que no tienen en la vida real. El niño debe poder saber y decidir: "Ahora juego yo, ahora hago *como si* y ahora estoy en la realidad". Esto forma parte de un canon: "Poder decidir entre el mundo real y el virtual". Si no, lo demás no sirve de nada.»

En opinión de Rolf Oerter, los niños deben extraer sus conocimientos de la realidad real.

«Para los niños resulta difícil separar el mundo virtual del real. Tampoco se les puede decir: "Todo lo que sale en la televisión es mentira". Pero sí se les debe ayudar a que hagan tratos, a que se relacionen con animales por sí mismos, a que construyan y a que se limpien solos. Estas experiencias no pueden volver a adquirirse después con facilidad. Esto debe formar parte de un canon moderno de propuestas educativas para la etapa infantil.»

En la sociedad de la información, debe asegurarse que una generación tenga unas experiencias educativas similares en la infancia, pues se necesitan experiencias educativas comunes como base de entendimiento común. A esta conclusión llega el investigador social doctor Heimfrid Wolff (Basilea) tras analizar cientos de entrevistas con expertos sobre el futuro del conocimiento y de la educación para el estudio Delphi *del Ministerio de Educación alemán (1996-1998).*

«Pongamos por caso el debate sobre la ingeniería genética. En relación con este tema, los biólogos no son los únicos que tienen algo que decir, sino que actualmente se pregunta: ¿Quién puede aceptar estos resultados? ¿Queremos desarrollar la investigación en esta dirección? ¿Cómo queremos aplicar los resultados? Los sociólogos y los psicólogos sociales son los encargados de responder a estas preguntas, y los teólogos, a las cuestiones morales. Pero ¿cómo llegarán a un acuerdo el sociólogo y el genetista, el genetista y el teólogo? No pueden comunicarse de especialista a especialista, sino que deben recurrir a un espacio común, a una base comunicativa en la que se encuentren todas las posturas básicas y los valores compartidos. La mayoría de los expertos encuestados en el estudio *Delphi* remarcó que, en el futuro, este espacio común de posiciones y experiencias compartidas sería cada vez más decisivo para la capacidad de integración de todas las sociedades. Un núcleo común; eso significa que las personas deben haber aprendido pronto a interrelacionarse socialmente, aunque tengan opiniones diferentes. Deben haber encontrado un idioma común. Todos deben tener unos mínimos conocimientos previos, alguna idea acerca de la función de un genetista y de un teólogo como parte de su formación general. Y, no menos importante, deben haber desarrollado pronto una competencia social, una seguridad personal. No puede ser que enmudezcan por timidez cuando les habla un profesor o un experto.

»Este espacio común formado por las competencias

sociales, lingüísticas y especializadas debe crearse en todos los niños para que la gente pueda relacionarse con el conocimiento especializado de otros. Y se deben crear estas habilidades básicas en los primeros años de vida.»

LOS NIÑOS COMO EMPRENDEDORES DE LA VIDA

Los conocimientos del mundo... ¿Se puede preparar a los niños para que sus conocimientos queden desfasados varias veces en su vida?

En la actualidad, todo un polígono industrial cerrado puede tener menos valor que una patente de ingeniería genética o que un fichero de direcciones. Entre el «antiguo trabajo» industrial y el «nuevo trabajo» en la sociedad de la información ya no suele haber un trabajo para toda la vida.

Ahora se trata de desaprender, de reaprender, de reciclarse durante toda la vida, pero ya no se garantiza un puesto de trabajo seguro. ¿Se puede «preparar» a los niños para eso?

Cuatro especialistas (un asesor de empresas, un sociólogo de la medicina, un publicista y una directora de escuela infantil jubilada) creen que hoy en día los niños deberían aprender pronto «a vivir de varias fuentes». No deben aferrarse mucho a una imagen de vida y de trabajo muy concreta. Deben querer ganar y saber perder. Una psicoterapeuta comentó en una de las entrevistas: «Si un niño no quiere ganar, es como si no quisiera vivir. Y si no sabe perder, es muy débil». Según el sociólogo de la medicina Johannes Siegrist, en los posteriores cambios de orientación y en los continuos nuevos inicios en la vida, los recuerdos de una «autoeficacia» temprana nos ayudan. ¿Cómo experimenta un niño la «autoeficacia»? Por ejemplo, si tuvo la oportunidad de verse como alguien que mejora el mundo. Si intervino en el parlamento de los niños de la escuela infantil. Si la experiencia de que se le escucha le demuestra que lo que piensa no se considera una tontería. Si tuvo la oportunidad de cuidar a alguien. Si ha aprendido a curarse a sí mismo. Y si el niño pudo experimentar aburrimiento, ya que del aburrimiento provienen a menudo las mejores ideas.

Poder vivir de diferentes fuentes
Entrevista con Helmut Koerner,
asesor de «recolocaciones»

«Recolocado», despedido. En la actualidad, algunos psicólogos contratados por empresas empiezan a desarrollar un reajuste de la vida con los empleados que se enfrentan a un despido. Esto no sólo resulta útil para la imagen de la empresa, ya que una reducción de plantilla supone un desgaste social, sino que ayuda a los afectados. Helmut Koerner fue educador de adultos, coordinó proyectos en universidades para la tercera edad y dirigió equipos de asesoría educativa. Ahora, una empresa privada de Basilea (Suiza) con varias filiales en toda Suiza le ha encargado realizar asesorías de recolocaciones para los empleados que ya están desempleados o cuyo despido es inminente. De su experiencia profesional se pueden extraer ideas sobre cómo se puede preparar a los niños para un mundo laboral diferente.

«Con bastante seguridad, el mundo en el que vivirán los niños que ahora tienen cinco años en el año 2020 será un mundo sin los pilares estables de la "familia" y el "trabajo fijo", y esa situación se dará en todos los niveles sociales. Nuestra experiencia nos ha demostrado que, actualmente, ya no se recurre a la ofensa grave para despedir, independientemente de la formación académica del empleado. En mis grupos se pueden encontrar todos los niveles, desde un trabajador no cualificado hasta un procurador. Los trabajadores no cualificados pueden vivir su despido tras veinte años en la empresa como una situación tan angustiosa como la de un directivo al que han desprestigiado. Las mujeres asumen la situación con más flexibilidad. Tienen un mayor bagaje de experiencias. Gracias a las labores en el hogar y al cuidado de los niños, desarrollan más habilidades prácticas, además de haber tenido más intereses. Por las experiencias con los niños y con los cuidados, tienen más ideas, mientras que los hombres se hunden antes si se han dejado absorber por el trabajo.

»Las mujeres no sólo pueden realizar más fácilmente diferentes trabajos, sino también diferentes cantidades de trabajo. La mayoría ya ha trabajado antes a tiempo parcial y les resulta más fácil buscar y aceptar ayuda. Con las mujeres puede verse mejor lo que los niños deben construir para no salir perjudicados en el futuro ante la desaparición de la vida laboral.

»En nuestros cursos desarrollamos dos competencias diferentes. Por una parte, las competencias técnicas superficiales, como las técnicas de selección de personal o la competencia informática. Y por otra parte, desarrollamos las competencias personales y sociales, como la confianza en uno mismo ante la nueva situación, cómo establecer contactos, el estado de ánimo, cómo llamar por teléfono, cómo imaginar nuevas formas de trabajo… Entonces, retrocedemos a la infancia de los participantes. Es inevitable. La costumbre de estar mantenido es un gran obstáculo. Sobre todo en Suiza, las empresas se han esforzado mucho para vincular a los empleados a la empresa, por ejemplo reparándoles el coche. De esta forma, se consigue una sensación de pertenencia a la empresa (la «madre empresa» se ocupa de ti), por lo que, si te despiden, esto afecta a muchos niveles profundos: el empleado ha sido expulsado de la madre empresa, de la familia. Además, también se ha perdido la capacidad de autoemplearse.

Aplicado a los niños, éstos deben aprender pronto a ocuparse de su vida por su cuenta, a ser independientes, responsables de sí mismos. Es casi imposible que los adultos no les proporcionemos demasiadas cosas innecesarias.

»"Poder vivir de diferentes fuentes." En la organización de la vida laboral, esto ya se manifiesta en que se trabaja en puestos temporales. Lo que se conoce como trabajo por obra. Una de las competencias clave debe ser poder empezar de cero continuamente, aunque se sepa que de nuevo es sólo un trabajo temporal. Y no hay que vivir los períodos entre los diferentes empleos como una ruptura, no hay que obsesionarse con la búsqueda de empleo.

»Por la experiencia con mis clientes, puedo afirmar que todo aquello que estimule a los empleados, que no signifique una excesiva sensación de seguridad del sustento, todo eso repercute en una pronta previsión de la recolocación.

»También resulta importante para planificar la vida poder participar activamente en una conversación desde una edad temprana. Incluir a los niños en las conversaciones de la familia, contar lo que se ha hecho o lo que se ha vivido durante todo el día, no sólo en el trabajo o en el colegio, sino verbalizar también actividades y experiencias que no se han realizado en estos entornos conocidos (la escuela o el trabajo). Que no sea aburrido, que no se diga que no hay "nada que contar", pero sin olvidarse de crear una relación con el aburrimiento, un paralelismo con la situación de desempleo: ¿Qué hago en todo el día? Hay que experimentar el aburrimiento alguna vez de niños. El aburrimiento puede ser, además, un estímulo para las propias ideas.»

Esta idea se ha puesto en práctica en los centros de educación infantil en forma de «períodos sin juguetes». Por ejemplo, los juguetes se guardan en el sótano durante un par de semanas. La experiencia ha demostrado que, durante este tiempo, los niños crean más juegos inventados por ellos mismos. Experimentan que «menos es más».

«La creatividad implica poder obtener más de menos. El trabajo presenta diferentes facetas, no sólo el trabajo remunerado es una actividad valiosa. Si los niños pueden acordarse de la infancia y la etapa escolar, quizás en el futuro no sólo contemplarán la profesión que han aprendido cuando piensen en sus propias habilidades.»

La esperanza de vida y sus raíces en la infancia
Entrevista con el profesor doctor Johannes Siegrist,
sociólogo de la medicina

«Controlar la propia vida.» En el futuro, ¿seremos los dueños de nuestra propia salud? Tras descifrar el genoma humano, ¿los sistemas de seguros colectivos cubrirán cada vez menos la responsabilidad por la salud y la esperanza de vida y ésta quedará cada vez más a cargo de cada individuo?

Johannes Siegrist dirige el Instituto de Sociología de la Medicina de la Universidad de Düsseldorf. En sus investigaciones sobre salud pública, se ha ocupado sobre todo de los factores de estrés y del descenso en la esperanza de vida en los países de la antigua Unión Soviética. Hasta los años sesenta, la esperanza de vida en la Europa oriental y occidental era prácticamente idéntica. Pero desde la década de los setenta, la esperanza de vida ha descendido vertiginosamente en los países de la Europa del Este, sobre todo entre los varones.

«Nuestros estudios han demostrado que este descenso en la esperanza de vida no está relacionado con la mortalidad infantil, que no ha aumentado en la Europa del este, sino con el aumento de la mortalidad durante la etapa media de la vida. Esto no se debe a unas costumbres perjudiciales para la salud (como el consumo de alcohol, tabaco y alimentos grasos y pobres en vitaminas), aunque éstas también contribuyan, sino a una enorme carga de estrés, un estrés de tipo especial. Las expectativas de futuro colectivas de la era Breznev se esfumaron. Mucha gente se dio cuenta de que ya no tenía futuro. Sin embargo, dedicaron mucha energía a su trabajo, no podían contemplar otra opción, y no veían ningún resultado. En nuestras investigaciones, denominamos "crisis de gratificación" a este tipo de experiencias estresantes. Una ofensa, la decepción por el resultado, la experiencia de injusticia se mete en la piel. Esto abre camino a los episodios de estrés en el organismo.»

De estas observaciones, ¿qué enseñanzas se pueden extraer para la etapa infantil? ¿Podría crearse una especie de protección frente a este tipo de rupturas sociales?

«Para mí, resulta importante la interiorización de objetivos en los primeros años de vida: ¿Cómo seremos en la vida adulta? ¿Cómo me gustaría ser? Si son imágenes muy concretas, será un problema, ya que la persona será muy susceptible a las desilusiones, no se crearán recursos compensatorios. En la lista de conocimientos del mundo se apunta que un niño debería aprender a vivir de diferentes fuentes. Estoy de acuerdo. La socialización debe beber de diferentes fuentes. En las entrevistas que realizamos a pacientes con infarto, detectamos que el problema se encontraba en la infancia. Cuando eran niños, les clasificaron según el rendimiento, de forma unidimensional, percibieron su rendimiento como algo evidente y efectivo. De eso puede derivarse una fijación por las situaciones exigentes. Las personas pueden obsesionarse con esa situación, lo que nosotros denominamos "esfuerzos de control exagerados": gastar en exceso este impulso interior, no permitirse ninguna debilidad, obligarse a ser siempre excelente… Esto supone una sobreactividad del sistema nervioso simpático que, a largo plazo, no es bueno para ningún sistema circulatorio.»

El ejemplo de Europa del Este podría reproducirse aquí de otra forma: que te dejen al margen sin tener la culpa de nada. La «esperanza de vida» podrá controlarse menos.

«No obstante, como también demuestran nuestras investigaciones, la gente debe controlar abiertamente las perspectivas de futuro. El que sueña con su vida durante mucho tiempo, cuida más su cuerpo. Esto abarca desde someterse a controles médicos hasta la detección precoz de síntomas de enfermedad y la consulta al médico a tiempo.»

Aprender a cuidarse el cuerpo es un objetivo plausible. En el proyecto de conocimientos del mundo se buscaron sugerencias sobre cómo podían transformarse esos objetivos tan generales en pequeñas costumbres en la rutina de los niños. ¿Qué se podría aprender en la etapa infantil sobre el sueño, la respiración o la relación con el dolor? ¿Y sobre la «autocuración» en el niño? ¿Cómo surge de los niños un estilo de vida asimilable en los pequeños hábitos?

«Esto está muy relacionado con que el niño pueda percibir el espacio vital como suyo, como una especie de prolongación del cuerpo. En vez de eso, en la actualidad el niño vive algo parecido a una invasión. No se respeta su privacidad. Para poder vivir de varias fuentes, se requiere poder estar tranquilo, saber reconocer el derecho a que nadie le moleste.

»También me parece importante en relación con aprender a vivir de varias fuentes el intercambio cultural con los adolescentes. Es decir, la capacidad de adaptarse a niños que hablan otro lenguaje, que también tienen otras estructuras mentales y otra forma de expresarse. Disfrutar de esta posibilidad de niño es una ventaja con toda seguridad. Se es más flexible si se tuvo una experiencia cercana de que otras formas de vivir funcionan bien de diferente manera. Es difícil saber si esto reduciría las cifras absolutas de esperanza de vida. Pero no se trata sólo de las cifras absolutas, sino de lo que se conoce como *"healthy life expectancy"*, una esperanza de vida satisfactoria y feliz.

»Entre las experiencias fundamentales de la infancia se encuentra la posibilidad de adaptarse a nuevas condiciones. Para eso, el niño debe estar liberado. No debe programarse todo enseguida. Por ejemplo, durante mi infancia, hacerse mayor no constituía un tema, para eso no estoy "preparado". Pero he aprendido a desechar las expectativas, a verlas como algo irreal. Espero que esta capacidad me ayude con la edad a sobrellevar las limitaciones.

»En tercer lugar, me gustaría comentar otra cosa. Desde hace años, leyendo los estudios científicos sobre las tensiones que soportan los adultos de mediana edad, me he dado cuenta de lo mucho que depende la gente de la necesidad de ser efectivos, de que les vean, de que tenga sentido lo que hacen, de no desaparecer sin dejar rastro. Estas necesidades de autorrealización sólo pueden hacerse realidad en el ámbito social. La propia valoración depende de la sociedad.»

¿Cómo se puede fijar en los niños la experiencia de la propia efectividad? ¿Quizás mediante unas costumbres tempranas del cuidado de uno mismo? Una persona que se cuida encontrará siempre algo que merezca la pena cuidar.

«En este aspecto, nuestra civilización occidental presenta un déficit cuyas consecuencias todavía subestimamos. La capacidad de unirse a un grupo, a una comunidad espiritual, la capacidad de tener actitudes autointegradoras constituye un tema central de nuestros estudios sobre las enfermedades en los adultos de mediana edad. Y esto nos devuelve a la infancia.»

Querer ganar y saber perder
Entrevista con el doctor Warnfried Dettling, publicista

Warnfried Dettling dirigió durante diez años el departamento de política de la oficina federal del partido político de la democracia cristiana alemana (CDU) y, después, fue secretario de Estado del Ministerio de Asuntos Sociales. En la actualidad es publicista autónomo y ha publicado el libro Die Zukunft denken *(Pensar el futuro). Su interés se centra en el futuro del trabajo. La formación ya no es una garantía para mantener un puesto de trabajo. Durante la infancia ya deben establecerse las bases de una forma de entender la formación que no se limite al progreso laboral.*

«En los últimos tiempos, no todos pueden integrarse en el sector productivo de la sociedad. Los cualificados y los inteligentes siempre dispusieron de mejores oportunidades que los no cualificados y los flemáticos. Estos últimos quedan al margen de la población activa. Pero actualmente ya no son los únicos. Hoy en día, la cualificación no siempre puede asegurar un puesto de trabajo. Para los padres y para los hijos, esto significa que sin conocimientos y sin formación lo tendrán muy difícil en la vida, pero tampoco podrán predecir su vida ni con educación ni con buenas notas. Ya no se puede partir de la creencia de que, si se esfuerzan en la escuela y en la formación, siempre podrán abrirse camino en el futuro. Deben querer ganar y saber perder. Estas capacidades opuestas deben desarrollarse con la misma intensidad. Los chicos aprenden algo parecido en el equipo de fútbol. Deben conocer y emplear sus fuerzas y, a la vez, aceptar las derrotas. El fútbol es perfecto para esto. Hay pocas situaciones sociales en las que se puedan percibir unas orientaciones opuestas semejantes.»

Fútbol para los chicos. ¿Y para las chicas? ¿Quizás fomentar en los niños la necesidad de querer sobresalir en algo, independientemente de si les dan una buena nota por ello? Ya a los tres

años suelen ser muy obstinados, porque quieren hacer algo per-
fecto según su punto de vista. Bajar las escaleras sólo de esta for-
ma y de ninguna otra. Pequeños perfeccionistas concienciados
con la calidad.

«En los niños, estas actitudes deben tenerse muy en
cuenta y reforzarse, porque no da igual *cómo* hacen las cosas. La conciencia de saber algo bien, de haber establecido
unas reglas propias por sí mismos, por propia iniciativa, es
el punto de partida para "poder vivir de varias fuentes".
Los niños y los jóvenes necesitan diversas ofertas con las
que identificarse. En ese aspecto acierta con su lista.

»Naturalmente, las autoridades competentes deben
pensar en algo para recuperar a los desempleados. Por
ejemplo, en crear nuevas redes de cooperativas, de prestación de servicios, de comunidades locales. No obstante,
este tipo de trabajo comunitario debe convertirse en una
parte interesante de la vida y, en Alemania, aún estamos
muy lejos de lograrlo. Si debe cambiarse algo desde la base, debemos ocuparnos de las expectativas que se crea
una persona sobre su vida durante los primeros años. Su
experiencia de la actividad no puede estar estrechamente
ligada al trabajo estable.»

El parlamento de los niños
Entrevista con Regina Braun, ex directora
de un centro de educación infantil

En la lista de conocimientos del mundo se deseó para todos los
niños de siete años que se pusiera en práctica alguna propuesta
de mejora pensada por él mismo. Y que cada niño debería haber
vivido cómo otra persona puede representar sus propios intereses.

Últimamente, están surgiendo parlamentos de los niños en
algunos centros de educación infantil. ¿Se trata de algo más que
una excusa, un espejo de la democracia? En estas reuniones de
niños, ¿se hacen valer sobre todo los niños elocuentes? ¿Al final

acaban decidiendo los adultos los temas que se tratan? ¿Los parlamentos y conferencias infantiles son lo mismo que los antiguos círculos de sillas sólo que con otro nombre? Regina Braun dirigió durante décadas un centro de educación infantil con uno de los primeros parlamentos infantiles: el Kindergarten der Auferstehungsgemeinde (Escuela infantil de la comunidad de la resurrección) en Frankfurt am Main (Alemania).

«Antes de que los hijos empezaran a acudir al centro, siempre decíamos a los padres que considerábamos un éxito de nuestro trabajo que un niño aprendiera a levantar la mano y manifestar su opinión a los maestros. Ni traviesos, ni rebeldes, sino que un niño adquiera la seguridad de que puede *hablar*, argumentar ante un grupo o solo con los adultos. Esto no se consigue sin estímulos. En los centros de educación infantil debe haber reuniones en las que los niños puedan practicarlo. En nuestro caso se trata del parlamento de los niños.

»Al principio, pero sólo entonces, se hacen oír los más elocuentes. Resulta sorprendente que se suela elegir a los tímidos, porque tienen amigos que les consideran buenos, que confían en ellos. Los niños no son tontos. Saben perfectamente que el que habla mucho no dice nada del otro mundo. No le volverán a elegir. Entre los representantes de nuestro parlamento había de todo, desde niños elocuentes hasta niñas calladas.

»El conjunto necesita un cierto apoyo por nuestra parte. Por ejemplo, insistimos en que roten los puestos. Los niños experimentan que, como no todos los 60 niños pueden hablar a la vez, se encarga a alguien que represente la opinión de los demás en la reunión. El resultado se presentará posteriormente al público general, a la asamblea general, en el mejor de los casos al día siguiente. El período de tiempo entre ambas actividades no debe ser muy largo; esto es importante en el caso de los niños. El niño que ha asumido esta función a veces tiene miedo escénico. Se levanta pronto y le dice a su madre que tiene que llegar puntual, que tiene que hablar en la asamblea general. Y entonces nos toca a nosotros abrazar al niño y cuidarlo, porque a veces se pone a temblar. No es tan fácil presentar algo ante 60 niños y menos aún una crítica.

»En nuestro caso, los niños deciden los temas que se tratarán en el parlamento de los niños. Si la tapa del inodoro está rota porque los niños han vuelto a subirse encima, los niños lo incluyen en el orden del día. Y se plantean qué pueden hacer. Entonces llega la sugerencia: hay que hacer guardias. Y después la propuesta: se debe multar a los niños. En este punto, preguntamos: ¿Qué multa? ¿Qué son las multas? No tardan en darse cuenta de que, evidentemente, no tenemos muchas multas. En vez de eso, pintan carteles y los presentan en la siguiente asamblea general y, por unanimidad, los cuelgan en los servicios.

»Todo esto suena maravilloso y muchas veces los adultos tenemos motivos para alegrarnos; sin embargo, nuestro centro no siempre fue tan democrático y ha cambiado mucho gracias a las reflexiones de los niños, sobre todo de los mayores. Saben que encima del tejado de la cabaña sólo pueden jugar dos niños y no cuatro, porque se correría el riesgo de que se rompiera el tejado. Ése es otro conocimiento común si se decide en la asamblea general. Llevan de la mano a los pequeños y les muestran: «porque es peligroso…», y, si se incumple la regla, lo cuentan en la asamblea general. No son chivatos, son responsables. Los niños escuchan más a otros niños que a los adultos. Esto nos impresiona.

»El parlamento es también un lugar para quejarse, pero no debe descontrolarse. Los niños no sólo se quejan de los demás, sino también de las educadoras. Les parece aburrido que quieran celebrar cumpleaños tan a menudo o que les tengan demasiado tiempo en el cochecito.

»Debemos estar contentos con lo que pueden hacer los niños. Además, para los adultos son horas que sólo nos dan alegrías. "Horas", la mayoría de las reuniones duran unos veinte minutos. Cuando viene un experto y aconseja a los niños, como hace poco hizo un jardinero, cuando queríamos remodelar el terreno exterior, una reunión puede llegar a durar tres cuartos de hora. Es una forma de disciplinar a los niños, aunque no se la impondrán ellos mismos. Escuchan con atención, a menudo sorprendentemente bien. No como en el auténtico Parlamento, donde un tercio de los presentes está leyendo el periódico.

»Reunir a los niños de esta forma, ver de lo que son capaces, lo que saben, todo esto nos alegra. Y cómo se desenvuelven oralmente, cómo practican las distintas formas de explicarse, de preguntar, de razonar sin nuestra ayuda. Estoy de acuerdo con que todos los centros de educación infantil dispongan de un tipo de reuniones semejantes.»

LOS NIÑOS COMO INVESTIGADORES, COLECCIONISTAS E INVENTORES

Todos los adultos que participan en el debate sobre la educación para el siglo XXI deberían observar alguna vez a los niños en edad preescolar en alguno de los numerosos museos infantiles norteamericanos durante las actividades denominadas *hands-on* o juegos interactivos. O contemplar en la Academia infantil de Fulda, el primer museo infantil de Alemania, cómo los niños de seis años levantan su propio peso con unas poleas, entre la sorpresa y el júbilo, o cómo tienden un hilo telefónico por la casa. Entonces verán claro qué se niega a la mayoría de los niños antes de escolarizarlos y qué quieren decir los maestros de primaria cuando se quejan de que los niños llegan a la primera clase «sin conocimientos». Esto no parece deberse a la escasa motivación de los niños. Los programas alemanes orientados a la edad preescolar como *Lach- und Sachgeschichten* y *Sendung mit der Maus* son los programas infantiles más populares. Algunos conocimientos se dirigen a los niños, pero ¿se reforzarán estas informaciones?, ¿se seguirán desarrollando en charlas o experimentos? La educación en la etapa infantil se encuentra en el entorno femenino. Las madres y las educadoras se sienten inseguras ante las preguntas sobre ciencias naturales. En una de las entrevistas para este proyecto, Waltraud Späth, presidenta de la *Verband der Meisterfrauen im Bayerischen Handwerk*, comentó: «Nos podemos ahorrar los costosos museos específicos para niños. Explicar el principio de la palanca con un cascanueces, ¿qué tiene de nuevo? Eso puede hacerse en la cocina, no se necesitan museos ni pedagogos. Los niños deberían examinar la basura junto con la cuidadora de la guardería, ya que ahí encontrarán abundante material para aprender ciencias naturales. Yo suelo dar largos paseos con mi nieto. Se sorprenderían al saber lo que se encuentra en la calle. En cada esquina hay material para los temas elementales». En un momento de la entrevista supimos que ella había estudiado físicas. De ahí provenía su seguridad, por eso le parecía tan fácil. Para poder responder a las preguntas fáciles con respuestas fáciles, hay que saber mucho, hay que estar seguro de los propios intereses, de los propios conocimientos.

Los niños plantean preguntas como: ¿Quién es el rayo? ¿Quién lo lanza? ¿Dónde se acaba el cielo? Las madres suelen dejar las respuestas para los padres. A las educadoras no se les prepara durante su formación para dar respuesta a este tipo de preguntas. Para defenderse, recurren a una ideología del juego. Ese tipo de conocimientos se adquirirían a esa edad jugando, mediante el autoaprendizaje por medio del juego. Los adultos no deben impedir el proceso de juego infantil mediante el conocimiento objetivo y la instrucción.

Desde la pedagogía de la Ilustración, el juego se utiliza como el camino ideal para alcanzar todos los conocimientos infantiles, todo el desarrollo cognitivo y social de la etapa preescolar. La esperanza de que el juego y el trabajo, el juego y el aprendizaje puedan mezclarse en tareas que no supongan un esfuerzo, en una actividad consciente que, a la vez, sea útil, donde el desarrollo de la propia personalidad y el avance en la sociedad sean igualmente útiles... En el siglo XVIII, los pedagogos del juego de la primera burguesía Campe, Salzmann y Basedow dibujaron todas estas visiones esperanzadas. Les convenía que los protegidos burgueses y aristócratas de sus institutos aprendieran con alegría, por lo que inventaron con incansable optimismo un «juego útil» tras otro para los contenidos de todas las asignaturas. Posteriormente, Walter Benjamin sostuvo que la afirmación donde defendían que «ningún juego está vacío de toda utilidad» era una de las «especulaciones más retrógradas de la Ilustración». Le resultaba insoportable esta instrumentalización didáctica del juego infantil. Desde entonces, se considera que los adultos deben mantenerse en gran medida al margen del «juego libre» de los niños, sólo deben «posibilitar» el juego de los niños, pero sin intervenir ni regularlo.

Los psicólogos ingleses Bennett, Wood y Rogers han observado las confesiones de los educadores sobre la omnipotencia del juego según la experiencia de las escuelas infantiles inglesas.[2] Descubrieron que la retórica del juego de estos profesionales tenía pocas repercusiones en la relación con los niños. En los grupos estudiados, los niños apenas «jugaban». Pero lo que se veía a primera vista como actividad libre de todos los niños era, al examinarlo minuciosamente, una ocupación repetitiva y redundante que se encontraba bajo el nivel de desarrollo real de los niños. En la mayoría de las aulas de la escuela infantil había cajones de arena y espacios con agua para «juegos libres con elementos de la naturaleza». Pero el juego estaba estereotipado, consistía básicamente en que los niños pasaran la arena y el agua de un recipiente a otro, por lo que había poco contacto con otros niños y con los adultos.

Para poder comprender con una mayor precisión la duración, la intensidad y la complejidad de los juegos infantiles, para poder describir los diferentes niveles de juego (juego simple, juego complejo), a los educadores les suelen faltar las categorías. El pedagogo belga Ferre Laevers ha realizado los primeros pasos en esta dirección con sus «play involvement scales»[3] y, a partir de esta propuesta, el Pen Green Center de la ciudad inglesa de Corby ha desarrollado más categorías de observación con las que no sólo los educadores profesionales, sino también los padres con cualquier tipo de formación educativa pueden interpretar el juego y la ocupación cotidiana de los niños, incluso en los aspectos matemáticos, científicos y técnicos. «Los niños deben aprender a ser buenos jugadores», afirman en el Pen Green Center. Pero no sólo se estimula a los niños a impulsar sus conocimientos del medio en el juego, también se hace para hablar, escuchar, observar, coleccionar, ver la televisión o trabajar con los adultos o cerca de ellos. La directora de una escuela infantil jubilada, Regina Braun, subraya: «Ningún niño quiere dedicarse sólo a jugar».

De las entrevistas de este proyecto sobre el «encuentro con las cosas en la etapa infantil» extraemos la opinión de cinco expertos. Coinciden en que les gustaría ampliar la experiencia del mundo durante los primeros años mediante un conocimiento especializado; también coinciden en que les gustaría animar a los niños a investigar sin miedo los fenómenos técnicos y naturales. En primer lugar, el inventor Artur Fischer. Su elogio al niño que hay en cada inventor también tiene consecuencias prácticas: quiere invitar a los niños en edad preescolar a participar en la mejora del mundo, por lo que, al final de su vida de inventor, emplea mucha energía y los medios propios de su empresa para organizar «concursos de inventos» para niños a partir de los primeros años de educación primaria. Además, participa en el desarrollo de nuevos juguetes. Después, presentamos a Wolfgang Einsiedler, que se encarga de la asignatura de conocimiento del medio en la formación de los maestros de primaria y que conoce bien las preocupaciones de las estudiantes en relación con los fenómenos naturales. A continuación, Gisela Lück, una licenciada en química ajena a la escena de la pedagogía preescolar, ha realizado experimentos elementales sobre «química en la escuela infantil» que han sido acogidos últimamente con gran interés en los centros de educación infantil y en las escuelas de magisterio. Por su experiencia, a los niños en edad preescolar les fascinan los experimentos elementales de química. Durante la etapa infantil puede crearse una relación positiva con las ciencias naturales y la investigación de una forma que resulta casi imposible conseguir en la etapa escolar. Por último, tenemos una entrevista con la directora de la Academia infantil de Fulda, el primer museo infantil alemán cuyo gran éxito de público se debe, en parte, a los expertos y especialistas que trabajan allí con los jóvenes visitantes. Los niños aprecian en ellos al especialista. Esto confiere a la investigación y al trabajo otro cariz, una seriedad especial.

Los niños deben desarrollar las preguntas por sí mismos, internet sólo puede dar respuestas. Para poder ampliar y actualizar su conocimiento especializado, los niños deben sentirse enseguida seguros en contacto con las tecnologías de la información. Sobre esta cuestión, nos informa Ulrich Kramer, el fundador de la primera escuela informática para niños en Alemania.

Cuando me pongo a inventar, vuelvo a ser un niño
Entrevista con Artur Fischer, piezas de construcción
Fischer (Fischer-technik)

Artur Fischer pertenece a la élite de los inventores alemanes. Hijo de un sastre, nació en 1919 en Tumlingen. A los 29 años fundó una fábrica de telares en su localidad natal. Entre sus inventos más famosos se encuentra la bobina de nailon gris, el flash fotográfico con mecanismo de sincronización y el sistema de bloques de construcción conocido en Alemania como «Fischer-technik». Artur Fischer nunca fue a la universidad, pero ha sido nombrado miembro honorífico de varias universidades y le han concedido dos títulos doctor honoris causa, así como también disfruta del privilegio de haber sido la primera persona sin estudios superiores que ha entrado en el Werner-von-Siemens-Ring.

Actualmente, su hijo se encarga de dirigir a los 2.300 empleados de la empresa, que cuenta con su propio departamento de investigación y una academia de formación continua. Durante los veinte años de «jubilación», Artur Fischer ha registrado 297 patentes y 98 diseños en la Oficina Alemana de Patentes y Marcas. Con unas 5.500 patentes, posiblemente se encuentra en posesión de un récord mundial. En su opinión, Alemania perdería el contacto con el mercado mundial sin nuevos productos, por lo que el Estado debería fomentar la riqueza de ideas. De todos modos, Fischer ayuda por su cuenta a muchas asociaciones de inventores y organiza «concursos de inventos» para niños y jóvenes. Además, como antaño, todo aquel que se encuentre cerca que tenga una buena idea, recibe como premio ¡veinte céntimos! Para él, los inventores deben seguir el ejemplo de los niños. Durante su jubilación, se ha comprometido a aportar «nuevas ideas al mundo infantil».

«La creatividad es lo más importante para nuestro país. Resulta desalentador que tengamos tan poca gente que disfrute con la creatividad. En cada niño se esconden un montón de ideas, pero me cuentan que, tras un par de años en el colegio, éstas desaparecen, porque las encierran en un corsé que no les sienta nada bien.

»Ahora me he comprometido a trabajar cada vez más para ver qué se puede hacer con los niños. Me gustan los niños, simplemente porque son magníficos. Y porque uno se puede mover a sus anchas con ellos. Disfruto mucho hablando con niños.

»Tengo una cosa que debo enseñarle. Hay un material realizado a partir de sémola de maíz que utilizamos en nuestra empresa para rellenar los huecos de las cajas al empaquetar. Por casualidad, coincidí con el joven que fabrica este material en su pequeña empresa y me comentó que, con este material, también se pueden fabricar pequeñas piezas de construcción. Probé si se podían pegar y sí que se podía, ¡se pegan con saliva! Probé si se podían cortar y romper, y también se podía. Entonces pensé que éste podía ser un trabajo al que dedicar el resto de mi vida *(se ríe)*, puesto que ya en el primer intento se demostró que los niños pequeños lo aceptaban totalmente, enseguida se ponían a construir con esto. No me mueve el dinero. En lo posible, queremos evitar las pérdidas, pero con "Fischertechnik" no hemos ganado nada. Me gustaría crear un movimiento, un movimiento adecuado en el que la creatividad vuelva a estar presente. Las condiciones son ideales, ya que el material apenas cuesta. Se llamará "Fischer-Tip".

»Resulta sorprendente que los padres todavía digan que la etapa infantil no es para aprender. Quizás temen que el niño pregunte demasiado. Nos falta un nuevo ambiente de aprendizaje. En mi opinión, aquellos que son competentes siempre tienen una oportunidad. No todos los que quieren conseguir algo son necesariamente ambiciosos. Aquí compruebo lo difícil que es conseguir gente a la que le divierta pensar. Llevamos dos años buscando a un director de desarrollo y no lo encontramos, porque exigimos mucho a la personalidad, a la sensibilidad. Simplemente, todo se basa en eso. Puede traernos a la persona más inteligente, pero si no es creativa y no está dispuesta a colaborar con los demás, queda descartada.

»Soy de la opinión de que debe cambiar algo si no queremos caer en picado. Al anterior presidente, Roman Herzog, le comenté en una ocasión en la que me invitó a comer: "Debemos empezar *por la base*. Si no lo conseguimos, ya podemos olvidarnos de todo lo demás". En esta región hemos organizado un concurso de inventos. Pensamos que, si iba bien, se apuntarían un centenar de jóvenes. ¡Pero se apuntaron 273! También hay que destacar que le pedí al presidente Herzog que dijera unas palabras para nuestra campaña y a los ocho días recibí una carta. ¡A los ocho días!

»Con el concurso de inventos queríamos alcanzar un ejemplo modélico. Fue un placer aportar dinero para lograrlo, pero con mayor placer difundimos todas nuestras experiencias por internet. Pero ¿cree usted que alguna otra empresa se apuntó? Volver a organizar el concurso en otra parte le costaría a la siguiente empresa unos cuarenta mil euros... ¿Y qué? ¿Acaso es mucho?

»Para desarrollar los criterios de evaluación del concurso, consultamos a una escuela politécnica. Los estudiantes dedicaron dos mil horas de trabajo. ¡Fantástico! Obviamente, también recibieron un regalo de nuestra parte, pero no lo hacían por eso, sino porque les interesaba. Después les dije a los estudiantes que, cuando terminaran los estudios, se pusieran en contacto con nosotros, porque igual teníamos trabajo para ellos.

»En cuanto al material para los centros de educación infantil, la primera experiencia demostró que los niños empezaron a usarlo sin ninguna información previa. Aún tenemos que dejarlo madurar e introducirlo poco a poco en las guarderías, pero creo que será todo un éxito.

»Antes de cambiar de tema, quiero señalar que es importante que los niños se lo puedan llevar a casa, que vayan por la calle con esas cosas hechas por ellos mismos en las manos. Los viandantes verán que se ha hecho algo para los niños, verán lo que los niños pueden hacer. Además, así tienen algo que enseñar en casa. "Mira lo que he hecho", dirán, "un perro". Ahora me centraré en esto y, quizás, pase lo mismo que con las piezas de "Fischer-technik". Por entonces recibí una carta de un niño: "Como había hecho mi primer coche y funcionaba, le dije a mi mamá: 'Mami, ¡soy inventor!'" ¿Qué puede ser mejor? Y una madre me escribió: "Nuestro hijo siempre leía en la cama hasta muy tarde y se lo habíamos prohibido muchas veces, porque no debe hacerlo. De repente, estuvo cuatro semanas sin leer y se dormía temprano. Cuando subía la escalera para mirar, estaba en la cama y dormía profundamente". La madre se preguntaba cómo podía ser, hasta que se dio cuenta de que su hijo se había instalado una luz sobre la escalera.

»El niño no olvidará nunca esto. Y la madre tampoco. Yo tuve una madre maravillosa. Una vez me llevó al río de aquí, de Tumlingen, y me dijo: "Ahora construiremos una noria". Ella me sostenía de pie mientras yo trabajaba, hasta que funcionó. Todavía puedo verlo. Fue toda una experiencia. ¡Y funcionaba! También se lo conté a los estudiantes. Creemos que las cosas son muy difíciles, pero debemos pensar con sencillez. Y la forma de pensar de los niños es sencilla.

»Yo conocí a Wankel.* Una vez comentó: "Cuando me pongo a inventar, vuelvo a ser un niño". A mí me pasa lo mismo. Las primeras experiencias reaparecen siempre durante todo el proceso. Recuperar lo positivo que tiene un niño incluso en la edad adulta es siempre bueno. Ayer mostré a mis estudiantes diferentes cosas, como uno de nuestros ganchos que puede ponerse en la puerta para colgar una mochila. Es algo muy sencillo que se vende muy bien. Una idea rápida, en realidad. Y si ahora diez mil personas tuvieran ideas semejantes, ya tendríamos cien mil parados menos. Y de estos cien mil que ya tendrían trabajo, otros cien mil que crecerían más inteligentes. Ésa es mi filosofía preferida.

* Inventor del motor rotatorio. (N. de la T.)

»No se puede ser creativo si uno se plantea antes de empezar qué gana con eso. La ganancia sólo llega mucho después. Si no nos proponemos resolver un problema y no tenemos el objetivo de resolverlo también con ganas, entonces no lo conseguiremos. En ese caso, el producto no está hecho para *mí*, sino para los demás. En ese caso, primero me lo compran los demás. Una persona fría no puede inventar nada. La *bobina* no la hice para mí, sino para los demás. No hice ningún estudio de mercado y, aun así, gané ciento veinte millones de marcos. Debe ser útil, ayudar a los demás. Esta actitud básica es importante.»

En la lista de conocimientos para los primeros siete años de vida se desea que «se haya aceptado una propuesta de mejora del niño y que, gracias a eso, la vida sea más fácil. Haber tenido la experiencia de haber dejado algo mejor de lo que se había encontrado. Por ejemplo, la aspiradora ya no se encuentra en medio del pasillo, porque el niño encontró un lugar mejor para guardarla.

«Éstas son experiencias sencillas pero de una eficacia tremenda. Cuando hice la bobina, ajustada a mano, necesité también a alguien que supiera qué poner en el interior, a alguien que dijera: "Éste es el punto de partida, esto puede necesitarlo la gente, enseguida te venderé diez mil". Y así fue. Los dos nos sorprendimos de que la gente lo necesitara. Y de nuevo regresamos a lo sencillo. Todo el mundo habla de tecnología avanzada. Pero ¿qué es la tecnología avanzada? ¿Un cohete? ¡Pero si está compuesto por miles de pequeñas tecnologías avanzadas! Y si una no funciona, el resultado conjunto parece débil. Para mí, la tecnología avanzada es el tornillo que puede más que los demás y que resulta más económico y fácil de instalar. ¡Eso es en realidad la tecnología avanzada! La bolsita de té o los clips para papel, por ejemplo, fueron tecnología avanzada. Siempre regresamos a ellos, aunque un poco modificados, pero es el mismo principio.»

En el futuro, ¿se pedirá a los genios menos grandes inventos geniales y más combinaciones de numerosos elementos innovadores, además de la inteligencia del que los aplique y del usuario?

«Naturalmente, todos los equipos son fantásticos. Pero por lo menos debe haber alguien que tenga ideas y otros que le complementen. Probablemente, yo no sería capaz de construir una máquina. Me estancaría en cada esquina y me pararía a pensar si podría simplificarlo más. Eso sería eterno y la máquina nunca estaría lista. Pero en una oficina técnica, junto con otros, yo podría ser útil. Eso sí, los otros deben ser capaces de alegrarse también de los logros y de las ideas del inventor. Su carácter debe convenir con eso, porque con frecuencia aparece la envidia. Todos los inventores conocen el rechazo: "Todo está inventado".

»Los niños también deben ver a expertos y que éstos les apoyen. En la feria de Jena, estuve un rato con dos muchachos de Bosnia que apenas sabían alemán. Tendrían unos trece años. Con piezas de Lego y de Fischertechnik habían construido un robot que respondía a instrucciones orales: adelante, atrás, izquierda, derecha, quieto. Les dije: "¡Excelente! Quizás podríamos trabajar juntos…". Pero no tenían ninguna referencia de trabajo en equipo. Ese concepto era nuevo para ellos. Entonces vimos que no tenían nada de material. Con más material, habrían estado encantados de seguir construyendo. Me imaginé que si les enviaba material a Bosnia, nunca les llegaría porque se lo retendrían en la frontera, así que me dirigí a nuestro puesto de la feria y les pedí que construyeran una caja y que metieran todo lo que pudiera estar relacionado con robots, y le entregué la caja a los muchachos. ¡Cómo se alegraron! Vivieron la experiencia de que, en un país extraño como Alemania, alguien les había entendido y les había ayudado. Eso no se olvida. ¡Es la esperanza! Y no porque se tratara de Artur Fischer, sino porque consiguieron lo que necesitaban. Si esto pasa un montón de veces en la feria, entonces la feria presenta otra cara. Al llegar a su país, dirán que en Alemania les ayudaron.

»Debe tratarse de un compromiso personal. No podemos fiarnos de la política. Quiero impulsar algo en este país. Si hoy en día alguien dice que no tiene dinero para nuevas iniciativas, sólo son excusas. Debe haber algo en la cabeza. Si hay algo en la cabeza, se consigue dinero. Al principio, nunca me concedían créditos, porque no poseía nada. Así que aprendí que sólo se puede seguir si todos se mantienen unidos. Una vez que yo no podía pagar a los trabajadores mi padre nos entregó medio cerdo.

»Pero volvamos a las guarderías. Para mí, es un territorio desconocido, ya que Fischer-technik es para niños un poco mayores. Pero hay que ponerse manos a la obra. Para formar desde abajo, debe haber dinero. Para lo más elemental.

»Quizás deberíamos introducir en la academia de nuestra empresa cursos para directoras de centros de educación infantil. Tengo que hablar con mi hijo. Ahora él es el jefe.»

Con conocimientos del medio
Entrevista con el profesor doctor Wolfgang Einsiedler,
especialista en didáctica de la enseñanza primaria

Wolfgang Einsiedler es el responsable del área de didáctica de Conocimiento del medio (geografía elemental, biología y economía doméstica) en el Instituto de Didáctica de la Enseñanza Primaria (Institut für Grundschuldidaktik) de la Universidad Erlangen-Nuremberg (Alemania). Ha observado que los niños llegan a la escuela primaria sin ningún tipo de conocimiento en estas áreas. La etapa preescolar es un período muy investigado desde la perspectiva de la psicología del desarrollo, pero no se le presta la debida atención como etapa educativa para el conocimiento del medio. Durante la entrevista, Wolfgang Einsiedler comentó cómo los niños ordenan el mundo en relación con las cosas y cómo se pueden entender y analizar los conceptos ingenuos que crean los niños para los fenómenos naturales.

«Creo que la experiencia temprana de las cosas sirve para la formación de la identidad de los niños. Si conocen bien algún lugar, si tienen algo parecido a un área especial, entonces desarrollan un buen concepto de sí mismos, simplemente les sienta bien. Hace poco coincidí con un niño de siete años que conoce bien las piedras y los minerales. Estaba orgulloso. "Soy un especialista en piedras", "Soy un especialista en flores", "Conozco diecisiete dinosaurios"... Creo que los padres tienen muchas posibilidades de desarrollar esto en la etapa preescolar, pero se sabe que eso pasa más bien en las familias de clase media. Muchos niños llegan a la primaria con escasos conocimientos. Por ejemplo, en el ámbito de las plantas, los animales, el tiempo. ¿Saben de dónde viene la lluvia? Obviamente, también debemos plantearnos si con explicaciones racionales dificultamos y perturbamos el desarrollo de la imagen del mundo de los niños. Pero tengo la impresión de que, si se estimula algo en el niño, aumenta el interés. Ya hay buenos programas de televisión. Esto se puede completar en la guardería y con libros ilustrados.

»O las colecciones en el alféizar de la ventana, como un pequeño herbario. Lo que siempre me ha fascinado es lo que cuentan los niños sobre países extranjeros. Obviamente, los niños conocen Italia o España por las vacaciones, pero se puede ampliar la mirada a África, América... Otros continentes, otras formas de vida... La sensación de lo grande que es la Tierra, esta idea o conciencia de que hay muchos continentes pueden transmitirla en gran medida los padres y los educadores mediante cuentos.»

Actualmente, a los niños no les falta información. ¿Cómo se puede organizar la asignatura de conocimiento del medio para los niños?

«En el primer año de colegio, resulta especialmente importante mantener el interés. No por medio de modelos o esquemas. Basta con que se hagan *colecciones* en clase. Lo que los niños se han traído de las vacaciones: piedras volcánicas, piedras calizas; y dedicar a esto diez minutos al día, por ejemplo. Eso me parece más importante que un proyecto curricular estructurado para el aprendizaje social. Lo que ya tiene un peso importante en los proyectos curriculares es la convivencia en la escuela, en la familia, etcétera. Para mí, eso es demasiado poco concreto. En vez de eso, se debería mantener y levantar con más fuerza el interés por los temas y fenómenos. Además, tenemos el maravilloso estudio de Csikszentmihalyi, según el cual gracias al coleccionismo hasta los niños más pequeños se crean una imagen del mundo propia, encuentran el sentido por sí mismos y ordenan el mundo en relación con las cosas.»

«Mantener los intereses», dice Wolfgang Einsiedler. Eso implica que éstos ya se habían despertado. ¿Se refiere a los que ya están activos, a los pequeños especialistas en dinosaurios, a los tenaces coleccionistas de piedras?

«Quizás estoy pensando en el hijo de siete años de un profesor de geografía, pero creo que ya se puede estimular en la educación infantil. El interés en los niños surge cuando éstos tienen "cosas" a su alcance, cuando se les cuentan historias, cuando pueden mirar libros a su antojo. El interés se alimenta, eso lo veo como el objetivo principal de la clase de conocimiento del medio en la escuela primaria y puede prepararse en la etapa infantil.

»En la clase de conocimiento del medio debe proponerse una amplia gama de intereses, despertar una primera comprensión de la ecología y algo sobre el significado del agua limpia. O desarrollar la etapa preliminar para la comprensión histórica, como hacen las maestras del primer curso, que inician una comprensión del tiempo:

¿Qué sucede en cada estación del año? Éstas son tareas bonitas. Debe crearse un interés por la formación en conocimiento del medio y el primer año en la escuela debe contribuir a ello. La formación en conocimiento del medio implica que se desarrolle una primera comprensión de fenómenos diversos e importantes categorías intelectuales, como entender el tiempo, captar el paisaje, captar el espacio, saber orientarse en los planos. Las primeras abstracciones. Yo lo consideraría como una competencia básica de los niños de siete años. Reconocer en el ámbito de la escuela y reproducirlo en un simple dibujo bidimensional, saber indicar recorridos. Por una parte, me refiero a cosas concretas, porque los niños son receptivos. Pero, por otra parte, cómo algo como la simbolización de esta cosa se transforma en algo comprensible, por ejemplo cuando algo plano se convierte en un mapa bidimensional, en una maqueta arquitectónica tridimensional o en un esquema de diseño asistido por ordenador.»

La asignatura de didáctica de conocimiento del medio debería tener más reconocimiento y apoyo en estos momentos. En la sociedad de la información preocupan intereses variados, la aceptación de diferentes formas de enfrentarse a los problemas, interdisciplinariamente... ¿Se abren todas las puertas a la investigación de la didáctica del conocimiento del medio?

«En general, puede afirmarse que se aceptan nuestros planteamientos. Pero no hemos confirmado ningún resultado sobre los conocimientos que realmente poseen los niños de siete y ocho años, ni sobre qué métodos didácticos resultan útiles. Además, se encuentran las nuevas confusiones sobre lo que se considera "apto para niños". No sólo me parece positivo este "concepto de vida": "Subirse al carro de la vida, adoptar las experiencias cotidianas de los niños". Todo debe estar "próximo a la situación", pero tocar lo "inmediato" es simplificar demasiado. Nosotros lo caricaturizamos en la didáctica del conocimiento del medio: debe tocarse el árbol para bailar a su alrededor, "sentir, acariciar el árbol". Creo que el principio es correcto, pero numerosos jóvenes maestros pasan por alto que enseñar debe estimular el *desarrollo*, es decir, se debe tratar el plano de la simbolización. Ya con cuatro años, los niños recurren a la simbolización en sus juegos. En su cabeza, ahora eso debe ser un cohete, o una cebra. Hace tiempo que disponen de las condiciones necesarias para conceptualizar mediante la simbolización. Y ésta es importante para otros incentivos al desarrollo.

»Lo que se entiende por apto para los niños suele ser poco exigente. Hemos realizado un análisis de los libros de texto de los años ochenta y de los primeros noventa. El énfasis recaía demasiado en ilustraciones visiblemente concretas y se renunciaba a la simbolización. Durante las entrevistas con las maestras, tuvimos la sensación de que en las escuelas se presta mucha atención a que los *caminos de las clases* sean amplios, pero que el siguiente paso hacia la abstracción no es lo suficientemente decidido. Una educadora infantil los denominó "caminos ciegos", que también suelen producirse con frecuencia ¡en la educación primaria! "Integrado", "práctico", "interactivo"... Esa parcela está cubierta, de momento. No se puede captar todo con los sentidos por igual. También se debe hablar con los niños sobre cosas inciertas. Por ejemplo, ¿cómo se podría captar sólo con los sentidos la manipulación en la publicidad?

»Las educadoras del centro de educación infantil no deben ser expertas en pedagogía del conocimiento del medio, pero deben conocer los aspectos relacionados de la psicología del desarrollo, deben saber que los niños empiezan a simbolizar a partir de los tres o cuatro años y que se pueden estimular estos procesos de reflexión y simbolización.

»Por cierto, esto también se da en el ámbito lingüístico. Los educadores de la etapa infantil siempre temen que se monopolice la preparación para la escolarización, el aprendizaje de la lectura. No pretendemos eso. A los pedagogos de primaria les bastaría con que los educadores fomentaran la reflexión sobre la lengua, la conciencia lingüística. Se ha demostrado empíricamente que los niños que han reflexionado sobre la lengua y que saben que las frases se componen de palabras y que, a su vez, las palabras se componen de sílabas, acceden enseguida a la lengua escrita. No se pretende que los niños intenten leer a los cinco años. Pero me parece que aportan mucho los juegos con canciones y rimas, los trabalenguas… También pueden tomarse ilustraciones, recortar la palabra elefante y preguntar cómo se pronuncia: e-le-fan-te. O cambiar las ilustraciones: ji-ra-fa, ji-ra-fan-te. De esta forma, se crea la conciencia de los elementos de las palabras, la "deliberación fonética" como iniciación y preparación para la escritura.

»Y después, tenemos el clásico factor motriz. Siempre digo que todos los niños que llegan a la escuela primaria deben saber nadar. En realidad, ésta es una tarea de los padres, no de la escuela. A los niños les encanta estar en el agua con sus padres. Se trata de una de las experiencias corporales más importante y, según los expertos, la experiencia motriz está estrechamente relacionada con el desarrollo cognitivo. Los déficits cognitivos pueden derivar de déficits motrices o incluso pueden compensarse mutuamente.»

El que no se mueve, pierde el tren. Nadar es un ejemplo interesante de que no sólo ha aumentado el cociente intelectual durante los siglos, sino también las exigencias culturales para el desarrollo de los niños, el nivel de la calidad educativa en general. Que los niños aprendan a nadar sólo se ha convertido en algo natural durante la segunda mitad de este siglo.

«Con la natación, quizás sea así. Pero ¿qué más? Intento no ser pesimista, pero tengo la impresión de que a muchos padres les da igual qué tipo de experiencias resultan estimulantes durante los primeros años de vida. Yo afirmaría que entre un 50 por ciento y un 60 por ciento de los padres, también según las maestras de primaria, no se preocupan durante la etapa preescolar de proporcionar experiencias educativas orientadas, que yo amplío a las experiencias artísticas y motrices. Naturalmente, mi concepto educativo abarca lo estético y lo motriz. Se pretende delegar demasiado, alejar a los niños. De esta forma se pierden muchas experiencias propias, como la participación en el desarrollo infantil, que también forma parte del desarrollo de la identidad de los padres.

»Debería intentarse promover que los padres sean los maestros de la etapa preescolar. No se trata de que deban enseñar a sus hijos constantemente, sino de contribuir a desarrollar la capacidad de simbolizar jugando juntos, asumiendo diferentes roles. "Hacemos como si yo fuera el vendedor de zapatos y tú el cliente." Hacer algo imaginativo, fingir, promover el uso del pensamiento subjuntivo.

»Uno de mis colegas en Arizona (Estados Unidos) es catedrático de *preliteracy*, que podría traducirse como "preparación de la habilidad lectora". No consiste en leer, sino en entrar en contacto con los conceptos de las palabras mediante juegos. A partir de estos primeros juegos de simbolización, se pasa a mirar libros. Entonces puede haber sugerencias de los padres o del centro educativo.

»Deberían concretarse en una lista para los padres por lo menos aquellos aspectos que ya son clásicos, como el desarrollo motriz, las experiencias lingüísticas y las normas del lenguaje para que los niños empiecen a poder mantener una conversación real. Según nuestras maestras de primaria, los niños aprenden demasiado tarde y con dificultades a razonar, a persuadir y a concretar.

»Nuestros estudiantes siempre citan a Piaget. Para ellos, la fase del pensamiento concreto supone aportar cosas concretas. Sin embargo, desconocen la idea de la co-

construcción, del desarrollo de estructuras en la *conversación*. Durante los ratos de trabajo libre, los maestros permiten que los niños trabajen demasiado individualmente. Debería ser obligatorio que las experiencias de conocimiento del medio se realizaran en grupo, ya que entonces los niños hablan y las ponen en común. Para mí, ambos conceptos (la co-construcción y la comprobación de los pensamientos en el lenguaje) deberían ser obligatorios en la formación, tanto para las educadoras como para las maestras de primaria.»

Educadoras y maestras de primaria. En Alemania, hasta la mitad de la infancia el contacto con el conocimiento del medio se produce casi exclusivamente por medio de mujeres. ¿Qué implica esto para los contenidos?

«Numerosas maestras dicen: "Por suerte ya no tenemos esas clases de ciencias naturales de los años setenta". Tuvimos un desarrollo desafortunado en los años setenta. Entonces, las editoriales enviaban cajas con materiales para investigar en la escuela. Había restos de telas, piedras y ladrillos. Entonces, había que tratar eso con un objetivo pedagógico. Ridículo. Y después llegó la reacción contraria. Disponemos de datos sobre la formación de las maestras de primaria. Actualmente, un 70 por ciento procede de sociología e historia, y sólo un 10 por ciento de física y química. La biología apenas está un poco más representada.

»Creo que los colegas varones suelen aportar un mayor interés por las cuestiones de ciencias naturales en la educación primaria. He visitado escuelas en Francia y Holanda en las que hay un mayor número de maestros varones. Pero ¿serviría de algo obligar a las maestras de primaria a explicar temas de ciencias naturales y realizar experimentos? ¿Se fomentaría el amor por las cosas? Recurro a este concepto anticuado del amor por las cosas. Montar herbarios es costoso y los experimentos sobre la evaporación también lo son. Resulta más sencillo contar las celebraciones familiares que llevar una gran bolsa de viaje llena de objetos con los que realizar experimentos científicos. Para mí, los buenos maestros son aquellos que van a la escuela con grandes bolsas de viaje.

»Sería importante no sólo haber experimentado *un* concepto, como el del eclipse de luna, que se olvida pronto, sino también ser receptivo para tratar esos fenómenos. Desarrollar un interés a largo plazo... Con los experimentos se pueden elaborar esos fenómenos y, con el trabajo mental que debería seguir después, comparar los mismos.

»Una cuestión apasionante para mí es si los niños que ya han practicado experimentos a los siete años son más receptivos con la química y la física en cursos posteriores. Si empieza con la física de aparatos, ¿se ampliará su interés por esta materia formal y matemática de las ciencias naturales durante la enseñanza media?

»Mi gran preocupación es que la clase de conocimiento del medio se maneje sin apenas esfuerzo, ya que las matemáticas y la lengua quedan en primer plano al llegar al instituto. Para mí, la antigua asignatura de geografía e historia local exigía más. Actualmente, no es sólo mi opinión, sino que en todas partes se critica, hay demasiada libertad de elección. El concepto de descubrimiento es una carga para la didáctica alemana: la "clase descubridora", pero se limita a un cuarto de hora. Aquí tenéis un par de cables, ahora "descubrid" la corriente eléctrica.

»El consejero de educación de Baviera, el señor Zehetmeier, ha promovido que se vuelvan a integrar más personas con formación práctica en los estudios de magisterio. Para mí, se trata de un error, ya que estas personas no suelen ser las más innovadoras. Representan los métodos rutinarios. Por otra parte, no puedo afirmar que los académicos fueran muy innovadores. Los ingleses han realizado unos proyectos de pedagogía muy buenos, la mayor parte descritos con ejemplos, que pueden encontrarse traducidos al alemán. En Inglaterra, se realiza mucha formación continua para maestros a través de la televisión pública. Algo parecido necesitamos aquí, junto con sesiones de observación de clases. Esas grabaciones también se deberían poder mostrar a los padres. Además, en esas grabaciones deberían quedar patentes, en lo posible, ejemplos internacionales de buenas prácticas.»

«Nada» no existe. La química en la etapa preescolar
Entrevista con la química Gisela Lück

Gisela Lück estudió química y filosofía y se doctoró con una tesis sobre Nietzsche. Después trabajó durante diez años como relaciones públicas en el departamento de investigación de la empresa Henkel. En 1999, realizó estudios de «Química en la etapa preescolar» en el Instituto de Pedagogía de las Ciencias Naturales de Kiel (Alemania). Para su trabajo, analizó todos los proyectos curriculares de los centros de educación primaria y secundaria de Alemania y, además, observó que, en general, la importancia de las ciencias naturales, sobre todo de las asignaturas de física y química, ha disminuido desde los años sesenta. En Alemania, este retroceso de las asignaturas de ciencias naturales continúa. Los estudios comparativos internacionales constatan que, en otros países, se empiezan a introducir las ciencias naturales mucho antes. Gisela Lück remarca la palabra introducir*: «Cualquier cosa más allá de una "introducción", no se contempla en el área preescolar».*

Sobre la mesa que tenemos delante hay una ensaladera de cristal llena de agua limpia, algunos vasos y dos gominolas. Durante la entrevista, Gisela Lück nos mostrará algunos experimentos que, como pionera del tema «Química en la etapa preescolar», enseña a los educadores en los congresos especializados en pedagogía de la etapa infantil por todos los rincones de Alemania.

«Los niños a la edad de cuatro años, quizás incluso antes, muestran un gran interés por el mundo de las cosas.

Es la edad de las preguntas del "por qué". Y, a la vez, hay una gran inseguridad en los adultos en cuanto a los conocimientos científicos. Así pues, el interés decae en los niños tarde o temprano.

»En el conjunto de la sociedad, las ciencias naturales fueron siempre más importantes. Se sabe que Alemania posee pocos recursos minerales y los productos químicos básicos hace tiempo que se producen en el extranjero. Por eso, Alemania tiene algo que ofrecer en el ámbito de la química especializada, pero esa especialización debe volver a crearse continuamente. Sin embargo, nuestro sistema educativo no plantea cuestiones de química hasta los trece años. He analizado todos los temas de naturaleza animada y naturaleza inanimada en los proyectos curriculares de los centros de educación primaria y secundaria de Alemania. Fue un trabajo aburrido, aunque revelador. Desde los años sesenta, las ciencias naturales han perdido peso en el conjunto de los proyectos curriculares alemanes, sobre todo los temas de química y física, al contrario de lo que sucede con los temas de naturaleza animada. Actualmente, si alguien deja los estudios en la secundaria, sólo habrá tenido clases de química en horario escolar seis veces en toda su vida.

»En los estudios comparativos internacionales, puede verse que en otros países importantes se empiezan a introducir las ciencias naturales mucho antes. En Alemania, las cuotas de audiencia de programas infantiles como "Löwenzahn" (Diente de león) y "Sendung mit der Maus" (Misión con el ratón) indican que los niños de cinco, seis y siete años están visiblemente interesados en los temas relacionados con las ciencias naturales. Unos 300.000 niños entre cuatro y seis años ven habitualmente "Sendung mit der Maus", un programa con muchas secciones relacionadas con las ciencias naturales que, además, son las preferidas. Esto significa algo.

»A veces, me preguntan por qué me gusta enseñar

unas primeras nociones de química, por qué ofrezco experimentos de la naturaleza inanimada y no de la animada. En primer lugar, mis experimentos presentan la ventaja de no depender de la estación del año. En cualquier momento se puede llenar un vaso con agua. Pero las mariposas o los gusanos sólo pueden observarse en determinadas épocas del año y en condiciones especiales.

»En segundo lugar, estoy convencida de que estos experimentos responden mejor a los porqués de los niños. Ante las preguntas de biología, muchos se rinden: "Simplemente es así". Del bulbo sale algo. Entusiasmo entre los niños, pero ¿por qué sale? Eso es algo muy difícil de explicar. Creo que los fenómenos de la naturaleza inanimada son más fáciles de explicar.

»Mi tercer argumento está relacionado con el resultado de otra investigación. Los experimentos que surgen de otros, que crean una serie, dejan una impresión más profunda. Pero apenas hay series de experimentos relacionados entre sí en la biología elemental.

»Por último, un cuarto motivo. Los temas de la naturaleza animada aparecen de todos modos en el parvulario. Por el contrario, la naturaleza inanimada no tiene cabida.

»No pretendo "transmitir conocimientos" a los niños, sino presentarles fenómenos naturales. Además, las sensaciones son muy importantes. En estos momentos, se ponen en contacto conmigo niños de trece años con estas preguntas, pero ya es demasiado tarde. En la pubertad les preocupan otras cosas. Por eso, la química figura en el tercio inferior de la escala de valoración de asignaturas.

»Durante la etapa infantil, los niños no pueden formular con palabras todas sus interpretaciones. En mis estudios, hay evidentemente diferencias entre los centros de educación infantil en zonas con conflictos sociales y los que se encuentran en zonas acomodadas. No obstante, la capacidad de "comprender" y el interés son casi igual de grandes en ambos tipos de centros. En primer lugar, la lengua no es tan importante para la comprensión. Los niños de origen polaco reaccionaron con el mismo entusiasmo que los niños alemanes e, incluso, igual que los niños discapacitados.

»En cuanto a los experimentos, empiezo enseñando dos cosas que me parecen importantes: "Nada" no existe. El concepto "nada" es falso en realidad, pero enseguida lo tenemos ahí, tanto en los niños como en los adultos. ¿Qué hay en este vaso? "Nada". Y en segundo lugar, el concepto "desaparecer". "¡Nada desaparece!" Hablamos incorrectamente en el lenguaje coloquial, incluso los maestros: "desaparece" una llama, un color, o la sal y el azúcar en la disolución. En vez de eso, se puede enseñar bien pronto a los niños que "nada" en realidad es algo, por ejemplo, aire. Y que el terrón de azúcar no desaparece en un nirvana, sino que el azúcar y la sal se pueden volver a extraer de la disolución. De esta forma, también se puede relacionar una conocimiento psicológico, así como la conciencia del entorno: ninguna cosa, ninguna sustancia "desaparece" por completo. Esto también puede querer decir que debemos procurar no estropear ni dañar las cosas.

»Para que el niño preste atención, resulta importante colocar la instalación para el experimento en un sitio fácilmente reconocible. Como aquí, por ejemplo. Los recipientes deben tener una base. Así quedan delimitados, se centra la atención. Además, es más estético.

»Yo le digo a los niños: "Observad bien lo que hay sobre esta base".

»Procuro que el cuenco sea brillante y atractivo, así como que el agua esté clara. Los niños son como sismógrafos, notan el cuidado, y eso es muy importante.

»¿Qué hay aquí? "Agua." Por cierto, los niños pueden saber enseguida si se trata de agua fría o caliente. Los niños de cinco años ya saben que el agua caliente crea condensación en los bordes del cuenco. La intuición simple de los niños de cinco años suele ser correcta.

»Muchos niños conocen ya este espantoso experimento de las gominolas que se deshacen de forma tan fea en el agua. En realidad, no se aprende nada de esta experiencia. No puede surgir nada de este conocimiento o de estas observaciones. Mis dos gominolas con forma de osito quieren bucear, pero sin mojarse. En primer lugar, les ponemos nombre a cada osito para que los niños los sientan próximos.

»¿Cómo pueden bucear sin mojarse? Entonces entra en acción el aire en un vaso como protección. Si se sumerge este vaso con la boca hacia abajo, ascienden burbujas de aire. Los niños lo oyen, porque en la sala se está en silencio. Entonces los niños deducen lógicamente que debe de haber aire en el vaso. De esta forma, el niño puede percibir el aire, por así decirlo, lo *oyen*. También lo *sienten*, en forma de resistencia cuando se introduce el vaso lleno de aire verticalmente en el agua. Entonces se colocan las gominolas en una caja de cerillas sobre la superficie del agua y se introduce el vaso. Protegidas por el vaso sumergido en vertical y el aire que hay en el interior, se quedan secas. Este tipo de experimentos también sorprende a los adultos. Con el aire contenido en el vaso tengo un medio que empuja el agua hacia abajo. No hace falta que se comprenda perfectamente. De lo que se trata, sobre todo, es de que lo encuentren interesante. Y el niño puede repetir este experimento por su cuenta siempre que quiera, por ejemplo, en la bañera.»

Para Gisela Lück, más importante que los conocimientos objetivos es la experiencia de la experimentación. «Si hago eso, entonces pasa esto otro.» Si…, entonces…

«En este tipo de observaciones, hay que procurar no dar demasiadas explicaciones teóricas ya que, en ese caso, dependerán de los adultos y ya no confiarán en investigar por sí mismos. Ninguno de nosotros está en condiciones de explicar los fenómenos naturales de forma "completamente adecuada", objetiva. Pero no sólo hay que fascinar a los niños, o asombrarlos. No quiero parecer una hechicera. Las ciencias naturales no son un área de lo inexplicable. Entonces, dependeríamos siempre de los expertos.

»Mi siguiente experimento se basa en el experimento de las gominolas. ¿Cómo se puede apagar una vela? Esto también resulta práctico. Cómo se apaga el fuego es algo necesario para la vida.

»Los niños responden: "Soplando". Pero eso es muy difícil de explicar de forma científica. La energía de activación de mecha-cera-oxígeno se reduce tanto que la combustión ya no se puede mantener. Demasiado difícil. Esta explicación no les llega.

»Les pregunto: "¿Qué otras posibilidades hay? ¿Qué hay en este vaso?". "¡Aire!", respondió la mitad de los niños una semana después del experimento de las gominolas. Ya no dicen "nada".

»Sigo preguntando: "¿Podéis imaginaros que la llama de la vela se apaga dentro de un vaso en el que hay aire?". Algunos niños hacen sus pronósticos y los que los han hecho observan con especial atención.

»La vela no se apaga inmediatamente, sino gradualmente... Y en un vaso grande tarda más que en uno pequeño...

»Tercer intento: Si mezclamos levadura y ácido acético, se produce espuma y se libera un gas (dióxido de carbono) que apaga la vela. En ese momento, algunos niños afirman que yo hago magia.

»Entonces, les dejo que hagan el experimento por sí mismos y se les explica, se aclara. Esto ocurre porque la vela ya no tiene aire. Si..., entonces... ¿Qué ha creado la levadura? ¿Aire? En ese caso, la vela no se habría apagado. Tiene que haber creado algo que parezca aire, pero que no lo sea. La levadura y el ácido acético crean dióxido de carbono, un gas que interrumpe la combustión. Este experimento está pensado como una estructura, una continuación de los dos primeros experimentos. No todo lo que parece azúcar es azúcar. Hay sustancias que no conocíamos que tienen propiedades únicas. Si mezclo dos sustancias, se crea una tercera sustancia. Éste es el principio de la química. La frontera entre la química y la física es insignificante en este estadio. Decidir si el estado de agregación es físico o químico corresponde a otros.

»Los niños discapacitados se maravillan del mismo modo. Según mi experiencia participan igual que los demás niños. Para sus educadoras, se trata de oportunidades en las que se les puede dejar solos sin más. Los niños realizan todos los experimentos por sí mismos, incluso los niños discapacitados. Y, de momento, no he encontrado ningún niño que fuera una completa nulidad. Pero debe tenerse en cuenta lo siguiente:

- Los experimentos deben ser inofensivos. El elemento más peligroso de mis experimentos es la vela, pero éstas están presentes en las guarderías para los cumpleaños. Y precisamente enseño cómo se puede apagar una vela. Algunos productos de limpieza son tóxicos, no se pueden beber. No obstante, se encuentran en todas las casas.
- Las sustancias se deben poder conseguir fácilmente. No puede pretenderse que la educadora busque una tienda especializada en material de laboratorio.
- La estructura experimental debe ser tan sencilla que los experimentos puedan repetirse en casa.
- Los experimentos no pueden durar más de veinte minutos. En caso contrario, el interés decae.
- Los experimentos deben funcionar. Por ejemplo, el agua y el aceite no se mezclan, pero si se añaden tensioactivos… Sobre todo deben funcionar los experimentos que realicen los niños por sí mismos. Si no, el niño puede desanimarse: "Las ciencias naturales no son para mí".

- Los experimentos deben estar relacionados entre sí. Nada de aleatoriedad, ni de mosaicos. Los niños recuerdan mejor los experimentos que están relacionados entre sí.

La "aceptación" de nuestros experimentos es elevada (tuve que analizarla científicamente para mi doctorado). Entre el 80 y el 90 por ciento de los niños acuden a nuestros experimentos, que se ofertan como una actividad voluntaria una vez por semana.

»Mis destinatarias son las educadoras. Ellas son las que, en último término, deben captarlo.

»De momento, se han interesado por mi trabajo sobre todo la Asociación de las Academias Evangélicas y las Oficinas de Protección del Menor de muchas ciudades. Pero también he encontrado oposición. A finales de los años sesenta, el departamento de educación ya había decidido que los temas de ciencias naturales deberían tener más importancia en los primeros años. Así pues, la balanza se inclinó hacia "proyectos curriculares científicos". Entonces se forzó al niño a representar el papel de observador. A finales de los años setenta, la balanza se inclinó hacia el extremo opuesto y, actualmente, en las escuelas de magisterio, los profesores prácticamente no saben nada de ciencias naturales y, menos aún, del área de la naturaleza inanimada. Los educadores tienen ciertas reservas ante este tema y la química está lastrada por el debate medioambiental en la conciencia cotidiana. "Sin compuestos químicos" se dice en la publicidad, como si la química estuviera contra la naturaleza y fuera sinónimo de veneno o de perjuicio para la salud.»

En la infancia de la posguerra, cuando se podía jugar más en el exterior, los niños experimentaban mucho con la química. Una fantástica prueba de valor era todo lo que se podía mezclar con arena e incluso comer de algún modo, gachas con bayas y caldo en polvo, una combinación de química y juegos culinarios en el jardín, experimentos de niños entre ellos mismos. Hoy en día, la moral lo prohibiría. «Con la comida no se juega.» Se considera un derroche, porque después hay que tirarlo todo. «En eso consiste exactamente la química elemental: en el aprendizaje de la transformación de las sustancias.»

Ver y hacer: la academia infantil
Kinder-Akademie Fulda (Alemania)
Entrevista con la doctora Gabriele König

Una antigua nave industrial fue convertida en el primer museo infantil de Alemania. Gabriele König, humanista y colaboradora del equipo de redacción del proyecto sobre los conocimientos del mundo, es la subdirectora de la Kinder-Akademie Fulda. En este lugar, los niños pueden comprender las interrelaciones científico-técnicas con sus propias manos. Incluso pueden inspeccionar y gatear por el interior del modelo de corazón humano más grande del mundo, el alma del museo, pues constituyó su punto de partida; se financia con los medios que aporta la familia de la directora, Helen Bonzel, procedentes de un invento para la cirugía coronaria. El museo privado se llama «academia» porque ofrece una gran cantidad de cursos y proyectos en los que los niños pueden elaborar sus conocimientos del mundo en la práctica y en contacto con la realidad desde la etapa infantil.

La entrada del museo está repleta de trabajos realizados durante la academia de verano, ya finalizada, que se ha centrado en el tema «¡Piensa! Niños y arquitectura». Se trata de trabajos que llaman la atención por una profesionalidad que, por lo general, no se espera en los niños; trabajos que, en parte, pasarán a formar parte de la decoración permanente de la casa. Lo que hacen los niños aquí se toma en serio, tendrá consecuencias para visitantes y empleados en los años venideros. Lo que hace especial esta academia infantil es que aquí los niños trabajan con artistas, científicos y artesanos. Siempre se encuentran expertos dis-

puestos a venir a Fulda para compartir sus conocimientos con los niños por medio de talleres. Los niños perciben el prestigio de maestría que concede una seriedad especial a su labor y a su investigación.

«Por ejemplo, cuando necesitamos sillas para la cafetería del museo, diseñamos unas junto con Axel Kufus, el diseñador que decoró la cafetería del museo Fridericianum de Kassel (Alemania). Primero fuimos a una fábrica de sillas: ¿Cuáles son las etapas que van desde el tronco del árbol hasta la silla? Después, rediseñamos las sillas. No las montamos nosotros mismos, porque debían ser estables, pero, a partir de las simples sillas modelo, se podían crear sillas raras y graciosas que brillan, se iluminan o emiten sonidos. O sillas estrechas: si uno se engorda, se da cuenta de que ya no cabe... Sillas en las que se pueden sentar de dos en dos, sillas para niños pequeños... Esto también es bueno para los niños que vienen después a nuestra academia. Enseguida se dan cuenta de que en este lugar los niños pueden participar.

»Una vez invitamos a Mo Edoga, el artista de Dokumenta que lo une todo con cuerdas y con nudos. Obviamente, él puede enseñar el arte de los nudos a los niños mucho mejor que cualquier pedagogo. El carisma, el prestigio, son otros rasgos que los niños perciben perfectamente. Por nuestra experiencia, sabemos que no resulta difícil conseguir gente excelente.

»En nuestro "Verano de los inventos" tuvimos como patrocinador a un especialista en didáctica de la física de la Universidad de Frankfurt. Al principio, le irritaban un poco mis preguntas. Luego, cuando vino aquí, entendió por qué le habíamos invitado. Se dio cuenta de que no le escogimos para colgarnos una medalla con un profesor, sino porque queríamos que los niños entraran en contacto con la vida real a través de una persona. Por otro lado, los artistas también aprenden de los niños.»

El edificio de la academia parece más bien impersonal y sobrio.
«Pretendemos ser un museo, no una zona de juegos cubierta. La estética diáfana nos parece un objetivo importante. Los edificios para niños suelen parecer juegos. Para mí, el museo está relacionado de algún modo con la estética, con la elegancia. El edificio, una antigua fábrica de bobinas, ya es austero por sí mismo. Queremos mantenerlo así. Además, a los padres también les parece agradable. Un museo infantil no debería parecer un parque temático, o un complejo de Walt Disney. Sin perder su carácter, debería parecerse más a un museo de adultos. Si no, no podemos lograr que, más tarde, el niño se atreva a visitar un museo tradicional, ya que no le recordará a nada.

»El exquisito nombre de "academia infantil" se halló con la ayuda de los niños. Les gustaba más que "museo infantil".

»A diferencia de la mayoría de los museos infantiles norteamericanos, el aspecto interactivo no es el objetivo principal de nuestra exhibición. Aprender a ver también es una de las opciones que ofrece el museo. No todo se puede tocar, también hay que saber observar. La academia infantil pretende eliminar la reserva ante los museos tradicionales.

»¿Quién llena los museos tradicionales de lunes a viernes por la mañana? Las visitas de colegios. El resto de personas apenas tiene tiempo. Pero estos museos aún deben perderle el miedo a los niños. No se les puede acusar de no contemplar las vitrinas con devoción. Los adultos tampoco lo hacen. Se ha averiguado que la media de tiempo que un visitante de museo dedica a un objeto expuesto es de nueve segundos. Eso no impresiona mucho, pero quizás algunos dedicarían más tiempo a un objeto si hubieran aprendido a mirar.

»Los museos tradicionales deben entender primero que los niños no les desean nada malo. Simplemente quieren participar de la herencia cultural. Si ahora se les impide el acceso, les devolverán el golpe a los museos dentro de diez años, porque no irán a los museos y tampoco llevarán a sus hijos.»

En la academia infantil, no se trata sólo de aprender a ver, sino también de hacer. Conocimiento práctico, manualidades, reconocimiento de la escritura y de los signos. Desde las primeras muestras de la fijación de los signos (la disposición de una caverna con símbolos prehistóricos) hasta la simulación informática tridimensional pasando por la escritura en tablillas de cera y en pizarras.

«La posición de vanguardia de Alemania depende de lo que nos cueste que los niños se interesen por la tecnología. Debemos utilizar mejor nuestra inteligencia y utilizar los sentidos de los niños no sólo para las asignaturas de lengua, álgebra y geografía en la escuela. Manualidades... Debemos practicarlas con ellos si no queremos estar perdidos.

»Para nosotros resulta determinante invitar a expertos, a especialistas. En nuestros talleres, o ahora en nuestro "Verano de la arquitectura", dejamos un poco de lado la pedagogía y enfrentamos a los niños con la vida "real": carpinteros, ingenieros, arquitectos, pintores... Siempre que sea posible, en sus talleres o estudios. De ahí surge una fascinación especial. Al final, sólo dejan que el auténtico carpintero les dé la tirita si se cortan, y no alguno de nuestros pedagogos. Al terminar, todos quieren ser carpinteros, tanto los niños como las niñas... O arquitectos, o ingenieros de caminos, etcétera.

»Los niños no tienen mucha idea de en qué trabajan sus padres o en qué podrían trabajar ellos mismos, y más bien suelen tener un concepto negativo del trabajo: hay que trabajar para ganar dinero. Sin embargo, deben concebir el trabajo como algo liberador y con sentido, y eso sólo se consigue cuando se conoce a alguien que entiende su trabajo de esa forma. Aprovechamos la oportunidad para, en contacto con los expertos, aprender algo, construir algo, descubrir algo o inventar algo. Además, aprovechamos el prestigio de los expertos para que a los niños les parezca importante observar las cosas, investigar su origen y su secreto. Si se entiende cómo se hacen las cosas, uno empieza automáticamente a preguntarse por otras soluciones, otros métodos, a experimentar y a descubrir por su cuenta. Siempre hay varias respuestas a un problema. Pero las respuestas deben ser factibles. De ahí la importancia del producto del taller, la seriedad, la posibilidad de exhibir lo producido.»

La seriedad de la cuestión: en un curso de carpintería de la Kinder-Akademie quedará claro qué se debe saber para montar una entalladura en una casa con entramado de madera, para que permanezca el conjunto estático de la construcción de una casa de ese tipo. Estos niños ya no volverán a pasar por delante de una de esas casas sin tener presente este conocimiento, esta experiencia: el respeto por el saber, el sentido de la belleza.

«Nos importa la responsabilidad por el propio producto, la experiencia del logro o talento en sí mismo. También somos un museo, por lo que todos los trabajos de los talleres se exponen, se presentan en público. Esto despierta la atención por el propio trabajo, por los otros objetos del museo y, por último, por todas las cosas que rodean al niño en la vida cotidiana. Si no se entienden las cosas desde dentro, tampoco pueden valorarse.

»Resulta sorprendente que en muchos cursos no se aprecien diferencias entre niños y niñas, como cabría esperar en actividades tan técnicas como serrar, calcular o construir. En los productos tampoco se perciben apenas las diferencias de edad entre los que los han producido. Los niños más pequeños realizan aportaciones sorprendentes.

»Los niños de siete años, que ya van al colegio, se enfrentan a un mundo obligatorio al que hay que salir cada día, subordinarse, en el que hay que funcionar solidariamente, en grupo. Los siete años son una frontera en la que uno puede abrirse o cerrarse al mundo.

»Entonces destacan los conocimientos del mundo a los siete años. ¿Qué se les ha puesto de ejemplo hasta ahora? ¿Qué han vivido hasta ahora? Si hasta los siete años se les animó a tener curiosidad, a buscar las respuestas por sí mismos, entonces la escuela les abrirá nuevos horizontes, esa institución maravillosa en la que tendrán que pasar trece años será más accesible. Pero si durante los primeros siete años no se desarrolló esa curiosidad, todo se convertirá en una obligación.»

Si el niño ya estuviera bien encauzado, ¿qué más podría aportar un museo, una academia infantil?

«Somos animales de costumbres. Cuanto más tiempo hacemos algo mal, menos conseguimos evitarlo. Hasta los siete años, los niños cuentan lo que dicen los padres, cuesta imaginarse que no tienen razón. Pero a los siete aparece ese sano contacto con adultos muy diferentes. Sano para la propia trayectoria vital si se ve que hay otras posibilidades.

»Me gustaría que a cada niño le impresionara otro adulto. Por mi propia experiencia sé que, además de mis padres, siempre tuve otros mentores adultos que me había buscado por mí misma, como las madres de mis amigas con profesiones interesantes. Una era farmacéutica, otra era una empresaria independiente y feliz. Eso me impresionaba. Todavía recuerdo un conflicto que tuve en una clase de religión cuando dijeron que debía amar a mi padre y a mi madre. Pero yo sabía que había otras mujeres que adoptaban el papel de madre, a las que yo prefería para que me dijeran algo, a las que creía más. Entre los conocimientos de los niños a los siete años, debería incluirse que se tenga otro adulto como modelo personal. Existen otros modelos además de los padres, incluso sin tener en cuenta al personal de las instituciones infantiles. No tiene por qué ser la academia infantil o la escuela de música. También puede ser la asociación deportiva a la que se pertenezca. El niño debe saber que no es malo que la profesora de dibujo le parezca mejor que la propia madre.

»Antes, no se centralizaba tanto, la madre no estaba siempre alrededor del niño. Había niñeras, servicio doméstico, vecinos... Una familia pequeña está limitada. No es que yo quisiera menos a mi madre. Simplemente, había cosas que los otros podían hacer mejor. La familia no puede ofrecerlo todo.

»Así pues, otro conocimiento del mundo consistiría en que los padres no siempre tienen razón y no sólo existen los padres. Puede ejercer de mentor una empresaria segura de sí misma que, sin embargo, tiene tiempo, calidez y curiosidad. Alguien que dedique tiempo al niño para explicarle por qué el agua ya no está en el charco y dónde está ahora, simplemente alguien que pueda escuchar con paciencia. "Es bueno que preguntes. Ahora vamos a ver cómo funciona." O conocer otras formas de vida. Por ejemplo, dos mujeres que viven juntas. Que se vea que no sólo lo que se conoce es lo normal. Los niños de siete años deberían saber que se pueden elegir diferentes caminos.

»Se supone que, entre los conocimientos del mundo, se encuentra la experimentación de las limitaciones. En el museo, por ejemplo, el límite se encuentra en que los niños no pueden entrar sin más en mi despacho. Sólo si se trata de algo importante. En eso soy consecuente. No les hago caso si estoy ocupada con otras cosas. Y al revés. Si están dentro conmigo, tampoco dejo que los adultos interrumpan. Al principio, a algunos les resultaba difícil, pero ahora están orgullosos. Se les trata igual que a los adultos. ¡Los mismos límites!

»Ejercer el poder y la autoridad con responsabilidad también implica entender que no soy el ombligo del mundo. Hay que asumir esa responsabilidad poco a poco, dejar que los niños la prueben y, además, contar con que no funcione a la primera. Por otra parte, los primeros siete años de vida no son sólo un camino de rosas. Cada uno tiene que aportar algo para que funcione la convivencia. También a los siete años, los actos tienen consecuencias para la comunidad, tanto buenas como malas. Hay que fijarse en que los actos acordados tengan realmente consecuencias, que no se amenace eternamente con eso. Nada de libertad absoluta.

»Sobre todo, tenemos niños de buenas familias, ya que éstas se interesan más por la cultura. Hay algunos hijos únicos que son un auténtico horror en los talleres. La sanción más dura es esta silla roja de mi despacho en la que tienen que sentarse en silencio. Llega un momento en el que empiezan a hablar y yo les explico el problema de los límites. Los padres llevan a estos niños en palmitas, pero aquí se encuentran con otros quince niños que les roban protagonismo. Resulta difícil repartir la atención.»

Si uno se siente muy especial, ¿será algo en la vida?
«Nada que objetar. Pueden sentirse como quieran, pero no a costa de los demás. En ese caso, acaban en la silla roja.

»La finalidad educativa no consiste en que se sientan mejor, sino en tener experiencias: mis puntos fuertes se basan en eso y en el área. Esta sensación de éxito debería incluirse entre los conocimientos del mundo.

»A partir de este sentido de autoestima, el niño también puede aprender a moderarse con más efectividad, e integrarse con sus compañeros. Esas áreas de esfuerzo deberían poder encauzarse, buscarse y probarse. La escuela, en realidad, hace lo contrario.

»Si el niño ha tenido una experiencia de sus puntos fuertes, le resultará más fácil evitar sus puntos débiles. Pero en el área en la que es fuerte debe hacer también algo práctico. Yo le doy una gran importancia. En ese caso, no sólo se pueden evitar mejor los puntos débiles, sino también los puntos fuertes de los demás.

»Un niño de siete años debería poder responder también a la pregunta: ¿Qué sabes hacer bien? En general, debería haber vivido alguna vez una situación en que pudiera decir de sí mismo: "Con esto he impresionado a alguien". De esta forma, se cree capaz de hacer muchas otras cosas. Continuamente comprobamos que los niños son de repente mejores en escritura y álgebra cuando aquí, en técnica o arte, abandonan su papel habitual de perdedores. Para situarse, el niño también tiene que abandonar lo acostumbrado: otras personas de referencia, otros espacios, otras formas de trato.»

En resumen, ¿qué deberían saber y poder hacer los niños de siete años en el sentido estricto de los objetivos de la Kinder-Akademie, o qué deberían captar en este museo infantil?

«Deberían haber clavado un clavo en la pared, haber colgado un cuadro, haber cambiado las pilas de una linterna, cosas elementales. Deberían saber que la leche no crece en la caja y que la electricidad no viene del enchufe. De nuevo, se necesita gran respeto, aprecio por las cosas de su entorno, este mundo de consumo que puede parecer siempre disponible. Comprender que, tras los secretos de las cosas, también se esconde una explicación o un intento de explicación. Con nosotros lo aprenden en la práctica y, en lo posible, directamente en el origen, cerca del mundo laboral: con artesanos, artistas, técnicos, científicos…

Escuelas informáticas para niños
Entrevista con el doctor Ulrich Kramer

A principios de 1997, 35 jóvenes empresarios de toda Alemania se reunieron en Bonn para integrarse en la franquicia Profikids de Reutlingen, fundada por Ulrich Kramer, un pionero de la «pedagogía informática». Quieren vender formación, algo insólito en Alemania, introducir a los niños en una relación razonable con el ordenador y sus programas: bases de datos, juegos, aplicaciones de usuario, internet y correo electrónico.

Ulrich Kramer, el fundador de una de las primeras escuelas informáticas para niños de Alemania (Profikids), tiene formación en pedagogía, ya que fue asistente de desarrollo y trabajó en educación para adultos. Por las medidas de reciclaje formativo, conoce el miedo de las personas de mediana edad ante las nuevas tecnologías de la comunicación. Su intención es evitarles ese miedo a las nuevas generaciones. «Si se crece cerca del agua, nadar es algo natural. Si una persona de mediana edad tiene que aprender a nadar, le cuesta un gran esfuerzo y tarda mucho. Sin duda alguna, los niños pueden ser después lo que quieran, pero no podrán pasar por alto la informática. Hace tiempo que se habla de la "cuarta tecnología cultural". Aquel que no la domine, pasará a formar parte de la nueva minoría.»

En la publicidad de los cursos de informática de su empresa, Kramer destaca el importante componente social de la relación con el ordenador, como si quisiera evitar una crítica a una enseñanza de técnica y conocimientos demasiado temprana o demasiado poco orientada a los niños. Las ofertas de su escuela informática parecen medidas de pedagogía popular. Se dirigen también a los abuelos que, a menudo, son los que cada mes se gastan cincuenta euros en el curso de sus nietos. Si los abuelos acompañan a los nietos al curso, encontrarán ellos también el acceso a las nuevas tecnologías de la comunicación.

«En Profikids perseguimos tres objetivos. El primer objetivo —y el motivo principal por el que padres y abuelos nos envían a los niños— son los fundamentos de la tecnología de la información, los conocimientos técnicos básicos: de qué se compone un ordenador. Pero el segundo objetivo es no transmitirlo como técnica, sino envolverlo en contenidos de formación general enriquecidos para niños. O también como ayuda a los deberes, ya que el ordenador es paciente, el niño no queda en ridículo, aunque cometa el mismo error. Además, el ordenador no pierde nunca la paciencia. El tercer objetivo es la competencia social. No pretendemos crear piratas informáticos: un niño, un ordenador, puerta cerrada. Por eso, planteamos las tareas de forma que haya que resolverlas en grupo. Ponemos ocho niños de dos en dos delante de un ordenador y un docente plantea un problema al grupo. El profesor es más bien un moderador, los niños buscan juntos las soluciones. Nunca tenemos problemas de disciplina. No obstante, el aparato suele fascinar tanto a los niños que tenemos que fomentar la parte lúdica, la cooperación social. Con frecuencia, a un niño le resulta difícil ceder el ratón a otro niño.»

Se suponía que, actualmente, todos los niños se ganan la confianza del ordenador automáticamente. ¿Es preciso manejarse de una forma especial con el ordenador?

«Si en casa no hay un ordenador, entonces conocerán el aparato en casa de algún amigo. Pero ¿cómo? Mediante juegos. No hay nada que objetar, sólo en caso de que se limitaran a jugar. Para eso, el ordenador es demasiado bueno. Naturalmente, también hay familias en las que el padre (suele ser el padre) pone al niño en contacto con el ordenador, le enseña a pintar o escribe junto con el niño un mensaje de correo electrónico. Esos niños no necesitan nuestros cursos.

»Los padres que nos envían a sus hijos suelen estar obsesionados con la técnica. Si el niño regresa a casa con una hoja de la impresora en color, algunos padres exclaman: "¡Otra vez sólo has pintado!". Pero el niño, con la ayuda del ordenador, ha realizado un proceso complejo. Desde la pregunta "¿Quién descubrió el Polo Sur?" hasta la "hoja pintada" a modo de "conclusión", ha utilizado bases de datos y aplicaciones de usuario, toda una cadena de pasos con tecnologías de la información.»

Las escuelas de Profikids se dirigen específicamente a los niños en edad preescolar.
«Me di cuenta de que, en nuestro país, la competencia informática se enseña demasiado tarde y eso está relacionado con nuestra pedagogía de protección en los centros de educación infantil y en las escuelas. Además, cuando se enseña la competencia informática, ¿cómo se enseña? ¡Como ingeniería informática! Se enseña como una técnica, como las matemáticas. Estoy seguro de que hay algunos niños a los que también les interesa esto, niños que tienen una mente analítica. Pero a todos los demás, pongamos un 80 por ciento, no les interesa el tema desde ese punto de vista. Ya lo aprenderán algún día como una asignatura. Pero la espontaneidad, el planteamiento intuitivo con las mejillas coloradas y los ojos brillantes ya hace tiempo que se ha perdido en la edad escolar.

»Los niños pequeños necesitan en nuestros cursos más variedad que los niños en edad escolar. Ordenar formas y colores, rompecabezas, pequeñas series lógicas, las primeras letras, los primeros números… Aunque también hay bases de datos y programas de conocimientos, "libros animados", para esta edad. Con el cursor se puede manipular una imagen, por ejemplo se puede hacer clic en una rana y, entonces, ésta empieza a contar. Los más pequeños captan enseguida cómo se maneja el ratón, incluso los niños con alguna pequeña discapacidad.»

¿Qué deberían haber vivido los niños de siete años durante su relación con el ordenador?
«Un contacto razonable con el ordenador. Esto no surge espontáneamente. Al principio, el ordenador es algo extraño para el niño. Hay procesos informatizados por todas partes, pero nos corresponde enseñar al niño a entender este entorno creado artificialmente. Un niño de siete años debe poder y querer jugar con eso, pero también debe entender algo de los procesos informatizados,

de los periféricos, de los dispositivos de entrada y de salida; debe poder distinguir algunas aplicaciones de usuario para escribir, dibujar, jugar o enviar mensajes de correo electrónico; además de saber cómo guardar y almacenar, qué orden subyace, qué sistema lógico. Todo esto no es tan misterioso, pero debe enseñarse.»

¿Cómo surge Dios en el niño?
La formación religiosa

Para los expertos consultados hasta ahora, se trataba sobre todo de nuevos retos, nuevos encuentros, nuevas materias que debían introducirse en el mundo de los niños en edad preescolar. Ahora hablarán un obispo, un psicólogo de la religión y un párroco sobre otro tipo de búsqueda de los niños.

En algún momento de su vida, todo niño funda una religión. Intenta dar sentido a la diferencia entre una iglesia y un estadio, intenta adivinar qué es un crucifijo y una cruz, busca materias e imágenes para sus experiencias trascendentales con la muerte de una mascota.

En la lista se dice: «Un niño de siete años debería haber visitado por lo menos una vez un cementerio», «conocer una oración» y «haber estado en una iglesia (o mezquita, sinagoga…)». Entre las 150 personas entrevistadas, había muy pocos creyentes practicantes, pero nadie protestó. A todos les parecía que debía haber algo de formación religiosa entre los conocimientos del mundo de los niños.

En este capítulo se presentan opiniones en el ámbito de lo que se puede denominar actualmente como «formación religiosa» en la etapa infantil. Damos la voz a tres posturas muy diferentes entre sí. Por ejemplo, la introducción a la tradición eclesiástica y a la práctica ritualizada que fomenta el arzobispo Johannes Dyba en su breve entrevista (1998).

En la lista también se dice que cada niño debería tener algún concepto de voz interior, de secreto. El psicólogo suizo del desarrollo Fritz Oser investiga estas ideas. ¿Cómo surgen en los niños las imágenes religiosas? ¿Cómo «surge Dios en el niño»? Se debe dejar tiempo a los niños y atender a lo que palabras como bendición, pecado y oración significan para ellos.

El párroco de una comunidad de una gran ciudad, el jesuita Reinhold Flaspöhler, intenta conciliar ambas posturas. Se dirige a los niños en la catequesis de la comunión como a niños católicos, como corresponde a su misión. Sin embargo, disfruta especialmente las conversaciones con los niños de la comunidad. Le encanta escucharles y sorprenderse.

«Saber hacer la señal de la cruz»

El arzobispo de Fulda, doctor Johannes Dyba, concedió una entrevista de media hora a Gabriele König, colaboradora del proyecto «Conocimientos del mundo a los siete años». No mencionó la lista de conocimientos del mundo que se le había enviado. A la cuestión de las imágenes y experiencias religiosas de los niños no le dio muchas vueltas. En sus declaraciones, se limitó al conjunto de «niños de familias católicas creyentes practicantes», sus destinatarios reales. Sus expectativas (más afirmaciones categóricas que recomendaciones) se reproducen mejor de forma esquemática. Entre los conocimientos religiosos deseables en un niño de siete años, enumeró:

- Saber de la «existencia de Dios».
- Saber distinguir entre el bien y el mal, la verdad y la mentira.

- Conocer algunas oraciones, por ejemplo, la bendición de la mesa.
- Saber hacer la señal de la cruz.
- Conocer el Padrenuestro.
- Conocer las principales fiestas religiosas: Navidad, Semana Santa...
- Acudir a misa de forma regular.

La aparición de Dios en el niño

En el otro extremo del espectro de la pedagogía religiosa se encuentran los estudios del profesor doctor Fritz Oser, psicólogo del desarrollo en la Universidad de Friburgo. El libro Die Entstehung Gottes im Kinde *(La aparición de Dios en el niño) que publicó en 1992 provocó un amplio rechazo entre los pedagogos religiosos de la Iglesia. En la entrevista con Silvia Hüsler, colaboradora del proyecto, describió en dos ejemplos cómo surge la imagen de Dios en la fase de desarrollo correspondiente de la mente del niño.*

«Cuando critican mi libro, objetan que Dios no surge en el niño. El niño debe tomar prestadas las imágenes de Dios como parte de su socialización. Nosotros les contradecimos demostrando cómo aparece en el niño una imagen de Dios a raíz de su relación con los adultos y los que le rodean. El niño construye por sí mismo su concepto de Dios, al igual que hace con su imagen del mundo, el concepto del inicio y el fin del mundo. Sobre todo en situaciones límite (cuando en su entorno se muere una persona o un animal querido), el niño crea un sentido, plantea la relación entre Dios y las personas. Observamos al niño en la confrontación entre la cultura existente y los temas y esquemas religiosos que se presentan al niño. Pero lo que más nos interesaba eran los propios conceptos que desarrolla el niño en relación con los demás.

»Recuerdo dos buenas anécdotas que lo reflejan.

»En el marco de una conferencia sobre pedagogía de

la religión presencié una clase de religión en una escuela de Graz. El profesor de religión dejó que los niños explicaran las cualidades buenas de Dios: "Dios es todopoderoso, bondadoso, da a las personas todo lo que necesitan, les perdona los pecados…". Los niños las enumeraban con fe. Entonces tomé la palabra y les conté una historia. "Érase una vez un hombre que tenía mucho dinero, pero que nunca tenía tiempo, ni para su mujer ni para sus hijos, ni siquiera para Dios. De repente un día se puso muy enfermo y tuvo que ir al hospital por un infarto. Como estaba tan mal, empezó a pensar en Dios, porque tenía miedo a la muerte." Entonces pregunté a los niños: "¿Qué creéis que pensó Dios del hombre en ese momento?". Todos los niños respondieron y gritaron indignados: "¡Eso sí que no! ¡Claro que no! Antes el hombre no tenía tiempo para Dios, así que ahora Dios no tiene compasión. Ahora Dios no tiene tiempo para él". Para uno de los niños, había que encerrar al hombre en el sótano, porque antes nunca tenía tiempo. A los niños les parecía correcto y justo que ahora tuviera un infarto. Consideraban que debía recibir un castigo. El profesor de religión se levantó indignado: "¡Pero yo os he enseñado que Dios es bueno!".

»En este ejemplo se demuestra cómo piensan y construyen los niños en esta fase de desarrollo. Sus conceptos se corresponden a la fase de desarrollo en la que se encuentran. Si en clase sólo queremos transmitir contenidos, no avanzaremos. Si el niño cree durante su fase de desarrollo moral que lo divino, lo último, influye en el mundo y tiene poder *(Deus ex machina)*, se interpretarán los textos bíblicos en esta fase.

»En relación con esta comprensión de textos, realizamos numerosos estudios. Por ejemplo, en una clase de religión escuché a una profesora de primero de primaria hablar sobre Zacarías. Explicó maravillosamente cómo el Reino de Dios representado en la figura de Jesús fue a casa de Zacarías, el pobre pecador en su pobre morada. Después de la clase, le pregunté a una niña por qué Jesús había acudido a casa de Zacarías. Entonces la niña me preguntó a mí si debía responder como pensaba la profesora o como pensaba ella. Evidentemente, la niña había sacado sus propias conclusiones y podía distinguir entre lo que pensaba ella y lo que pensaba la profesora. Naturalmente, me interesaba saber lo que pensaba la niña.

»Me dijo que Jesús había ido a casa de Zacarías porque quería ver cómo eran sus cortinas. "Sí, ¿y qué más?", le pregunté yo. "Y cómo eran los muebles, la vajilla y si era guapa la mujer de Zacarías." La niña se rió. "¿Por qué quería ver eso?", seguí preguntando. La niña resplandecía: "Porque le caía bien".

»Para la niña, todo lo bonito (las cortinas, los muebles...) formaba parte del amor. Se creó un mundo y la religión a su medida. Aún sabemos demasiado poco de este poder de creación.»

Los niños han cambiado nuestras comunidades
Entrevista con el párroco Reinhold Flaspöhler

La entrevista se celebra entre el centro financiero de Frankfurt y un barrio de clase media. Hace años que las campanas de la iglesia no pueden sonar, porque molestan a los vecinos. En esta comunidad, los niños más jóvenes suelen pasar la primera parte de la misa en la capilla y, al comenzar la parte principal del oficio, tras la homilía, entran juntos en la iglesia. Un momento especial. Ruido de pasos en la escalera, los primeros giran hacia el pasillo que conduce al altar sobre los hombros de los padres y de la mano de las madres. La mirada de la comunidad se dirige hacia ellos mientras vuelven a sus sitios en la primera fila. Después de una homilía seguida con más o menos atención desde los duros bancos, esto es como un cambio de tono. La luz parece cambiar, la gente se siente más cómoda, el alivio se extiende. ¡Los niños! Ahí están. ¡Qué sería el mundo sin ellos!

No siempre la llegada de los niños intensifica esta imagen. Si no es el padre Flaspöhler el que les espera en el altar, si otro le representa, la llegada de los niños no se convertirá en su entrada. Los que entran parecerán más desprotegidos, más distraídos, como un grupo de niños con sus cuidadores que, tras una excursión, se suben al autobús y buscan un asiento.

El padre Reinhold Flaspöhler es jesuita. «De nuestra orden se dice que lo podemos todo o, si no, nada.» Un hombre mayor con el don de la palabra correcta. Creía saber cómo era antes de copiar la entrevista. Pero la palabra transcrita ya no lo refleja. Faltan las pausas y su ademán en las preguntas discretas a la vez que enfáticas.

«Antes teníamos servicios religiosos para adultos y, después, el servicio religioso para niños. Los niños se sentaban en las primeras filas y los adultos detrás para escuchar lo que decían los niños y las deliciosas respuestas que daban a veces. Ahora los niños forman parte del servicio religioso, pertenecen al mismo. Esto supuso mucho trabajo, un largo proceso para que la comunidad se acostumbrase. Cuando empezamos, algunas personas mayores comentaron que no aguantarían el bullicio, al fin y al cabo, estábamos en una iglesia. Ellos ya habían criado a sus hijos, ahora querían celebrar la eucaristía con tranquilidad. A eso respondimos que los niños también formaban parte de la comunidad y, así, los padres también podían participar en el servicio religioso cualquiera que fuera la edad de los hijos. Antes había incluso una especie de servicio religioso guardería, pero eso implicaba entregar a los niños, que se les cuidara en alguna parte, pero que no se les aceptara en la comunidad. Tras todas las reflexiones, me impresionó esta experiencia: cuando llegaban los niños, los ojos de la gente mayor se iluminaban. Por otra parte, los niños llegaban con una gran confianza en sí mismos: "Mira, nos están esperando". No tienen que representar nada, sólo necesitan aparecer. Así se crea un ambiente especial en el servicio religioso. Se puede decir que los niños han transformado nuestra comunidad. Pero este cambio no se produce sin tensiones. Todavía hay adultos que prefieren la tranquilidad, y los niños son como son, sobre todo los más pequeños. No obstante, en ese punto aparecen opiniones contrapuestas. También debo esperar algo de los niños y, evidentemente, más de los padres. Había padres que simplemente traían a sus hijos. Pero algo así no se da en una representación de la ópera, ni siquiera en el caso de una ópera para niños. Estas consideraciones deben aprenderse. También por parte de los adultos se notan dificultades, porque todavía no se han preparado. Entonces resultan molestos. Pero una vez se ha hablado con ellos, o si *un* niño se acerca a un adulto con una flor (buscamos diferentes formas), a *este* niño le aguantaremos después. Así se toma en serio a los niños, no como adultos, sino como lo que son. También los ancianos se acercan a los niños. La mayoría no tiene a los abuelos en su propia casa.»

En el día a día de los niños, se les prepara poco para lo que se va a tratar en el servicio religioso.
«Usted ya sabe cómo se encuentra actualmente el entorno católico. No se me ocurre otra palabra: tradición, costumbre religiosa, algo que está desapareciendo en gran medida y no sólo en las comunidades de las grandes ciudades como la nuestra. Intentamos recuperar algunas costumbres que ya no existían, como el Canto de los Tres Reyes. Este año congregamos en Alemania a millones de personas. No se trata sólo del dinero. Es el intento de ver a los niños cantando por el vecindario. Además, para los niños supone entrar en las casas de sus vecinos, al menos hasta el umbral.

»Por otra parte, tenemos esta concepción de la religión tan individualizada y privada. Sin embargo, los niños desean la costumbre, el retorno, suelen ser los más tradicionales. Para ellos resulta, en mi opinión, necesario que se repita algo de la misma forma, como si fuera natural. Empieza cepillándose los dientes, la introducción a los hábitos, a los usos, la seguridad de que algo vuelve.

»Obviamente, crear hábitos comunes que se repiten resulta muy difícil en una gran ciudad. Ya conoce el turismo de fin de semana. Cuando pienso en los niños de la primera comunión... No están en la ciudad casi ningún domingo. O bien los padres viajan con ellos a la casita que tienen en el campo, o bien, así es la vida, los hijos de padres separados tienen que pasar el fin de semana en casa de su padre o de su madre, casi siempre en casa del padre en otro barrio de la ciudad. De esta forma, no pueden lograr un ritmo dominical del que forma parte el servicio religioso. Este ritmo debería ser algo más que disciplina y también está relacionado con eso. Aunque pongamos nuestro servicio religioso tarde (a las diez y media, ya que el desayuno del domingo también es una costumbre que los niños necesitan), resulta difícil arrancarles de los programas de televisión infantiles.

»Para mí, las visitas a las familias son muy importantes. Antes de empezar la catequesis, no sólo hago una visita de cortesía a las familias, sino que intento conocer el mundo de los niños. Hablamos sobre la situación familiar, que es muy diferente de la de hace unos años. Si nos fijamos, de los quince niños que harán la primera comunión este año, seis viven en familias monoparentales y, además, se encuentran en situaciones familiares muy dispares (a veces el padre o la madre tiene una nueva pareja que todavía no convive en la misma casa, o la separación todavía está tramitándose). Lo acepto tal cual. Y los otros niños, los que proceden de las denominadas "familias sanas", también lo aceptan así.

»Muchos niños dicen que el domingo no pueden venir porque van a casa de su padre. También suelo ver cómo los niños desean que el padre vuelva pronto. Esto resulta doloroso para la madre, porque sabe que lo que se ha roto una vez no se puede recomponer sin más. Así pues, el niño debe aprender que no todo lo que deseamos se hace realidad. Esto también es un conocimiento del mundo. Saber que no todos los deseos pueden cumplirse.»

¿Con qué imágenes y temas religiosos llegan los niños?
«Las imágenes son muy diversas. Antes había un entorno. El niño acudía a una clase o a una escuela católica. Los temas bíblicos se trataban en la escuela, entre otros lugares, pero constituían uno de los temas. De esta forma, se les confundían muchas cosas en la cabeza: Moisés, Jesús... Pero ahora, los quince niños de la catequesis de la primera comunión proceden de diferentes escuelas y, al menos, de ocho clases diferentes. No se reconocen como niños católicos. Por eso, primero creamos grupos pequeños con ellos, les dejamos tiempo para que se conozcan y, así, quizás durante este año, constituirán una pequeña comunidad de niños católicos.»

¿Sería más fácil con niños que ya disponen de imágenes religiosas?
«Es ambivalente. Las imágenes pueden estar tan afianzadas que conciben las nuevas como una amenaza. Para mí, es muy importante que lo que transmitamos a los niños sobre los textos e imágenes religiosas quede abierto. Por ejemplo, en nuestra iglesia tenemos un sagrario en el que se guardan las hostias después del servicio religioso. El católico afirma: "Creo en la presencia de Dios, en la presencia de Jesucristo encarnado en el pan y el vino, en la hostia". Ahora se ha desarrollado una concepción de la eucaristía como algo más que una comida, una comida para la que se reúnen en presencia de Cristo, junto con el símbolo de la partición del pan. Además, existe también esta educación tan arraigada en algunos padres y que éstos enseñan a los hijos. Llevan a los niños pequeños al altar y les dicen: "Mira, ahí vive el Salvador". Esto puedo rectificarlo diez ve-

ces con ayuda de la teología, pero en la imaginación del niño, Jesús vive en una cajita llena de secretos. Entonces puede ser difícil indicar a los niños que nosotros les guiamos desde esta experiencia presente hasta otra, es decir, que Jesús se encuentra entre nosotros cuando partimos el pan, cuando compartimos el cáliz. Que la experiencia de Jesús es una experiencia de la convivencia y la cooperación con los demás, de la amistad, de la relación con los demás. Entonces digo a veces: "Aquel que encierre demasiado pronto al Salvador en el sagrario, tendrá encerrado al Salvador para siempre para el niño. A los pedagogos y psicólogos les gustaría quizás poder organizar mis pensamientos. Sólo quiero señalar que las ideas se pueden afianzar en la etapa infantil de tal forma que ya no se puedan desarrollar. Muchos adultos se defienden de la imposición de deshacerse de sus creencias infantiles y también del uso de la razón. Pero sería más adecuado usar la razón en vez de afirmar que simplemente hay que creer.»

Las experiencias y las preguntas de los niños son más importantes que el conocimiento de las historias bíblicas.

«A los padres les comento que también forma parte de la preparación para la primera comunión entender una comida alguna vez como un *banquete.* Es decir, no como lo que suele ser y que, a menudo, no puede ser de otro modo, una comida rápida e informal. No podemos hablar de banquete si el niño sólo tiene la experiencia de la comida rápida y de aperitivos informales. Celebrar un banquete eucarístico supone que se sepa por experiencia que comer puede ser algo más que saciar el hambre, que se trata de algo comunitario, de compartir, de reforzar en un sentido amplio. Se me ocurre en este momento que quizás esto sería más importante que conducir a los niños hasta el sagrario. Realizar algo cotidiano pausadamente. Sólo podemos proponerlo. No podemos simplemente criar a los hijos y que, luego, se marchen.

»Ahora tenemos en el grupo de primera comunión un chico que tiene dificultades para controlar su fuerza. No podría afirmar que tiene un trastorno de conducta, pero tiene que llamar la atención constantemente. En este caso, percibo lo saludable que es esta coeducación, que ya hoy en día se ve como algo natural. Los nuevos medios de comunicación crean esta obsesión por la masculinidad de los chicos, o eso suele parecerme. A las chicas les afecta menos y son una influencia importante, casi maternal, como cuando Katharina dice: "Venga, deja de hacer tonterías". Y algo conseguimos gracias a la figura del monaguillo. Aquí, el ritual con el monaguillo estaba prácticamente agonizando. Antes, algunos sacerdotes se limitaban a enseñar a los monaguillos la coreografía del servicio religioso con el fin de edificar a la comunidad. En nuestro caso, se vuelve más informal o superficial de forma consentida, pero a los niños les digo que deben estar dignos, que deben darse cuenta de que no están en el patio del colegio ni en el metro, que deben tener presente que se encuentran en un lugar de reflexión, que se debe notar que, para ellos, lo que se celebra es algo serio. En los servicios religiosos infantiles, nos sentamos en el suelo de la capilla y, cuando digo que queremos estar en silencio y yo mismo adopto una actitud de oración y junto las manos, noto cómo los niños también guardan silencio y se confirma que mi opinión frente a la oración es necesaria.»

¿Qué buscan los padres para sus hijos?
«La mayoría de los padres afirma que su hijo debe elegir por sí mismo. Quieren darle una oportunidad. Debe tener la posibilidad de conocer todo lo relacionado con la religión, la Iglesia y las creencias, y "luego" decidir por sí mismo.

»A algunos padres les encantaría entregarnos a sus hijos de esta forma para que recibieran la enseñanza religiosa, pero esto no funciona así. En realidad, al hablar del hijo están hablando de ellos mismos, quieren darse otra oportunidad a sí mismos. Son ajenos a la Iglesia y la propia Iglesia ha contribuido un poco a que esto suceda. Por medio del hijo, pretenden volver por la puerta de atrás, por decirlo de alguna manera. No envían a sus hijos a los Testigos de Jehová, ni tampoco a una comunidad más tradicional. Quizás quieren encontrar un nuevo camino hacia la fe a través del niño. Buscan otros lenguajes con los hijos.

»Me divierto muchísimo con los niños de cuatro y cinco años. En el servicio religioso infantil del pasado domingo, hablamos sobre la historia de Samuel. ¿La conoce? Samuel oye que alguien le habla. Se dirige a su maestro: "Elías, ¿me has hablado?". "No", le responde Elías, "vuelve a acostarte". Se repite una vez y otra más. A la tercera, Elías le responde: "Cuando vuelvas a oír la voz de Dios, dile: 'Aquí estoy, Señor. Háblame, Señor, tu siervo escucha'".

»Pregunté a los niños: "¿Dios también os habla? ¿Habéis vivido algo parecido?". Y a Philipp, un niño de cuatro años y medio, le pregunté: "¿Has oído alguna vez que Dios te hable dentro de ti?". Me miró y me dijo: "Eso no lo cuento, es mi secreto".

»Se había identificado algo que, para Philipp, ya era reconocible. Quizás podría denominarse asombro. La filosofía empieza con el asombro. Los niños se asombran mucho más de lo que imaginamos. Creemos, y ésa es nuestra inestabilidad, que sólo si el niño puede articular algo, lo ha comprendido. Pero también se puede decir eso de los adultos. Tenemos numerosas experiencias que no se pueden articular, pero que forman parte de nuestra vida.»

Rara vez se pregunta a los padres de niños extranjeros sobre lo que desean en materia educativa para sus hijos de siete años, a pesar de que en ciudades como Frankfurt y Berlín casi uno de cada dos niños en edad preescolar es un «niño sin pasaporte alemán». Los pedagogos utilizan este término tan elaborado para referirse a esta generación de niños nacidos en gran parte en Alemania sin tener que definir a los niños en función de la situación de los derechos de residencia de sus padres. Un elevado número de padres de niños extranjeros en edad preescolar crecieron en la antigua República Federal de Alemania como hijos de «trabajadores invitados». Desde 1980 hasta 1983, el Instituto Alemán para la Juventud preguntó a sus padres, inmigrantes de primera generación, por sus experiencias con los centros de educación infantil alemanes a través de largas entrevistas realizadas en la lengua materna de los entrevistados, algo inusual por entonces. Los resultados obtenidos fueron sorprendentes. Nadie había contado con que estos padres, que solían parecer tan reservados e inaccesibles, evaluarían de forma tan absolutamente positiva los centros de educación infantil alemanes. Procedieran de donde procedieran, en las entrevistas describieron los centros de educación infantil como las instituciones en las que les habían atendido a ellos y a sus hijos de forma más amable y democrática que en ninguna otra institución de Alemania. Estaban impresionados por la capacidad de las educadoras alemanas, cuyo trabajo observaban con reconocimiento. Para muchas educadoras, también fue una sorpresa ver cómo los padres reflexionaban sobre su historia familiar. Hasta entonces, las educadoras sólo habían conocido datos biográficos básicos de los niños —el frecuente ir y venir entre el «país de origen» y el «país de acogida»— de los que extraían un juicio sobre la desconexión y la ingenuidad psicológica de los padres. Pero en las entrevistas en su lengua materna vieron cómo sufrían los padres las separaciones de sus hijos y cómo conocían los problemas de éstos, pero no encontraban ninguna alternativa.[4]

Veinte años después, para los padres de la generación de los «hijos de trabajadores invitados» no había pasado tanto tiempo desde sus vivencias infantiles, como para que pudieran pasarlo por alto y tomar parte en el debate sobre los objetivos educativos para la siguiente generación. En las entrevistas sobre los conocimientos del mundo regresaban continuamente a su propia infancia, a una infancia que, en el recuerdo, suele ser feliz en casa de los abuelos en un suburbio turco o en una aldea de Liguria, a la ruptura durante la etapa escolar en Alemania, durante la que vivían bajo el mismo techo con unos padres que les resultaban ajenos y que apenas podían dedicarles tiempo. El recuerdo de una sensación de impotencia tanto en el entorno alemán como en la cultura educativa turca, estaba todavía demasiado cercano para esos padres. «Un niño de siete años debe conocer sus derechos», «un niño de siete años debe saber que el maestro no puede pegarle en ningún caso»… Estos mensajes de autoafirmación les parecían importantes.

A Fatma Orman, analfabeta, pocas veces en la vida le pidieron su opinión y, tras veinticinco años en Frankfurt am Main, sólo habla unas pocas palabras de alemán. Aysel Gülman, estudiante de pedagogía, escuchó su delicado relato.

Fatma Orman todavía era prácticamente una niña cuando se casó en Turquía y la llevaron a Alemania. Años luz separan a esta madre de seis hijos del debate de nuestra investigación sobre los conocimientos del mundo. Supone un gran logro crear la seguridad que Fatma Orman desea de todo corazón a todos los niños, sobre todo a su hija.

Con opiniones más duras, una familia india critica la

cultura educativa alemana. Keto y Cecilia DeMelo tienen un quiosco en la Estación Sur de Frankfurt, desean prosperar y tienen grandes expectativas educativas para sus hijos. Con impaciente decepción, critican la mentalidad educativa y las escuelas alemanas. Ambos han pasado la mitad de su vida en Frankfurt y les gustaría mantener en pie su admiración por Alemania. Sin embargo, en lo que perciben como descuido en la relación con los niños, tanto en las escuelas de sus hijos como en el comportamiento de los padres alemanes y extranjeros en su quiosco, observan un signo de decadencia en Alemania y esto les inquieta. La entrevista se produjo dos años antes del debate sobre la concesión de permisos de trabajo a ingenieros informáticos de la India. En algunas afirmaciones, los DeMelo ya anticipan este debate. No obstante, el matrimonio DeMelo ha vivido cómo, a pesar de que ambos hablan alemán e inglés con fluidez, no se les prestaba atención en las reuniones de padres de la escuela, la guardería o la iglesia.

Selma debería tener que inventarse un juego
Entrevista con Fatma Orman, 47 años, analfabeta

Hace 25 años que vive en Alemania con su marido y sus seis hijos. Procede del este de Turquía. Tras la muerte de su madre, tuvo que casarse con sólo 14 años porque su padre no podía alimentar a diez hijos. Aysel Gülmez, su vecina, habló con ella sobre los conocimientos del mundo que le desea a su hija Selma de seis años.

«Mira, Aysel, el trabajo sólo me ha hecho vieja. Ahora Selma tiene seis años y no quiero que tenga que trabajar tan duro en la vida. Aunque… quizás no sería malo durante cierto tiempo para que aprendiera a valorar mejor la tecnología. Las mujeres siempre hemos trabajado mucho. Nunca hemos tenido tranquilidad. En el campo, hemos cultivado trigo, todo a mano, y en casa hemos molido el trigo para hacer harina. Para las vacas teníamos que cosechar heno. Teníamos que levantarnos a las cuatro de la mañana, preparar *ayrán* (bebida turca de yogur), limpiar y ordeñar las vacas, llevar a pastar las cabras y las ovejas, y limpiar el establo. Después, preparábamos el desayuno. Hacíamos el pan nosotras mismas, lavábamos a mano la colada y, a menudo, teníamos que sacar agua del pozo dos veces al día.

»Hoy, nada va lo suficientemente deprisa para mis hijos. Ahora los niños van al supermercado y compran lo que quieren comer, lo meten en el horno y al instante tienen algo para comer. Sí, no sería nada malo que los niños tuvieran que hacerse solos la comida alguna vez. Así valorarían las cosas mucho más.»

Cuando te casaste, tú misma eras una niña.
«Tras la muerte de mi madre, mi padre quiso que me casara con Bülent. Mi padre me dijo que alguien vendría la semana siguiente y que estaba interesado en mí. No sabía lo que mi padre quería decir con eso. Cuando nos visitó el que sería mi futuro marido, le vi por primera vez a través de un pequeño agujero en la ventana. No quería casarme con él. Lloré mucho y repetía que no le quería. Pero lo que yo dijera no contaba. Durante nuestro primer año de casados ya me quedé embarazada. Al principio no me di cuenta de que estaba embarazada. Mi suegra me lo dijo porque devolvía a menudo. Nunca me explicaron cómo funciona el cuerpo ni cómo sienten y viven el amor y la sexualidad las mujeres adultas. Hay demasiada vergüenza en la relación entre madres e hijas. De todos modos, muchas conocíamos la sexualidad y la concepción de los hijos a pesar de la discreción de las madres. Aprendíamos del ejemplo de los animales y escuchábamos las conversaciones de las mujeres adultas.

»Cuando tuve a mi primer hijo, era de noche, estaba

sola en casa y me dio vergüenza llamar a otras mujeres. Por aquella época sentía mucha vergüenza ante las otras mujeres. En la nueva familia tenía que trabajar mucho: en el campo, los animales, la casa, la cocina. Ahora no me gustaría que mis hijos se casaran tan pronto. En realidad, apenas tuve infancia. No, mis hijos deben tener juguetes, deben jugar fuera con otros niños y ver mucho mundo antes de casarse.»

¿Cómo te manejas con tus propios hijos? ¿Les explicas las cosas?

«A mis tres primeros hijos no les pude explicar nada, porque trabajaba desde la mañana hasta bien entrada la noche. No tuve ocasión de reflexionar. Ahora pienso de forma completamente diferente. Creo que es mi obligación informar a mis hijos, aunque al principio me resultó muy difícil. Pero en la escuela de aquí y ahora, los niños aprenden cómo funciona el cuerpo. Hace poco Selma me preguntó de dónde vienen los niños. Creo que me lo ha preguntado porque Erkan, su hermano mayor, tenía entonces el tema de educación sexual en la escuela y, probablemente, Selma había visto alguna ilustración. Entonces, saqué la carpeta de Erkan e intenté explicárselo del mejor modo posible. Quizás era todavía demasiado pronto para Selma, pero qué puedo hacer si me pregunta.»

¿Cómo jugabas de pequeña y qué juegos deseas para tus hijos en la actualidad?

«Teníamos diferentes juegos que nosotros mismos inventábamos. Por ejemplo, jugábamos a *cel cubuk* (juego con palos). También jugábamos a *bes-tas* (juego de cinco piedras). A veces juego a *bes-tas* con mis hijos, pero en pocas ocasiones porque prefieren jugar a otras cosas. Durante los primeros años en Alemania, mis hijos no tenían muchos juguetes, así que todavía ideaban sus propios juegos. Pero ahora casi todos los niños tienen una Gameboy y prefieren jugar solos. Creo que eso no lo puedo cambiar. Así es, quizás, la vida: unos tienen pocos juguetes y la siguiente generación tiene demasiados. Me parecería bien que Selma se inventara alguna vez un juego. Así, por lo menos se daría cuenta de lo difícil que es. Mis hijos mayores tuvieron que inventarse sus propios juegos cuando vivíamos en Turquía.»

Tú eres analfabeta. ¿A qué se debe?
«Mi madre era analfabeta y mi padre también, así que estaba claro que no hacía falta que yo fuera a la escuela. A menudo rogaba a mis padres que me mandaran a la escuela, pero no sirvió de nada. Que yo sea analfabeta también tiene consecuencias para mis hijos. No puedo echar un vistazo a las tareas que les mandan en la escuela, y menos aún aclararles dudas. Mi marido tampoco sabe leer ni escribir, por eso mis hijos acuden tantas veces a ti. Durante los primeros años en Alemania, ni siquiera podía coger el autobús sola. Por eso, mi hijo mayor tenía que acompañarme siempre a todas partes. Me acompañaba al médico y traducía. Me acompañaba a hacer la compra y me leía los precios, venía conmigo a la escuela para traducirme cada vez que alguno de mis hijos tenía problemas en la escuela. Debo decir que, gracias a eso, mi hijo es muy independiente. Creo que es muy importante que los niños se hagan cargo pronto de tareas semejantes. De esta forma, serán mucho más fuertes. Por ejemplo, que los niños tengan que traducir algo o acompañar a hacer la compra y tener que calcular junto con la madre si el dinero alcanza y qué más se puede comprar, revisar la factura del teléfono, cuidar a los hermanos…»

¿Qué desearías para Selma a su edad? ¿Qué debería saber y haber vivido?
«En primer lugar, le desearía que se formara una opinión propia que también sea aceptada por los padres. De

niña yo no podía decir nada. De todos modos, no se habría tenido en cuenta lo que dijera. Ni siquiera me preguntaron sobre mi propia boda. No, Selma no debe ser tan tonta como su madre y debe hacerse valer. Pero también me gustaría que fuera una buena mujer, es decir, que aprendiera a cocinar bien. Por eso, mis hijos siempre ayudan en la cocina. Por ejemplo, Selma ya sabe fregar y hacer *gömbe* (un tipo de pan kurdo). En Turquía siempre me decían que una buena mujer es aquella que recibe a sus invitados con cordialidad, que es una buena madre para sus hijos, que deja libertad a su marido, que no discute, que no insulta, que es limpia y trabajadora, que sabe hacer dulces y que no da pie a que se hable de ella. Hoy en día, mis hijos no tienen que cumplir con todo eso. Es preferible que jueguen durante el tiempo suficiente, que tengan muchos amigos y que sepan leer y escribir. Pero deben portarse bien con sus amigos, aunque no tienen que aguantarlo todo, y no comportarse de forma egoísta si no tienen razón. Desearía que Selma conservara nuestra cultura, las tradiciones, las costumbres y nuestra religión. Aunque vivo en Alemania, conservo nuestras costumbres y nuestra religión. Me gustaría que Selma y sus hermanos mayores siguieran practicando nuestra religión después de mi muerte. Desde pequeños, he contado siempre a mis hijos en qué creemos y qué es importante para nosotros. Cuando vamos de vacaciones a Turquía, visitamos nuestros lugares sagrados y traemos a Frankfurt piedras, tierra y agua sagradas que evitan los malos espíritus y las enfermedades. Si uno de mis hijos enferma, rezo para que se cure, cojo agua sagrada, la mezclo con tierra sagrada y se la doy de beber. Las piedras sagradas las paso por las partes enfermas. Mis hijos no protestan porque se han criado así.»

En Alemania los niños no tienen general knowledge
Entrevista con Keto DeMelo y Cecilia DeMelo,
propietarios de un quisco procedentes de la India

Viven en Frankfurt desde hace treinta años. Durante la entrevista estaba presente su hija Serena DeMelo de siete años y alumna de primero de primaria. La hija de quince años, Melanie, y la de diecinueve, Lourdes, no estuvieron durante la entrevista. Lourdes es ciega de nacimiento y estudia trompa y percusión en un internado de música para niños ciegos en Múnich.

PADRE: «Nuestra infancia en Goa fue diferente. En Goa éramos pobres. Aquí en Alemania, actualmente, los diez o doce primeros años de vida de los niños son demasiado tranquilos. Y de repente, en el instituto, se vuelven estrictos y duros con el rendimiento. ¡Es un cambio demasiado drástico para los niños! Los primos de Serena en Inglaterra están mejor en ese aspecto, saben hacer más cosas desde pequeños. En historia y en matemáticas nos han asombrado. Los niños nos enseñan libros que nuestras hijas no han visto nunca, ni nosotros mismos lo habríamos sabido. Ocho por dos dieciséis... Eso ya está en la cabeza de su prima con sólo cinco años.

»Sólo ordenadores. ¡No se trata de eso! Todavía es importante saber hacer cuentas mentalmente y aprender de memoria.

»A nuestras hijas sólo les exigen un par de minutos de tareas, nunca repiten algo. ¡Es demasiado poco! Incluso a Melanie, que está en octavo,[5] en cuanto te das la vuelta, ya ha terminado. Y después, de repente, se les exige mucho. Para un niño extranjero eso es demasiado difícil. Muchos de nuestros vecinos extranjeros envían a sus hijos a la escuela a su país. Entre nuestros conocidos, los que más dinero ganan mandan a sus hijos a Inglaterra. O a la India, a Goa, porque confían más en las escuelas de allí.»

MADRE: «A veces comentamos algo en las reuniones de padres, realmente lo hemos intentado. Cómo concebimos la escuela. Pero no lo consigues. Dos horas y media ahí sentados y sólo se habla de la siguiente excursión.»

Padre : «Llevo ya treinta años en el barrio de Hoechst. Me entristece ver en qué se ha convertido Alemania. Últimamente, todos los padres deben limpiar en la guardería y en la escuela. El ayuntamiento ya no tiene dinero para un servicio de limpieza. Que los padres limpien no es tan malo, no importa, nos gusta ayudar. Pero, ¡quién lo habría dicho hace veinte años! ¡Cómo ha empeorado todo aquí! Si supiera bien alemán, escribiría un libro. ¡Estaba tan orgulloso de Alemania! Y ahora, muchos de mis compañeros alemanes viven por debajo del umbral de la pobreza. Me duele verlo. ¡Quién lo iba a decir! Mi vecino trabaja en Siemens y me ha contado que todo lo relacionado con la informática lo envían a la India. En Goa vemos que los niños indios tienen una mente muy clara, tienen las visiones más modernas en la cabeza. Hace un par de veranos, se vino con nosotros a la India la profesora de Melanie. Aquí recogió lápices y rotuladores, y lo llevó todo como donación. La llevé a numerosas escuelas y, en todas partes, dio un poco de clase. ¡Le gustó tanto! "¡Qué niños más despiertos, qué listos!", decía siempre. Si también le interesan los niños de siete años, véngase con nosotros a la India en verano. Le enseñaré nuestras escuelas: la escuela en la playa, la escuela de los misioneros y la escuela en un buen edificio de cemento. Venga con nosotros y compruebe cómo nuestros niños son diferentes.

»Aquí en Alemania, parece que a los niños, como decimos nosotros, les han bañado en agua caliente. La mentalidad… Lo veo en el quiosco. "¡Quiero un helado!" Y enseguida los padres se lo compran. Nuestras hijas sólo tienen helados en verano y una vez al día. Los más espabilados son los niños extranjeros. Tienen más temperamento, pero muchos tienen padres que parecen ciegos. Dejan sueltos a los niños como si no les preocuparan. No se ocupan de ellos, sólo les compran cosas. Sus hijos no saben nada, no pueden hacer nada. Me preocupa que nuestras hijas estén demasiado en la calle. Serena recibe clases de música (señala un teclado cubierto con un tapete de encaje), pero me cuesta mucho dinero. La profesora viene a casa. Cobra medio euro el minuto.

»En Goa los niños todavía pueden observar el trabajo de los adultos y ven cómo el trabajo lo cambia todo. Ahora en Goa hay electricidad, neveras, hay de todo. Ahora se pueden congelar los filetes de pescado. Eso se ha desarrollado en sólo dos décadas. Y en este período Alemania ha caído en picado. En eso se ve que Dios no está muerto. ¡Todo cambia! En Goa, cuando Cecilia y yo nos casamos, se trajo una radio. Eso era todo. Ahora allí cualquiera tiene televisión, vídeo, coche, dos ciclomotores en la puerta... Pero los niños de Goa todavía no tienen tantas comodidades. Con esto quiero decir que los niños aquí en Alemania tienen tan poco, ¿cómo se dice?, *general knowledge*. No buscan ningún conocimiento para ellos mismos. Les basta con ver la televisión.

»En la India es muy diferente. En Goa, la mayoría es católica. Aprender mucho siempre fue importante. Mi padre era librero y tenía seis hijos. Yo me traje a mis cinco hermanos a Alemania y ahora estamos aquí 42 miembros de mi familia.

»Repito, aquí en Hoechst los niños tienen poco *general knowledge*. Con diez años ya sabía quién era Hitler. Aquí viven cerca de la fábrica de Hoechster Farbwerken y ni siquiera la han visitado una vez. ¡Los niños de Hoechst no conocen la fábrica! Serena no visitó ni una vez el zoo de Frankfurt con su clase de la escuela infantil. El ayuntamiento de Frankfurt se gasta tanto dinero de los impuestos en el zoo y, luego, no llevan a los niños ni una sola vez. Nos espanta. Y nada de religión, ni de oraciones. ¡No se saben el Padrenuestro!»

SERENA : «Sí, Kevin lo dijo una vez en clase de religión, se lo sabe.»

MADRE : «Pero tú no te lo sabes. En la iglesia, te pones a mirar alrededor mientras rezamos el Padrenuestro.»

SERENA : «He visto que tú pones las manos de otra forma. *(Muestra las manos abiertas una sobre otra.)* Los otros hacen así... *(Junta las manos.)*»

PADRE : «¿Y? Ahí pone Dios el pan, el pan nuestro de cada día.

MADRE : En clase de preparación para la primera comunión, preguntamos cómo debíamos preparar a Serena, qué teníamos que aprender con los niños. Todos los padres levantaron la mano y dijeron que debía ser con juegos. Todo tiene que ser siempre con juegos. Entonces, claro, en la primera comunión no saben rezar el Padrenuestro.»

PADRE : «Ahora Melanie es asistente del sacerdote, monaguilla. Hace poco encendió el incienso en el altar y se rió. Yo le digo que puede reírse antes y después, pero no en la iglesia. ¡El párroco no dijo nada! Los niños pequeños hacen tanto ruido en la iglesia, tanto. Pero nadie dice nada. Sólo las personas mayores les miran mal.

»Quizás les dicen algo y, después, vuelven a hacer ruido. Eso no es malo, pero hay que decírselo. ¿Cómo van a saberlo si nadie se lo dice?»

«INTELIGENCIA RADIANTE» EN LA ETAPA PREESCOLAR. PERO ¿QUÉ PASA DESPUÉS?

Al final del «siglo del niño», de los discursos sobre los niños y la educación, se desprendía una imagen negativa del hecho de crecer en Alemania. Se hablaba mucho de la «hostilidad hacia los niños» de los alemanes, que se reflejaba en un escaso interés por los niños y en intolerancia ante sus expresiones vitales. Los sociólogos veían en el descenso de la natalidad y en el creciente número de niños que vivían bajo el umbral de la pobreza signos de «hostilidad estructural hacia los niños». El décimo informe sobre infancia y juventud del gobierno federal promovió en 1998 una «cultura del hecho de crecer», que tuvo que crearse específicamente en Alemania.[6] En nuestras entrevistas con las familias solía aparecer otra imagen. «Así puede observarse el hecho de crecer en la actualidad, donde todo va bien.» Puntos de vista sorprendentes sobre las condiciones de desarrollo óptimas para los niños, buenos lugares para el crecimiento de niños con padres con energías, ideas espontáneas y conocimientos considerables sobre el desarrollo infantil que, a la vista de la situación actual, se han convertido en un buen conocimiento del medio.

También caben destacar las entrevistas con los «nuevos padres». Según las estadísticas, como ya se sabe, estos hombres (los padres que interrumpen su actividad laboral por medio de la baja de paternidad o los «padres solteros») constituyen una minoría entre los ocho millones de padres alemanes. Sin embargo, en estos momentos, los padres solteros son la forma de familia que crece más rápidamente en Alemania, con un aumento del 250 por ciento en los últimos cuarenta años.[7] La tasa de crecimiento siempre parece enorme cuando se parte de un nivel bajo, pero, aun así, actualmente los hombres constituyen una quinta parte de las familias monoparentales de Alemania. Para la convivencia diaria con los niños hay pocas rutinas, ningún guión, ningún esquema de comportamiento. «Cuidar como una madre…» Pero ¿qué significa «cuidar como un padre»? Eso también da libertad. Estos padres no dejan que se les mande nada. Ante la lista de conocimientos del mundo, eran más críticos que las madres. Los «nuevos padres» representan una relación con los niños menos convencional que las de las didácticas madres. Para jugar con el niño, recurren a menos juguetes, juegan de forma más física y dinámica, esperan de los niños actividades más atrevidas, atraviesan mayores frustraciones y tienen más ganas de improvisar. En las entrevistas con ellos quedó patente lo que echan de menos los niños cuyos padres han perdido el contacto con su infancia, aquellos que se quedan al margen de la vida de sus hijos.

Para terminar este capítulo de entrevistas, presentamos junto con sus respectivas familias a Fredi y Sabrina, dos niños de siete años con conocimientos del mundo. Estos niños no están creciendo en familias privilegiadas, pero sí en familias comparativamente íntegras. Los dos niños y sus hermanos constituyen el centro de la vida de sus padres. Éstos no parecen exageradamente ambiciosos, pero sí interesados en todos los avances de sus hijos, sorprendidos por sus habilidades cuyo desarrollo estimulan a su medida. Describen las peculiaridades de sus hijos con respeto y en detalle y, para esas observaciones, utilizan un lenguaje diferente. Estaban familiarizados con las preguntas sobre los conocimientos del mundo, fueron entrevistas sobre un asunto personal. En cuanto a la oferta educativa en la etapa infantil, ambas familias parecían bien informadas.

Tres años después preguntamos qué pasó después con estos dos niños, qué destino siguieron en la escuela sus conocimientos del mundo.

Soy el único niño de siete años de mi familia

La familia C. vive en Frankfurt. El padre, Jürgen, está desempleado. La madre, Magda, trabaja de enfermera en el turno de noche. Tienen cuatro hijos: la hija mayor ya se ha independizado, Ben (15 años) y Martin (13 años) acuden a una escuela primaria, aunque por sus malas notas están siempre al borde de pasar a la formación profesional, y Fredi (7 años) es un niño sensible y reservado que va desde hace unas semanas a primero de primaria.

La familia ya conocía la lista de conocimientos del mundo y todos se alegraron por la entrevista. Martin se preocupó de colo-

car el micrófono para que se pudiera oír bien a todos los miembros de la familia en la grabación, pero con especial atención a Fredi, el protagonista. *(Fredi: «Soy el único niño de siete años en la familia».)* Al principio, todos hablaban a la vez. *Sin preocuparles aparentemente su historial de fracaso escolar, los dos hermanos mayores, unos jóvenes desgarbados llenos de una energía inagotable, se lanzaron con entusiasmo al tema de aprender y saber. Ambos hablaron de sus recuerdos de la guardería y de la escuela. Ben describió su experiencia aprendiendo a tocar un instrumento: «La guitarra. Por desgracia, lo he dejado. La cremallera de la funda se atascaba siempre y, después, vino esa pieza con dos sostenidos. Fue demasiado. Yo era demasiado comodón. Mamá, ¡tenías que haberme obligado más!».*

Martin, durante primaria, había probado suerte en varios equipos deportivos que abandonaba poco tiempo después. «Por mi mal comportamiento social», informa de modo objetivo, quizás de la misma forma que un adulto diría: «Por mis problemas con el menisco». Ambos comentan entre ellos y con sus padres el sentido y la finalidad de las propuestas de la lista de una en una. (El padre: «Un niño debería haber preguntado alguna vez cómo llega la sal al mar». Martin: «No, papá, no puedes esperar eso».) Martin intentó demostrar con un calcetín rojo cómo podían unirse en una única acción los objetivos «representar algo con mímica» y «dominar un truco de magia». Fredi estaba más callado, pero seguía la confusión con placer. Sabía que, en algún momento, le tocaría su turno, podía esperar. Después de que la lista hubiera pasado varias veces por todas las manos, llegó el momento.

Fredi, ahora me gustaría probar una cosa contigo. En esta lista se incluye lo que se debería saber, haber visto o no haber visto a los siete años. Ahora le preguntaré a un auténtico niño de siete años un par de cosas de la lista. Por ejemplo, saludarse. ¿Qué formas de saludar conoces?

FREDI: Bueno, yo digo «hola». O «buenos días». También «adiós» y «hasta luego». A mis amigos les digo «ciao».

¿Sabes cómo se saludan en otros países?

FREDI: No. ¡Sí! En Italia.

¿Y cómo es?

FREDI: «Ciao, bella.»

(Todos se ríen.)

Una pregunta más. ¿Sabes qué es un trabalenguas? ¿Qué podría ser? No, Martin, tú no, tiene que ser Fredi.

FREDI: ¿Alguien que se traga la lengua?

MARTIN: «Pablito clavó un clavito. ¡Qué clavito clavó Pablito!» Fredi, tú te lo sabes.

BEN: ¡Hasta nos hemos inventado alguno!

FREDI: ¡Ah, vale! Eso lo sé.

Sabes lo que es, pero no conoces la palabra. ¿Sabes qué es un catalizador?

FREDI: ¿Lo que hace que los coches no huelan mal?

Muy bien. ¿Y por qué no tienen que oler mal?

FREDI: Porque, entonces, salen demasiados gases que atacan a los árboles y eso no es bueno.

Siguiente pregunta. ¿Has estado alguna vez en un museo?

FREDI: En el Museo de Correos. Tienen unos sacos enormes. Y trenes.

¿Cómo se llevaban antes las cartas, cuando no había trenes?

FREDI: ¿En bicicleta?

Por ejemplo. ¿Y sabes para qué se tiene un museo? Existe Correos, ahí se puede enviar una carta. Y existe un Museo de Correos. ¿Qué se hace ahí?

FREDI: Ahí hay buzones, motos viejas, carros, coches viejos.

¿Para qué se ponen ahí? Ya no funcionan. ¿Por qué se les construye un edificio propio?

FREDI: Para mirarlo. También conozco el Museo del Cine. Allí hay una alfombra voladora.

MARTIN: Y tu museo preferido, el de los huesos.

¿Conoces alguna profesión que antes se practicara y que ahora ya no exista?

FREDI: ¿Un trabajo? Caballero... y, esto... pirata. Aunque ahora también hay piratas modernos.

¿Sabes qué es un reloj de sol?
FREDI: No... Pero sé lo que es un reloj de arena. Tenemos uno en el baño. Va así, y luego así, y luego así, y luego así. Dentro hay arena de colores. Y se puede girar. Entonces cae eso y se cuela de un lado a otro, y el tiempo ha pasado. Por ejemplo, como..., como..., hasta que se ha pasado el tiempo de lavarse los dientes...

Durante nuestra entrevista sobre sus conocimientos del mundo, Fredi se tomaba su tiempo para responder. Cuando miraba en su interior para recordar un poema o un suceso de su pasado, sus hermanos estaban inquietos y apenas podían aguantar la tensión. Fredi parecía saber que sus osados hermanos no podían resistir sus ligeras dudas. Tras nuestra entrevista de un cuarto de hora aproximadamente sobre los conocimientos del mundo de Fredi, los hermanos se excedieron con ejemplos de la inteligencia de Fredi, y Martin trajo una carpeta llena de dibujos que Fredi había pintado cuando iba a la escuela infantil, unas hojas alegres y diseñadas con seguridad. Martin, ante su hermano menor, se comporta claramente como el profesor: «En éste le puse un diez: el cuento de la moneda estrella. Mira cómo hace que las estrellas, al caer, se conviertan en oro. ¡Ya sólo la idea!». Y Ben: «¡Casi nadie dibuja tan bien en mi clase!».

¿El ritmo vital y el desorden inteligente de la vida de esta familia se traducirá en un éxito escolar, al menos para Fredi, el cuarto hijo al que todos los miembros de la familia miman? Por la delicada inteligencia de Fredi no se percibe a primera vista, pero se puede intuir que proviene de una familia que vive en el umbral de la ayuda social. ¿Qué impulsa a un maestro en una clase con 28 niños a observar de cerca a un niño callado que, exteriormente, no llama la atención, si no es por la situación de los padres? ¿Utilizaría sus conocimientos del mundo en la escuela?

Quiere llegar al fondo de todas las cosas
Entrevista con la madre Christl V.
sobre su hija de siete años Sabrina

Christl (35 años) trabajaba de asistente de abogado antes del nacimiento de Sabrina. Desde que Sabrina llegó al mundo, se dedica a la familia (Markus, el hijo pequeño, tiene cinco años). Su marido trabaja en una empresa farmacéutica. Hace cinco años, se mudaron a un pueblo de la Alta Baviera. Aunque eran forasteros, la madre enseguida estableció contactos. Canta en el coro parroquial y hace tres años asumió la presidencia de la asociación de padres y madres por los intereses de la escuela infantil del lugar. Su vecina, Irmgard Burtscher, colaboradora del estudio sobre los conocimientos del mundo, habló con ella sobre los conocimientos del mundo de su hija Sabrina. La madre se había leído la lista de conocimientos del mundo y se había preparado unas anotaciones para la entrevista.

«Ahora a Sabrina le encanta saltar a la comba de todas las formas posibles. Además patina, le gusta montar en bicicleta, escuchar música, sobre todo la Kelly Family, aunque también canta canciones infantiles. Ahora lee bastante bien, libros sencillos. Y las manualidades, su afición más reciente. Acaba de aprender en la escuela a bordar y ahora sólo quiere hacer eso. Los botones los cose ella, ya no me hace falta hacerlo. Y en la cocina también participa. En eso siempre ha colaborado, desde pequeña, desde que puede estar sentada. Antes jugaba más con las muñecas y siempre le ha gustado hacer rompecabezas. También esos juegos preescolares, como los de cajas y huecos. Pero, cuando era más pequeña, sobre todo los rompecabezas.»

¿Qué quiere saber últimamente? ¿Qué pregunta?
«Quiere llegar hasta el fondo de todas las cosas. ¿De dónde viene? ¿Por qué es así? ¿De qué está compuesto el cielo? ¿Qué tamaño tiene? O, ¿cómo hizo Dios a Adán y

Eva? Una pregunta tras otra, continuamente, se me está haciendo realmente difícil. Unas preguntas que, ni como adulto, se saben responder. Además, siempre quiere escuchar lo que cuentan los adultos. Siempre está escuchando y, a mí, no me parece del todo correcto. Prefiero decirle: "Vete a jugar. Esto es para los mayores". Los adultos suelen hablar de cosas que ella no necesita saber todavía. Pero no hay forma de deshacerse de ella. *(Se ríe.)*

»Con sólo diez meses ya andaba perfectamente. Ésa fue la primera vez que me sorprendió por completo, porque creía que no andaban antes de cumplir un año. Después, con año y medio ya podía hacer perfectamente los rompecabezas sencillos. Completamente sola ensamblaba las piezas de madera. Y después, lo que siempre me ha asombrado, y que también ha pasado con mi hijo, es que desde bien pequeña ha sabido atender. Con año y medio o dos años, se sentaba conmigo y le leía en voz alta, es decir, escuchaba con atención. Los niños no suelen quedarse sentados. A nosotros no nos ha sorprendido. También supuso un avance que aprendiera a montar en bicicleta. Y lo aseada que era. Eso fue un poco problemático. Hasta los cuatro años y medio no dejó los pañales. En eso tardó un poco, pero simplemente esperamos. En su caso también constituyó un paso importante, cuando nos dimos cuenta de que ahora tiene más confianza en sí misma. Por fin ahora confía más en sí misma. En el caso de Sabrina, nos duró mucho la etapa en la que iba siempre sólo conmigo y cerca de mí, nunca sola, ni siquiera para visitar a una amiga. Tuve que cambiar eso.

»También nos sorprendió que con seis años ya jugara al ajedrez. Le enseñó su tío. También le regaló un tablero y las piezas. Si está el tío, juega al ajedrez. Ya piensa correctamente para jugar. Yo no me aclaro, no sé jugar al ajedrez, pero mi marido también opina que ya se concentra. Me preguntaba qué era el ajedrez. Sabrina aún no sabía lo que era. Entonces se lo expliqué y se interesó.»

Lo de saltar a la comba lo he comprobado al mirar desde la cocina; tiene afán de perfección.

«Sí, también con los deberes si algo no le sale. Se exige a sí misma la perfección y siempre le digo: "Sabrina, no puedes saber eso, si no, no necesitarías ir al colegio". O si dibujo algo, me dice: "Tú dibujas mucho mejor que yo". Y yo le respondo: "Sabrina, a tu edad yo pintaba igual que tú". La maestra nos ha recomendado que la frenemos un poco. Tiene una gran ambición. También se vuelve completamente loca, incluso triste y desesperada, si no le sale enseguida. Entonces, practica e insiste hasta que lo consigue, como con la comba. Bien temprano, antes de ir al colegio, incluso más rápido. *(Se ríe.)* Creo que ya no puede mejorar más, hacia delante, hacia atrás... Ha aprendido a saltar a la comba en una semana. Empezó de cero. No sabía en absoluto y ahora sólo dice: "Mamá, a la comba, a la comba".»

Si se observa el desarrollo de Sabrina, siempre ha recibido estímulos para el desarrollo. Por ejemplo, por tu parte, cuando dices que siempre le ha gustado escuchar. Te has tomado tiempo y le has contado o leído mucho en voz alta. ¿Puedes recordar otros estímulos al desarrollo procedentes del parvulario, del pueblo, de los amigos?

«Intenté desesperadamente, nunca lo olvidaré, enseñar a Sabrina cómo darse impulso sola en el columpio sin necesidad de que yo la empujara. Entonces, le dije: "Los pies hacia delante, los pies hacia atrás". No funcionó, no asimiló nada. Después apareció la pequeña María, que es un año y medio mayor que ella y, de repente, mi hija sabía columpiarse. Comprobé que, si una amiga dice algo, se le queda.

»Hay muchos casos en los que he visto que asimilan mejor lo que les dicen los amigos que no lo que les decimos su padre o yo. Incluso los trabajos de manualidades los entienden mejor que si se los explica un adulto.

»En estos momentos, todavía le encanta que le lean en voz alta. Aunque yo preferiría animarla para que lea más ella sola. Tiene dos libros y se los sabe de memoria. Ésos los lee con fluidez y ya no le suponen un gran esfuerzo. Ahora quiero que lea otro libro, pero ella dice que eso no puede hacerlo. Para eso tiene que volver a esforzarse, no lo lee con fluidez y ella quiere leer siempre de corrido. Incluso recita los deberes del colegio. Quiere leer de corrido. No es malo, pero yo le digo: "Sabrina, tienes que leer lo que pone letra a letra".

»Quiere saber leer enseguida perfectamente y con fluidez. Después, se lo lee en voz alta por la noche a Markus en la cama.»

¿Cómo era cuando tú ibas a la escuela? ¿Y si lo comparas ahora con Sabrina? ¿Los niños saben más actualmente?

«Por supuesto que sí. Actualmente, los niños son muy capaces. Obviamente, los medios también influyen. Y creo que los padres se ocupan más de ellos... Quizá no todos, así que sólo puedo hablar de mi caso. Yo dedico más tiempo a mis hijos que el que mi madre nos dedicó. Pero, claro, las circunstancias también son diferentes. Mi madre tuvo cuatro hijos y yo sólo dos. Además, los niños ven muchas más cosas: hacen excursiones, van a los museos... Si no les gustara, no se haría. Tienen tanto afán de conocimiento...

»Cuando pienso en que, hoy en día, los niños viajan solos en el metro. ¡Y lo que pueden hacer con los ordenadores! Sabrina ya sabe usar el ratón y yo acabo de empezar en eso como adulta. Sabrina utiliza el ordenador para jugar con programas educativos, nada de basura, estamos en contra de esos juegos tan violentos. Existen juegos por edades en los que se estimula la habilidad, la reflexión y la lógica. Pregunta si puede jugar y, entonces, enciende ella sola el ordenador e inicia el programa. Yo no puedo hacerlo, no sabría cómo funciona.»

¿Qué desearías para todos los niños de siete años?

«Unos adultos que se tomen tiempo, que estén ahí cuando se les necesita. También he apuntado buenos amigos. En realidad, a todos los niños les deseo un entorno familiar feliz y tener que desear una cosa así se debe al elevado número de separaciones. La madre tiene que trabajar, porque su economía no le permite lo contrario. En la actualidad, ésa es la situación de muchas familias. Así que me siento orgullosa cuando la educadora me dice: "En tu caso se ve claramente en los niños que todo va bien en la familia, que tienen un buen ambiente familiar". Entonces sé que voy por el buen camino.»

¿Qué puede aportar una madre a su hijo durante los primeros siete años de vida?

«Ocuparse mucho de los hijos, contacto físico, prestarles atención, jugar con ellos, leer en voz alta, llevarles con otros niños... La aportación religiosa también es importante para mí. Y los hermanos, los hermanos son importantes.»

¿Qué pasó después?

Tres años más tarde, en las notas finales de cuarto de primaria de Sabrina dice: «Es una alumna alegre y sociable que participa con gran interés en las conversaciones de la clase. Realiza siempre los trabajos escritos por sí misma, con rapidez y esmero. Su rendimiento escolar, siempre impecable, es muy satisfactorio. En el grupo de inglés participa con éxito».

Sin embargo, en los boletines de notas no aparecen los resultados mínimos en alemán, matemáticas o conocimiento del medio que son necesarios para pasar a la enseñanza secundaria. Con un 3 en conocimiento del medio, la suerte está echada. Ahora Sabrina cursa formación profesional.[8]

Con siete años, Sabrina sabía cocinar, bordar, estaba aprendiendo a nadar, tenía ganas de ir a clase de flauta dulce, leía los primeros libros, jugaba al ajedrez, le interesaban todas las conversaciones de los adultos y, en cuanto a los deberes, era una pequeña perfeccionista. Durante la primaria ha mantenido muchos de sus intereses, como pudo comprobar Irmgard Burtscher en la siguiente entrevista con la madre tres años después. Sabrina prepara bandejas enteras para el horno, ahora nada «más por debajo del agua que por encima». Lee «si un libro la engancha por completo». La flauta «la saca para el cumpleaños de la abuela o para Navidad». Sobre todo tiene una curiosidad y un afán de conocimiento sin límites. «Quiere conocer todas las conexiones, lo analiza todo.»

¿Por qué no se recomienda que una niña de diez años con estas inquietudes estudie en un instituto de secundaria? ¿Y qué les falta a los otros 19 niños de esta clase de primaria a los que tampoco permiten pasar al instituto de secundaria? «Para Sabrina fue una presión tremenda: o conseguía el 2 en conocimiento del medio, o se quedaba con el 3. Pero no lo logró. Lloró por tener que separarse de los que sí habían conseguido pasar.»

Los padres asimilaron el disgusto. También en esto hay un lado positivo. A Sabrina la han nombrado jefa de clase de quinto. Puede quedarse en el pueblo y no tiene que viajar cada día. El nuevo maestro de la Hauptschule es competente y tranquilo, un alivio tras el estrés del último curso en la Grundschule. La clase es más pequeña que en el Gymnasium. Sus notas han mejorado. Ahora incluso Sabrina afirma: «Ya no quiero ir al Gymnasium». Por la amistad que tiene con un niño de una granja vecina, en estos momentos le interesan los trabajos del campo. «Puedo conducir con el señor Gueldner», «puedo llevar el tractor», «puedo transportar el heno hasta el silo con la pala»…

Tres años después de la entrevista con Fredi y su familia, hablamos por teléfono con su padre. En ese tiempo, Fredi había tenido que repetir el segundo curso de la Grundschule. La profesora había comentado que no prestaba atención, que se distraía con facilidad, que estaba con la cabeza en otra parte. Intervinieron dos psicólogas. La primera diagnosticó una «inteligencia superior a la media», pero la segunda le degradó, presentaba «síntomas de ADS *(Attention Deficit Syndrome)*». Le prescribieron una medicina: Ritalin. El padre lo aceptó. «Me parezco a Fredi y he pasado mi vida sin medicinas. Pero ahora Fredi parece menos tímido. Antes era más lento y, en realidad, un poco solitario.» ¿Todavía pinta? «No, pero filosofa conmigo, todavía es una de sus ocupaciones preferidas.»

Fredi y Sabrina, dos niños de siete años con conocimientos del mundo, no se encuentran entre los niños sobre los que los maestros de primaria afirman que los padres «los entregan para que los eduquen». Tampoco llegaron al primer curso «sin conocimientos», como hemos visto.

¿Podría decirse que la escuela les ha superado? ¿Qué importancia debe darse a su fracaso escolar? La inteligencia y el éxito escolar no están directamente relacionados, suele decirse en estas ocasiones a modo de consuelo y, en estos dos casos, parece haberse confirmado. Pero ¿se simplifica demasiado? La autoestima y el éxito escolar están estrechamente relacionados para los niños. Y no sólo para ellos. La fundadora del programa Head Starts, el gran programa de estimulación preescolar de Estados Unidos, Avima Lombard, comentó en la entrevista: «El rendimiento escolar no es tan importante, afirman los adultos tranquilamente. Pero la importancia que le dan las escuelas queda siempre clara cuando describen a un niño. En ninguna descripción se pasa por alto su rendimiento escolar. "No tiene ningún problema para relacionarse, pero la clase se le hace cuesta arriba." O bien: "En clase rinde perfectamente, pero es tímido"».

La escuela, como tal, ya sea en un pueblo de Baviera o en una gran ciudad del norte de Alemania, no ha estimulado a estos dos expectantes niños de siete años de forma que ésta les pudiera «recomendar» para un nivel superior según los criterios de la propia escuela. Estas escuelas han demostrado no ser el entorno que puede estimular con éxito el desarrollo de los conocimientos del mundo de estos niños. ¿Resulta ingenuo haber esperado eso de la escuela? La escuela no es la prolongación del parvulario. Como muy tarde después de dos cursos de primaria se introduce la medida del tiempo, el canon de materias y la rivalidad. Algunos niños pueden desenvolverse, organizarse, desarrollar habilidades desconocidas y aprender a cambiar hábilmente entre sus conocimientos del mundo y los de la escuela. Fredi y Sabrina no forman parte de este grupo. La escuela no ha respetado los conocimientos del mundo que traían de la etapa preescolar y han perdido la competición. Debe realizarse un seguimiento de esta desilusión si se es un entusiasta del potencial de los niños de cinco años, de su «inteligencia radiante».

Todavía se deben investigar los conocimientos del mundo de los niños de diez años. En el caso de Fredi y de Sabrina, hay un obstáculo: la escuela. Lo que en la etapa preescolar era una investigación entusiasta y un interés propio, tiene poca relevancia en un mundo del conocimiento escolar segmentado y controlado desde el exterior. Los logros de Sabrina en la carga del heno son igual de poco relevantes para la escuela como las conversaciones filosóficas de Fredi con su padre. Esto resulta difícil de asumir.

«Si los niños continuaran creciendo tal y como se anuncian, contaríamos con cientos de genios», afirma Goethe. Ya no continúan creciendo así. El potencial es espléndido en los primeros años de vida, pero no se resuelven todos los compromisos con la naturaleza. Durante la pubertad, se mezclan millones de sinapsis, el cerebro humano no puede usarlas todas. El inventor Artur Fischer culpa a la escuela: «En cada niño se esconden un montón de ideas, pero me cuentan que, tras un par de años en el colegio, éstas desaparecen, porque las encierran en un corsé que no les sienta nada bien».

No obstante, ¿la escuela sólo realiza y refuerza lo que todos experimentamos alguna vez: la desilusión, el menosprecio, la obligación de cortarse las alas? En el editorial de un periódico italiano al inicio del año escolar 1980-1981, el escritor italiano Giorgio Manganelli se acordaba de Pinocho, que prefería escaparse de la escuela y seguir cazando mariposas con el charlatán Pepito Grillo. ¿Pinocho tenía razón?, se pregunta Manganelli. «Por dentro sentimos que Pinocho tiene razón. Pero la vida no implica que se demuestre que tenemos razón, sino que estamos equivocados. Si la escuela ahoga la sed de conocimientos viva del espíritu de los niños por culpa del aburrimiento, quizás sea ésa su misión: introducir al alegre adolescente desinhibido en las desilusiones de la vida. Todas las irregularidades acumuladas en la escuela crean, como por casualidad, una profunda y ardua experiencia. El niño se enfrenta a esta distancia obligada con una intensidad dramática propia para quedar herido de una forma poco concreta, preparado para las heridas de los siguientes años... Y las grandes tribulaciones inolvidables de la escuela se unirán a las tribulaciones de la vida.»[9]

Las resignadas valoraciones sobre la escuela tampoco pueden evitarse en otros países. En Japón, se entiende la infancia como un paraíso del aprendizaje, pero tras unos años con la formación del conocimiento más feliz de la infancia, se impone a los niños una escuela rígida, a los diez años como muy tarde. Se acepta como si el mundo fuera así, no muy bien equipado, como si hubiera que reducir todas las exuberantes expectativas infantiles sobre el saber y el descubrir a una medida disciplinada. Sin embargo, en la sociedad de la información hacia la que nos encaminamos, pretendemos esperar de la escuela algo más que desilusión y la formación de un sentido de la realidad resignado.

Si el éxito escolar no recompensa suficientemente los conocimientos del mundo establecidos en la infancia, ¿por lo menos este conocimiento hace feliz? «Aquel viejo proverbio de "mayor conocimiento es mayor inquietud"», afirma Goethe en *Poesía y verdad*, «es un viejo proverbio obsoleto».[10]

Tranquilidad, inquietud... En las siguientes miniaturas educativas presento mis propias recomendaciones para las oportunidades educativas en la etapa infantil. Deseo a los niños tanto tranquilidad como inquietud. Experiencias estimulantes que nos suponen un reto, acompañadas de la seguridad que proporcionan los adultos: que no se está solo en esta experiencia y que todavía no se ha dicho la última palabra.

III

ESTAMPAS EDUCATIVAS

La infancia es el futuro, sobre todo en las sociedades occidentales. «Cuando sea mayor...», imaginamos. Lo mejor está por llegar. Si conducimos este coche a muchas revoluciones, si sólo miramos hacia delante —¡ahora!, ¡más!—, nos quedaremos sin aliento, estaremos indefensos ante cualquier cambio. Como si lo nuevo fuera lo más fuerte, lo mejor a priori.

El tiempo no es sólo futuro. Merece la pena recordar el tiempo vivido, el pasado. Merece la pena recordar mis propias vivencias únicas, mi yo. Esos recuerdos necesitan un lugar reconocido entre mis conocimientos del mundo, un espacio en este edificio.

El arte de cultivar la memoria no es lo mismo que la afición competitiva de aprender de memoria. Puede practicarse con los niños: hablar, recordar. Revisitar los recuerdos, *to revisit the memories,* como se dice en Inglaterra. Esto ayuda a los niños a construir su historia personal, su propio relato.

Todos los niños deberían tener algo parecido a un libro *Yo de niño* con fotos, breves anotaciones sobre preguntas, observaciones, deseos... Les encanta, se enfrascan conmovidos y negando con la cabeza al ver las pruebas de la concepción del mundo que tenían no hace mucho tiempo.

Poco a poco el niño se irá apropiando de este documento de los adultos, de la mirada de éstos sobre el niño, de la atención de los demás hacia su propio desarrollo. La mirada del adulto sobre el niño tiende a la introspección, poco a poco se transforma en autorreflexión. Después, se puede volver la vista sobre la propia familia. Y quizás esta mirada que se sentía descansar sobre uno mismo —indiferente, atenta o tímida— se volverá hacia la sociedad en su conjunto.

«*Abunai*», ¡peligro!, suelen gritar las madres japonesas si se aleja el niño pequeño de su campo de visión más cercano. Este grito materno sorprende a los observadores occidentales como un temor que durará de por vida, como una advertencia sobre las desviaciones de muchas alarmas del pueblo japonés.

Una de las propuestas más conocidas del gran pedagogo italiano Loris Malaguzzi —claramente fascinante a la vez que desmitificadora— consistía en colocar espejos a la altura de los ojos de los niños que gatean en las guarderías de Reggio Emilia. Con toda tranquilidad, de forma continua, con todo su afán por aprender, los más pequeños podían entretenerse con su propia apariencia, observarse desde el exterior, intentar verse como les ven los demás. ¿El bebé narcisista? Por aquel entonces, eso era un tabú. No sólo por culpa de la pobreza no había ningún espejo en las familias católicas de las zonas rurales. «Sólo la madre tenía uno en el cajón, de 20 por 30 centímetros, para saber si el lazo del delantal estaba recto. De esa forma, creían que se evitaba que el niño se volviera vanidoso.»[1]

Que los adultos aparten la mirada deliberadamente o con vergüenza puede crear inseguridad en los niños. El niño necesita el reflejo en la mirada y en los comentarios de los adultos. También necesita la prueba visible, algo parecido a una documentación de sus etapas de desarrollo. Algo más que las señales en el marco de la puerta con la altura y la fecha para comprobar el crecimiento del cuerpo.

Un libro sólo sobre ti. ¿Por qué ese honor? Porque eres un niño. Esta situación es algo especial, no sólo un estado de espera o una etapa de transición. De forma incomparable, es bello por sí mismo. ¿Por qué no hacer que el niño tome conciencia de esa belleza? En algunos países, como Turquía o Japón, se celebra el «Día del Niño». Presumiblemente, no se espera de ese día mucho más que del Día de la Madre en cualquier país, aunque también deberíamos valorar que demuestra el aprecio de la infancia como forma de vida. El director de una residencia de la tercera edad añadió a nuestra lista: «Un niño también debe poder ser niño. Simplemente eso».

Otro entrevistado, jefe de recursos humanos de una empresa suiza, fue más allá. Según él, cada niño debe «haberse sentido orgulloso de ser niño».

Hay que pedir a todos los padres que empiecen un libro de este tipo y que lo guarden en un lugar especial. También así aumenta su significado, se da majestuosidad al pasado. En Japón, un país amenazado por los terremotos, cada guardería tiene una caja fuerte. ¿Qué se guarda ahí? «Nuestros diarios sobre los niños.»

En la sociedad de la información, en el torbellino de la información, del conocimiento efímero, se debe ofrecer al niño puntos de apoyo para la memoria. Las anotaciones, como conocimiento biográfico, no tienen fecha de caducidad en el libro sobre su infancia. Son de una sustancia que, en todo caso, cambia de color con los años.

Hasta ahora, la historia familiar se transmitía casi exclusivamente desde el punto de vista femenino. Las madres recuerdan detalles de la infancia de sus hijos y pueden ordenarlos mejor en el tiempo. Las mujeres son las directoras del museo familiar. Para los padres, y no sólo para los abuelos, los recuerdos, su contribución a la memoria de los hijos, deberían ser igual de importantes. Se puede compartir la tarea: uno asume la grabación de una cinta de música en alguna ocasión, grabando durante media hora mientras el niño está cantando a la vez que juega con las piezas de Lego, o se graba la conversación de los hermanos mientras vuelven a preparar la jaula para el hámster. La capacidad de recordar es el requisito previo de todo aprendizaje. «Me acordaré de esta tarde durante mucho tiempo», puede decirse al niño de pasada, de forma casual. O también: «Quizás recuerdes toda la vida que han evitado este peligro... o esta imagen».

Al menos una vez en la vida, todos deberíamos ser famosos durante quince minutos, pidió Andy Warhol. «Imaginaos que sois famosos», propuso Peter Loewy a sus alumnos de una escuela de educación especial, «y sentaos en esta silla como os gustaría que os fotografiaran para el periódico. No debe ser una instantánea, sino un retrato». Saber posar como uno quiere ser y que le vean, como imagen interior de sí mismo.

Todo niño de siete años debería tener un libro *Yo de niño*.
Debería haber visto un autorretrato famoso.
Debería haber pintado y enmarcado su propio autorretrato.
Quizá sobre fondo dorado.

LAS COSAS

> *Pero nunca olvidaré*
> *lo que me han enseñado las cosas.*
> PIER PAOLO PASOLINI

La rutina es la escuela más importante de la vida y las cosas, destacadas maestras. Entre estas cosas se encuentran los gestos que se necesitan para que cada tarea nos lleve a la siguiente; estos gestos acercan al niño a los adultos, que ya los conocen y los han cultivado. En su aplicación reside el sentido de las cosas. Cada ocupación deja rastros en la memoria física. Para los niños, los objetos son algo más que simples «objetos transitorios», son anclas, remos, catalejos en su camino hacia el mundo. O fieles compañeros de viaje.[2]

En muchos recuerdos de la infancia aparecen cosas vivas. La reverencia ante la cosa, la solemne inaccesibilidad, en palabras de Rilke, su deseo de proteger las cosas del ruido, de la difícil comprensión, de la ignorancia y de la torpeza de los adultos. Los niños y las cosas conviven.

William Maxwell describe en la novela *They came like Swallows* cómo las cosas pueden consolar a un niño simplemente porque en ellos se objetiva, se concreta una atención humana específica, a su sólida presencia. Tras recorrer solo y asustado el camino hasta la tienda, amenazado por niños de la misma edad y por fantasías malévolas, el niño vuelve a sentirse seguro al entrar en la tienda. No son las personas presentes en el lugar las que le dan esa sensación, sino la presencia de atención humana en las cosas. El niño de ocho años siente gratitud por todo lo que está empaquetado correctamente, recogido con seguridad en cajas, apoyado en estanterías, sujetándose mutuamente con naturalidad. *Everything was so substantial.*[3]

El trabajo, la atención y el cuidado que objetivan las cosas lo perciben a veces los enfermos de forma similar. Un sillón tapizado correctamente o una cucharilla bien limpia resultan agradables.

Christoph Ransmayr describe en un relato sobre la expedición al Himalaya la repentina consternación que provocó un «artefacto» encontrado inesperadamente tras una larga marcha a pie en solitario por la nieve: los rastros que una *persona* había dejado en un objeto.

A los niños de diferentes culturas y épocas se les introduce de distinta forma en el cuidado de las cosas y en la cercanía a las mismas. La simpatía por los objetos también se estimula en el Japón moderno: «Le haces daño a la mesa si la golpeas de esa forma», dice la madre durante la rabieta del niño de tres años. El objeto de uso corriente que lleva mucho tiempo «echándonos una mano», como las gafas, la aguja de coser o el pincel, se convierte en objeto de devoción y recibe con un pequeño ritual un funeral de agradecimiento.

En numerosas entrevistas sobre los conocimientos del mundo surgió la siguiente preocupación: ¿cómo se puede ayudar al niño, ante la preponderancia de los artículos inútiles, a entablar una relación con un objeto valioso e inconfundible? Querer que algo perdure: ¿cómo despertar ese deseo y la receptividad hacia lo que ha perdurado?

Los *jeux dramatiques* pueden ser el camino. «Jeux dramatiques» es algo más que un término inventado para lo que, desde siempre, se ha conocido en las escuelas infantiles como improvisaciones. También se diferencia de las antiguas representaciones teatrales con niños. Más bien se trata de un juego promovido por los adultos en el que los niños no interpretan un papel que presentarán a un público, sino que se estimulará a cada niño para que elija de uno de los cuentos leídos por la educadora un objeto, un ser vivo o un fenómeno en el que se transformará como parte del juego. Puede tratarse de un color, un arbusto, una piedra, el perro que observa al margen, la nieve sobre el tejado, un caramelo ácido, una espada, una sombra azul. Los pañuelos transparentes ayudan al niño a transformarse. Es más, no hay accesorios ni máscaras. A los niños, que apenas distinguen aún el idioma, el carácter y la temperatura de las cosas, les resulta más sencilla esta transformación que a los adultos. De niño se oye el susurro de las hojas y el silencio del bosque. Y algunas cosas tienen sombras vivas. Si uno mismo ha sido alguna vez una cosa, entonces conoce el mundo desde dentro, y quizás resulte más difícil que le manipulen.

¿Nos debe preocupar lo que supondrá para los niños la «pérdida de las cosas»,[4] la creciente virtualización del mundo representativo? Hemos aprendido a vivir con el hecho de que la mayor parte de los objetos se fabrique lejos de la vista de los niños. Sin embargo, todos nuestros interlocutores, de todas las edades y de todas las clases sociales, sacaron el tema: los niños abrumados por los numerosos objetos que les aburren, que ya no les pueden alegrar. Oscar Wilde lo representa con el cínico que conoce el precio de miles de cosas, pero no conoce el valor de una sola de esas cosas.

Frente a la avalancha de cosas, el niño debe encontrar las suyas propias. *Property*, lo propio, la propiedad son conceptos que aparecieron históricamente tarde. Lo propio, la propiedad también es lo que uno querría dar, lo que no se quiere consumir en el momento, lo que se guarda para después. Lo mío y, en el futuro, quizá *lo de los míos*. No porque después el objeto aumente de valor, sino porque se aprecia más el presente en vistas del futuro y como anticipación del cambio de roles. La habitación del niño o al cajón pueden ser un museo del futuro.

Quizás no todos los padres tengan este optimismo ante semejantes atenciones al futuro, pero el niño que está de invitado puede vivir algo similar en otra familia. Además, este niño puede transmitirlo en el parvulario.

¿Qué es más importante? ¿El cuidado de las cosas o las relaciones humanas? En la película de Gerhard Botts *Erziehung zum Ungehorsam* (1968), al público de la antigua República Federal de Alemania le resultaba especialmente insoportable una escena: los pies descalzos de un niño de seis años sobre el teclado de un piano. Esta imagen formaba parte de una improvisación en la que los niños se rebelaban contra una «tía gruñona» adulta, representada por la persona de referencia del taller infantil. La persona de referencia también pretende inquietar cuando el juego toma esta dirección. Pero entonces era más importante que los niños se atrevieran a rebelarse contra la tía gruñona. Se trataba de un ejercicio, se podían destrozar las teclas del piano. El valor sentimental estaba por encima del valor material.

En los años cincuenta, cada cosa tenía «su» lugar. La manita derecha era la buena. A partir de esa convención, había que liberar las cosas, apropiarse de nuevo de ellas, cada una a su modo. Ahora ya no se cuestiona que la mano izquierda sea igual de buena que la derecha. Además, numerosos educadores de los parvularios de los años setenta se enorgullecían de un avance liberador: ya no eran ellos los que repartían el material a los niños por la mañana, los niños podían cogerlo directamente de la estantería.

Siempre que el objeto sea una prolongación del yo, se ama más profundamente y cuesta darlo, compartirlo. Hay que practicar toda la vida. Una clase ha comprado un reloj Swatch como propiedad colectiva. Los niños se turnan para llevárselo a casa un par de días.

Tomarse bien las cosas.

No sólo debería decirse a los niños: «Ten cuidado con eso. Costó mucho dinero», sino también: «Ten cuidado con eso. Le tengo mucho cariño».

Todos los niños deberían haber representado a una cosa.
Deberían escoger un objeto para guardarlo para los hijos que tendrán.
Deberían haber reparado un objeto.
Deberían conocer un ejemplo para distinguir entre el valor material y el valor sentimental de las cosas.

PERFECCIONADOR DEL MUNDO

¿Cómo experimenta el niño el efecto que ejerce sobre los demás? ¿A través de la mera existencia? ¿De su capacidad de integración en una familia?

«Manifestar la presencia.» Eso es lo que recomiendan los asesores de recolocación a los clientes amenazados por el despido. Cuando una empresa echa a sus empleados, no hay que esconderse después del despido. Hay que mantenerse visibles, querer ser vistos.

Experimentar la presencia. Un niño debe haber sentido la propia presencia como una aportación positiva, sentir que él aumenta el gozo de vivir en los demás. Yo, el niño, el bajito, el analfabeto, consuelo a un adulto, le doy fuerza. ¡Asombroso! Mi manita deslizada en la suya le hace sentirse realmente bien. Difícil de creer.

Un paseo por las tiendas del centro de Roma. En los bajos de los incomparables edificios, las boutiques de las firmas internacionales, con los mismos productos y la misma decoración que en todas las demás grandes ciudades del mundo. El hilo musical es el mismo que en Ámsterdam o en Viena. Las vendedoras tienen una figura y una postura parecida a la de sus compañeras en Barcelona o Bruselas. ¿Roma será pronto un lugar más en la aldea global? En una pequeña mesa junto a la estantería de los jerséis hay un niño de ocho años haciendo los deberes. De repente, la sala cobra intensidad y presencia gracias a la realidad de ese niño. Estamos de nuevo en Italia y se nota que la vendedora es una joven madre competente. Tras cerrar, los dos tomarán el autobús y, después, con la mochila del colegio y las bolsas de la compra, subirán en ascensor hasta el apartamento que, en la imaginación, es inconfundiblemente romano.

Haber sentido la propia presencia como aportación positiva… Hay que prestar atención a este aspecto porque un niño suele percibir, precisamente, bastante de lo contrario. Hace tiempo que se acepta que los niños puedan oír lo exigentes que son y que «ponen de los nervios». Forma parte de la moderna capacidad de supervivencia que puedan aguantarlo, no hacer caso, tragárselo. No se dice con mala intención, suele puntualizarse al instante. A cambio, pueden afirmar que los adultos les parecen cargantes.

Menos conscientes somos de todas las hostilidades hacia los niños que pueden ocultarse en los debates pedagógicos supuestamente avanzados. Por ejemplo, en las quejas por la «miserable proporción entre niños y educadores» o por el «excesivo tamaño de los grupos». En los años setenta y ochenta, los educadores solían llevarse a padres y niños a las manifestaciones de los sindicatos educativos. Entonces protestaban ante los ayuntamientos por la imposición de admitir más niños en los grupos. ¿Qué subyacía bajo estas pancartas en manos de niños? Que cada niño más es una carga adicional. ¿Significa esto que soy una carga? ¿Sin mí estarían mejor las educadoras y los otros niños? También se percibe cierta lógica xenófoba: el que llega nuevo, el que viene de fuera, no es bienvenido, nos va a quitar algo. Y a las madres se les avisa de que cuanto antes recojan a su hijo de la guardería, más responsables son. Así pues, la educadora da a entender que hay madres malas que sólo recogen a su hijo en el último momento… o que llevan al niño a la guardería demasiado pronto sin que haya dormido las horas suficientes… Cuanto antes recoge la madre a su hijo, más responsable es. ¿Cómo puede un niño sentir una casa como *su* lugar si se agradece y alaba su *ausencia*? ¿Qué actitud ante la vida pública se crea si mi aportación positiva es no llamar la atención o estar ausente?

La presencia de cada niño en la guardería debe encontrar reconocimiento expreso y, para ello, debe establecerse una costumbre diaria. Por encima de cualquier rendimiento, por encima de todo buen comportamiento, primero se debe invocar y aprobar la presencia del niño, su presencia.

«Te hemos echado de menos.»

«Te echaremos de menos.»

Y la presencia en la familia:

«La abuela dice que cuando pasa una tarde contigo, después se siente diferente.»

«Si no fuera por ti, no habríamos conocido a Roman y a su familia.»

Cada niño debería haberse sentido alguna vez como perfeccionador involuntario del mundo.

NOSTALGIA EN TENERIFE

Años cincuenta en Múnich. Los niños juegan junto al río Isar. Hoy falta Ignaz. Llega un poco más tarde, pero se queda de pie a lo lejos. Lleva una camisa blanca y unos pantalones cortos planchados.
LOS NIÑOS: ¡Ignaz! ¿Qué pasa? ¿No vienes?
IGNAZ (triste): Tengo que irme a Rímini.

SIGI SOMMER, columnista
del *Münchner Abendzeitung*

Quien ama a su hijo, lo envía de viaje.

PROVERBIO JAPONÉS

La nostalgia es uno de los peores dolores. Aunque los padres y los hermanos también estén en Tenerife. ¿De dónde procede esa sensación de debilidad, de desolación, esa falta de apetito, el desaliento del espíritu que siente el niño? Nostalgia del erizo del jardín, de su propio tazón para los cereales, del ruido del autobús pasando por delante de la puerta de casa, nostalgia de la propia cama.

¿Se supone que los niños son seres sedentarios? ¿Buscan de forma instintiva la convergencia entre el lugar y el yo y viven su fin disgustados? En las vacaciones en las que hay todo tipo de animación infantil, algunos niños no reaccionan, se quedan lloriqueando y estorbando. Y cuánto protestan los niños contra las mudanzas y la cantidad de tiempo que pueden llegar a llorar tras la misma.

¿Acaso la nostalgia es un dolor inevitable y necesario que tienen que haber conocido? Algunos de los entrevistados estuvieron de acuerdo. «Si no, no lo pueden entender en otro niño», creía una joven suiza de catorce años. En general, ¿la experiencia de la nostalgia convierte primero en patria el hogar, lo habitual? En estos tiempo de tanta movilidad, la nostalgia es una compañera difícil. Un precio desagradable para la fidelidad y el apego. Sin embargo, sin puerto no hay partida. La vida de un niño necesita perspectivas cambiantes, pero también coordenadas existenciales, el desde cuándo y el hasta cuándo, y el de dónde y el adónde. El niño necesita la orientación temporal para apegarse al espacio global. Sin una referencia espacio-temporal de hogar, no puede haber responsabilidad.

Por eso, respetaremos la nostalgia de un niño, pero no intentaremos persuadirle de ella. Aunque un niño con nostalgia se siente terriblemente débil, la fuerza de esta sensación es también su propia fuerza.

De ningún modo se puede pasar por alto el turismo familiar. ¿Acaso no se desplomó el socialismo en parte por la importancia de la «libertad de viajar» para la gente, incluso para las familias jóvenes?

Los ciudadanos se desplazan mucho porque tienen que hacerlo y porque quieren. Según las encuestas de opinión, en Alemania la información sobre viajes se encuentra entre los tipos de información que más interesan a la población, por encima de los consejos de salud y muy por delante de los temas políticos e ideológicos.[5]

Poder abandonar la casa de la que se procede, no por deslealtad y deseo de desvincularse, sino por un amor independiente al mundo, es un objetivo budista para el perfeccionamiento de uno mismo. Las peregrinaciones cristianas y musulmanas constituyen un tributo a lugares más ilustres que el propio lugar de origen accidental. Por medio del esfuerzo que les supone el recorrido (y la nostalgia), honran estos otros lugares. El viaje siempre se consideró una institución educativa para los niños de las clases altas. Incluso en el canon de Comenius aparece reflejado. La globalización exige a los ciudadanos globalizados dejar de buscar su hogar en un espacio nacional, en un paisaje local. ¿Podría originarse una guerra en el mundo si el sentimiento de patria de los niños no siguiera unido al territorio en el que, casualmente, han nacido? ¿Se puede proporcionar a los niños un sentimiento de patria posmoderno? ¿Se puede confeccionar a los nuevos habitantes policéntricos de la Tierra un nido móvil? El viejo dicho de los emigrantes *ubi bene ibi patria* (donde me encuentre bien, ahí estará mi patria) se convertirá en un objetivo universal del arte de vivir. La capacidad de crearse por uno mismo un espacio cerrado, de poder inventarse su propia patria, formaría parte de los conocimientos del mundo de los niños.

Así pues, la patria se transforma en un «buen lugar» diseñado por uno mismo y deja de ser el que asigna el destino. Por ejemplo, donde están los míos. O la patria entendida como tocar la flauta, montar en bicicleta, tumbarse en el césped al sol, preparar una comida para los amigos, en cualquier lugar del mundo. Un libro y la lámpara de lectura, mi hogar en cualquier lugar. Un buen rato en una sauna, estar solo en casa.

La patria a la que se regresa tras la experiencia de la nostalgia ya nunca más será la misma. Ahora el niño la contempla con otros ojos, disfruta de lo cotidiano con una pequeña distancia interior, con ciertas reservas. Hay que fomentar un poco eso, para la siguiente despedida, el siguiente viaje, la siguiente mudanza. Heidi era un clásico en estas conversaciones.

También se sentirá la propia familia de forma diferente una vez que se haya vivido en otro contexto, quizás por primera vez como familia. Y quizás también por primera vez nos avergonzaremos un poco de unos u otros. ¿Familiares? ¿Parientes?

Por otra parte, está la experiencia de la aventura de viajar. Tenemos que arreglarnos con lo que hemos metido en la maleta. No todo lo que nos falte podremos comprarlo después. Debemos organizarnos con los avíos que llevamos, improvisar. ¡Qué aumento de experiencias vitales! «Los que aman a sus hijos, les envían de viaje.»

Observar un camaleón con los niños, sus mutaciones, cómo capta las señales de un entorno, las transforma y sigue siendo lo que es: un camaleón. ¿Cómo se acomoda, cómo se instala en una cesta nueva un perro? ¿Cómo reacciona la planta después de transplantarla?

La patria puede crearse de nuevo en diferentes partes del mundo. Quizás incluso en zonas del mundo aparentemente similares. Si hojeamos un atlas, hay muchas partes de la Tierra en las que hace el mismo calor o en las que brilla el sol igual de poco, en las que crecen pinos y arbustos, en el Atlas, en las Montañas Rocosas o en los Alpes. Unidad y diversidad de las formas. En prácticamente todos los continentes pueden encontrarse mariposas con el mismo patrón que en Alemania, pero en la cuenca del Amazonas son tres veces más grandes. Describir hogares para el niño y construirlos juntos en una patria portátil.

Todos los niños deberían tener un concepto de nostalgia.
Todos los niños deberían poder superar la nostalgia de una noche fuera de casa, de un viaje o de una mudanza.
Todos los niños deberían haber reconocido un lugar como su patria.

En algún momento de su vida, las ventanas significan mucho para los niños. Para empujar por el borde algo que desaparece para siempre. Para mirar a lo lejos y al infinito con un espacio seguro a la espalda y los pies calientes. O para gritar con todas las fuerzas y comunicarse con la gente del exterior. Dejar vagar la vista con los niños. Sin dejar de mirar, pero sin intención alguna. «Mi idea era no buscar nada.» En la calle, por delante de la cafetería, pasea la gente. El viento empuja un vaso de plástico por el pavimento de la calle. Rueda e intenta bailar con un cartón de huevos al ritmo del sonido del tráfico. Una servilleta de papel usada revolotea. Los niños y los adultos ven cosas distintas, miran de forma diferente, pero deberían ponerse a observar juntos una y otra vez.

Hoy en día, solos delante de la pantalla, los niños no ven menos cosas aterradoras que las que se veían antes en el teatro de marionetas. Pero apenas muestran sus emociones en la cara o en el gesto. ¿Las imágenes en movimiento se han vuelto más vivas que sus observadores?

¿Los padres y los hijos tienen algún lugar preferido desde el que mirar juntos? ¿Una especie de «atalaya»? ¿Quizás un banco, un puente, un embarcadero?

La ventana es un lugar especialmente apropiado. Sentada en las rodillas de mi abuelo, cuya silla estaba delante de la ventana para lo que él llamaba la «reunión del atardecer», esperábamos mientras oscurecía a que llegara el crepúsculo y, a veces, a que saliera la luna. «Y de la pradera se levanta / Maravillosamente la blanca niebla.»

Un niño en una ventana es un motivo que apasiona a los fotógrafos. Sobre todo cuando toman fotos en ciudades lejanas. Es un diálogo en silencio: tú, niño desconocido en la ventana, tienes la vida ante ti; yo, visitante extraño detrás de la cámara, soy una vista interesante para ti. Nuestras miradas se encuentran.

También las fotografías de las personas mayores tras una ventana pueden hacer que parezcan ideales de sí mismas. La mirada del anciano sobre el mundo, sobre las expectativas rescatadas, se superpone a las numerosas imágenes ya vistas.

Para los adultos jóvenes la ventana es menos adecuada. «Y desde su acogedora alcoba / Contemplaba el campo complacido», afirma Eichendorff con desdén acerca de dos jóvenes de la pequeña burguesía en su poema «Viaje primaveral».

Además de la ventana televisiva cotidiana, los niños necesitan también la ventana real para el agitado paisaje de imágenes. En el parvulario se les debería pedir alguna vez que describieran a los demás niños lo que ven por la ventana de su habitación o por la del baño a modo de ejercicio de visión próxima.

La ventana es buena para los niños y para los mayores, ideal para que ambos se encuentren. O para el tío sin hijos. Si una sobrina le visita una vez a la semana, le cuenta cuentos, cocinan algo juntos alguna vez o ven la televisión. Y después se sientan junto a la ventana y contemplan el patio y el césped de los jardines vecinos. Y, a veces, en voz baja, tararean una canción.

Todos los niños deberían haber descrito la porción de mundo que se ve desde una ventana.

Todos los niños deberían haber experimentado la diferencia entre observar, mirar y contemplar.

180

Para que un piso se convierta en territorio infantil sin límites, basta «un solo momento libre y un mirar decidido», escribe Peter Handke en relación con su convivencia con una niña durante años. En ese momento, «el armonioso modelo» se convierte «en la confusión más espantosa». Su obsesión por el orden le pareció después, más bien, un «manotear en el vacío».[7] Ordenar, asignar a lo que nos rodea un lugar que los adultos aprueben. Hay pocas cosas que varíen tanto entre los niños como la necesidad de ordenar, la capacidad de mantener un orden o la consonancia entre su idea y la del adulto. Los niños de familias numerosas saben lo diferentes que son entre sí en esta faceta. Los niños que, como hijos únicos, se enfrentan solos al ejemplo de orden de los adultos, deben poder experimentar que existen diferentes formas de orden.

Los consejos sobre cómo debe tratarse entre adultos y niños la yuxtaposición de diferentes expectativas en torno al orden y al desorden (qué va en cada sitio, si cada cosa debe ir en un sitio concreto) llenan las estanterías de las secciones de libros prácticos. Proporcionan información sobre las costumbres intergeneracionales, sobre sus expectativas y sus consideraciones mutuas.

La forma que tienen los adultos y los niños de distribuirse el espacio entre sí, el espacio público y el privado, indica la posición que ocupa el niño en el seno de la familia y en la sociedad, un factor que aún no se ha investigado. Durante siglos, los niños han crecido rodeados de adultos, pero desde el siglo XX, al menos en Alemania, disfrutan del privilegio o del aislamiento de habitar en un dormitorio propio desde el que, últimamente, se permite recuperar el resto de la vivienda poco a poco como zona de ocio abierta a todos. Queda la tensión entre las costumbres infantiles y las ideas estéticas de los adultos que imponen como orden o que reprimen en beneficio de la paz con el hijo. Es una lucha diaria de civilización en la que se espera algo de las necesidades estéticas de los adultos, las formadas histórica y biográficamente por sí mismos con esfuerzos.

Durante los últimos veinte años, se ha observado en Estados Unidos que los adultos se han apropiado de más espacio a costa de los niños. Sobre todo en el propio hogar. El sótano, antes reino de los adolescentes y, en caso necesario, compartido con las aficiones del padre, suele haberse convertido ahora en el «estudio» del otro miembro de la pareja en el caso de las familias en las que ambos trabajan. Pero también los terrenos del exterior, antes zona de juegos de los niños, dejan de pertenecerles y en ellos se construyen circuitos para correr y centros comerciales a los que los niños no tienen libre acceso.

En los países asiáticos, el respeto a los niños surge como un respeto por el aprendizaje de los niños y, en las reducidas viviendas, se les dedica mucho espacio. Así pues, el 86 por ciento de los escolares de catorce años de Taipei tiene un escritorio, mientras que en Michigan sólo el 58 por ciento tiene. También la actividad física de los niños parece tener gran valor en una sociedad como la japonesa. Los patios de los colegios y las zonas de juegos presentan unas medidas enormes en comparación con las de los occidentales si tenemos en cuenta el precio del suelo en el centro de Tokio y de otras grandes ciudades japonesas.[8]

Queda la pregunta de cómo se adapta el «orden» a las necesidades y qué se quiere decir con ordenar. En los viajes se nota enseguida en qué lugares de otras culturas es importante y dónde se dejan llevar despreocupadamente por la casualidad, la historia, el «curso de las cosas». Las culturas musulmanas son más tolerantes con la edad, incluso en los asuntos cotidianos. De qué forma tan diferente envejecen las cosas. Se crea una agradable estratificación histórica de los asuntos cotidianos. Han sobrevivido, tienen su historia.

Desde la distancia, Alemania parece excesivamente ordenada, intolerante ante las huellas de la edad. La intolerancia frente a las huellas de la edad y del uso se corresponden con la intolerancia frente a las huellas de la infancia.

«Todavía no está terminada», comentan los adultos disculpándose mientras enseñan su nueva casa. Terminar las viviendas constituye una declaración de guerra para los niños. «Nuestra casa estuvo durante años en obras. ¡Cómo disfrutaba mi hijo!», recordaba una de las entrevistadas para nuestro proyecto de conocimientos del mundo.

En Alemania las ramas caídas y las hojas secas no retiradas se consideran una señal de dejadez. En el bosque que limita con la ciudad de Frankfurt, el gobierno local tuvo que colgar el siguiente cartel: «Este bosque no está desordenado ni descuidado. La maleza y las ramas caídas no se retiran por motivos ecológicos».

Pasar un día en el bosque, actividad que últimamente empiezan a realizar algunos parvularios, deja en los niños diversas ideas de orden legítimo. En algunos idiomas, como el japonés o el árabe, no existe el término «maleza». En el bosque, la materia y la «suciedad» se distribuyen siguiendo otras leyes.

«Ordena tu habitación» no es una petición con sentido para los niños de cinco años. «Ordena», quizás menos aún. El placer de ir metiendo y sacándolo todo de una mochila hasta que se consigue aprovechar el último rincón... Redecorar la casa de muñecas. Crear un nuevo sistema para recoger los cartones, las bolsas, los cajones y las cajas.

Los padres sólo pueden aconsejar a los hijos. Actualmente, los adultos no tienen ningún sistema de orden para el futuro, deberíamos haberlo entendido.

Durante toda la vida, la gente se ha topado con necesidades de orden muy diferentes. Se debían conocer las necesidades propias y saber arreglarse. Hay que poder vivir con los modelos de orden de otras personas. Los adultos pueden mostrar sus propias ideas de orden a los niños, como necesidad, no como obligación. Pueden enseñar al niño: Yo, en lo que a mí se refiere, duermo mejor en una habitación en la que la ropa no está tirada por ahí de cualquier manera. Yo, en lo que a mí se refiere, sólo puedo hacer bien mi trabajo si las cosas están dispuestas de una determinada manera a mi alrededor. Una cama con las sábanas recién puestas, un sándwich preparado con delicadeza, la sensación de mayor amplitud en el garaje después de haberlo ordenado... Todas éstas son experiencias de orden que deben ofrecerse a los niños con la advertencia de que, por supuesto, también puede funcionar de otra forma, que otras personas encuentran su orden en otros factores. De esta forma, los niños podrán considerar válidos los distintos sistemas de orden de otras personas o de otras culturas, podrán reconocerlos.

Al igual que Handke y el armonioso modelo en la espantosa confusión de la hija.

Menos era más

> *El deseo florece, la posesión*
> *marchita todas las cosas.*
> Marcel Proust,
> *Los placeres y los días*

En un parvulario de Baviera se les ocurrió dejar descansar a los juguetes una temporada y que los niños descansaran también de ellos. La puesta en práctica de esta idea durante unas semanas se conoció como el proyecto «parvulario sin juguetes» y ha encontrado numerosos seguidores, incluso en el extranjero, en Sudáfrica entre otros lugares. Esta idea surgió de una necesidad extendida.

En una grabación de vídeo vemos primero la reunión de padres: ¿Tiene sentido este paso tan radical? ¿Puede uno arriesgarse? ¿Los niños darán marcha atrás en su desarrollo? ¿Se volverán agresivos si están desocupados, sin nada, con ellos mismos como única referencia? ¿No se quedarán traumatizados por la privación después del experimento y caerán en el consumismo con mayor determinación?

En realidad, este experimento también tiene algo atractivo para los adultos. Y si resulta que son los primeros en poner en práctica esta idea, entonces no se puede saber cómo acabará. Por eso, al final, se aceptó por unanimidad.

Conversaciones con los niños. También a ellos les parece plausible dejar descansar a los juguetes una temporada. También ellos se sienten pioneros y se enorgullecen al percibir la expectación creada entre los adultos, un proyecto claramente inusual. Peluches, aparatos de plástico, piezas de construcción de madera... Se juntan en el sótano muchos accesorios infantiles y se guardan con esmero. Los muñecos se cubren con cuidado.

Al día siguiente por la mañana, los primeros diez minutos del «parvulario sin juguetes». Ahora tiene un aspecto patético. Zócalos quitados, paredes vacías, un mobiliario escaso en la sala... Los niños, incómodos, no se atreven a coger nada e incluso, por primera vez, se sienten tímidos ante la cámara que les observa. Los educadores no intervienen, también su función de animadores está hoy desactivada, su comportamiento se ha liberado de los juguetes, son poco más que su mera presencia. Una espera incómoda. Cualquier sala de espera tendría más que ofrecer. ¿Qué se hace en una sala tan vacía? Sentados a las mesas, los niños se balancean con las piernas. Un niño lleva hoy un jersey con un dibujo interesante. Se ha roto el hielo, alguien sugiere juntar las sillas, taparlas y construir casas.

Día a día se iba jugando cada vez con mayor intensidad. A continuación, con más ruido, algunos días hacían un ruido insoportable para los adultos, después fue aumentando la complejidad: secuencias de juego más largas, más conversaciones, más contactos entre niños y niñas. Los educadores se quedaron al margen. Lo que más echaron de menos durante estas semanas fue su propia actividad habitual de dirigir, de decidir, su control sobre el tiempo.

Dos semanas después, se celebró otra reunión de padres. Sorprendentemente, las familias informaron de lo siguiente. Algunos niños también habían abandonado sus juguetes en casa. Algunos niños dormían más y más tranquilos. Una niña difícil con las comidas tuvo, de repente, apetito. Algunos abuelos acudieron también a la reunión. Sus nietos se habían aproximado más a ellos en estas semanas, ya que, durante su infancia, vivían de forma parecida porque tenían pocos juguetes. Hasta ese momento, se habían limitado a comprar algo a los nietos cuando querían darles una alegría. Ahora podían jugar con ellos a los juegos que recordaban sin necesidad de complementos.

A las seis semanas, tal y como se había acordado, se preguntó a los niños si querían volver a recoger los juguetes del sótano. Sí, querían. Pero no todos de una vez. Además, en una ronda de intervenciones en la que cada uno opinó sobre el tiempo sin juguetes, decidieron que se debía repetir periódicamente, quizás una vez al año: «Como los árboles. También ellos están sin hojas algunas veces».

La idea había partido de la experiencia de un proyecto para la profilaxis de la adicción. Esto es menos descabellado de lo que parece a primera vista. A los pedagogos sociales les preocupaba la experiencia de disfrutar sin estímulo exterior, la independencia y la fuerza interior. Este proyecto encuentra un fuerte respaldo dondequiera que se presenta. En la escuela infantil, en la casa de los padres, quién no conoce el horror y la desesperación al contemplar un montón de trastos apilados. La mayor parte está siempre en medio, impiden el movimiento y molestan a la vista, y uno no puede deshacerse fácilmente de ellos, es un regalo bienintencionado de la tía... Tampoco tiene sentido regalárselo a otra familia, pues ya tienen demasiados: montones de accesorios infantiles, el juego a menudo más preventivo que «creativo». Los inventarios de pertenencias de los niños (un grupo de investigadores de la infancia de Siegen recogió unas series de inventarios)[9] son muy impactantes. Los niños, y no únicamente los niños de familias con gran poder adquisitivo, no sólo tienen mucho, sino que la mayoría tiene dos o tres balones de fútbol, bicicletas, monopatines, raquetas de tenis, mochilas... Las cosas en sí mismas no son precisamente una porquería. En estos países ricos suelen diseñarse de forma aceptable, se elaboran con solidez y la TÜV (Organización de inspecciones técnicas) ha certificado que son aptos para niños. Simplemente tienen más de lo que cualquier niño puede necesitar. Los padres y los niños se sienten arropados inconscientemente. Sobre todo a los interlocutores de mayor edad les asustó que haya niños que suelan aburrirse en habitaciones repletas de juguetes. Al volver la vista atrás hacia su propia infancia, aparecían los recuerdos de las piñas que, para jugar, se convertían en muñecas y animales, de las cajas de jabón de la posguerra... En la memoria los objetos para jugar se transforman y «aún significan algo».

El lastre se tira, la reducción como liberación del sentido; hace tiempo que los más jóvenes se aprovechan de esta necesidad. Arte povera. Música minimalista. El silencio absoluto de John Cage: 4 minutos y 33 segundos de pausa en la partitura. Se practica la lentitud. El ayuno es beneficioso. Los colores chillones se evitan en la ropa y en las viviendas. Practicar la reducción, a ser posible entre varios, lo facilita. No se trata de una ética de la limitación, sino de una nueva filosofía del placer. Reducir los alimentos superfluos del cuerpo y del alma es el camino hacia toda experiencia elevada, incluso hacia las místicas.[10]

En las familias más pudientes y en los internados privados ingleses, así como en los del movimiento alemán de internados en el campo, siempre ha sido un principio educativo fundamental las reducciones artificiales y la simulación de la escasez. Aquel que haya dependido de la disponibilidad y de la riqueza de los padres en forma de herencia o como posición social, estará perdido como empresario en el futuro. Ahora ya ha pasado la certeza de crecimiento de la antigua República Federal y esta visión se encuentra en todas las clases sociales.

Para poder empezar de cero se necesita energía y se produce energía. La propia.

Durante sus primeros siete años de vida se debería dar a todos los niños la oportunidad de descubrir que menos es más.

NACIMIENTO

El pensamiento y el corazón del niño estaban impregnados de todos los cuadros, escenas y hábitos de aquella vida antes de haber visto el primer libro. ¿Y quién sabe cuándo empieza a desarrollarse el germen del intelecto en el cerebro infantil? ¿Cómo puede determinarse el momento en que nacen los primeros conceptos e impresiones? Tal vez ocurra cuando el pequeño apenas si pronuncia una palabra o, tal vez, incluso antes, cuando no sabe andar todavía y se limita a mirarlo todo con muda y penetrante mirada infantil, que los mayores califican de inexpresiva: tal vez ya entonces ven y adivinan el significado y las conexiones de los fenómenos del medio circundante, aunque nadie se da cuenta de ello, ni siquiera él.

IVÁN A. GONCHAROV,
Oblómov

Hasta la segunda mitad del siglo XX, el *siglo del niño*, los lactantes constituían quizás el último grupo de población al que se malinterpretaba y discriminaba completamente, e incluso al que se maltrataba. En la práctica de la medicina, la psicología y la obstetricia, los bebés aparecían como criaturas medio animales, prehumanas, a las que se niega la capacidad de sentir. Todavía tenían el cerebro subdesarrollado y su capacidad de recordar sin formar. Su sonrisa se consideraba «falsa», sus expresiones de dolor como simples «reflejos», preconscientes, sin carácter, sin contenido.

En el primer semestre de psicología de la Universidad de Múnich, el profesor Lückert me arruinó las ganas de seguir estudiando la materia con la siguiente frase de la lección inaugural (primer semestre de 1963): «Si se molesta a un bebé pinchándole con una aguja, pueden observarse las siguientes reacciones...», es decir, movimientos perdidos de todas las extremidades como «reacción» a un dolor que el bebé aparentemente no puede localizar.

A principios del siglo XX, en todo el mundo apenas había un puñado de trabajos auténticamente científicos en torno a los recién nacidos. En los años cincuenta había unos quinientos y en la década de los setenta, más de dos mil libros y estudios. En ese período de tiempo, ha crecido el interés por la neurobiología en todo el mundo hasta alcanzar un desarrollo explosivo de la investigación sobre los bebés.

En la actualidad, los principales investigadores alaban a los recién nacidos. T. Berry Brazelton, de Harvard, los llama «talentosos». Los pioneros alemanes en la investigación sobre los bebés, Hanus y Mechthild Papousek, los consideran «precoces» y, últimamente, se está empezando a hablar de «bebés competentes» (Martin Dornes).[11]

Entretanto, se sabe que los bebés absorben información constantemente, que tienen experiencias que recuerdan y que, por eso, pueden aprender de estas experiencias casi como los adultos. Un resultado especialmente valioso de estas nuevas investigaciones consiste en la prueba de unas habilidades que no se han reconocido durante mucho tiempo y que sólo se han observado en las últimas etapas de desarrollo.

También se ha demostrado que hay un aprendizaje *previo* al nacimiento. Mediante una serie de pruebas, se ha comprobado que los fetos aprenden. Esto también supone la confirmación de la existencia de la memoria, ya que el recuerdo es un requisito imprescindible para cualquier aprendizaje. En unos espectrogramas de niños prematuros suecos, apareció una memoria prenatal. Al comparar los espectrogramas, se vio que los niños habían adoptado ciertas marcas lingüísticas de la madre.

Los recién nacidos franceses podían descubrir la voz de su madre entre una serie de voces diferentes.[12]

Los niños parecen disfrutar con el aprendizaje. Si se les estimula, les va bien. Resultan interesantes las observaciones sobre el aprendizaje de los bebés en el laboratorio. Por ejemplo, dejan de trabajar si superan las tareas o les resultan monótonas («habituación»). El ritmo cardiaco del bebé disminuye con la repetición de un mismo sonido. Una modificación en la muestra de sonido vuelve a despertar su interés y, enseguida, aumenta su ritmo cardiaco.

Desde entonces, se ha demostrado que los recién nacidos pueden imitar. La imitación es la forma más espontánea de aprender. Un aprendizaje sin las agotadoras repeticiones del condicionamiento clásico de Pavlov o de la habituación, un aprendizaje que también se pone en marcha al margen de recompensas. Así pues, el aprendizaje también es la expresión de una habilidad compleja, pero innata: la imitación. Los bebés de pocas semanas de vida ya podían recordar gestos tras un intervalo de hasta dos minutos e intentaban imitarlos.[13]

Mediante una serie de experimentos, se comprobó que el aprendizaje resulta satisfactorio para los niños. Un juguete móvil simplemente va girando ante los ojos del niño, mientras que otro bebé puede moverlo con sus patadas. Estos bebés dan gritos y gorjean con más frecuencia que los bebés de la misma edad que miran pasivamente. La actividad y la autoeficacia parecen deleitar ya a los bebés. Durante mucho tiempo se ha intentado que los bebés aprendan por medio de recompensas. Pero ¿acaso el hecho de aprender no es ya una recompensa, un mayor control, un alimento del espíritu?

Aprender no es sólo un placer, sino también un esfuerzo. Hanus y Mechthild Papousek describen cómo los bebés pasan por fases similares a las de los adultos en la resolución de problemas: vergüenza, inquietud, satisfacción tras cada fase de la resolución del problema.[14]

La medicina, la embriología y la psicología prenatal descubren al recién nacido como una criatura inteligente. En las artes plásticas, fueron hace tiempo seres adorables sobre un montón de paja a los que se les rezaba. Una criatura con un aura misteriosa idéntica a la del buey y la mula. Incluso los animales, como hermanos, estaban más cerca que los adultos.

Si llegan tiempos más comprensivos con los niños, si la medicina prenatal, la investigación del cerebro y la psicología del desarrollo adoptan una postura de asombro cariñoso, puede estimularse el desarrollo de todos los sentidos. Si las generaciones venideras superan el «olvido del nacimiento» (Sloterdijk), esta «amnesia aprendida»,[15] se puede contribuir a mejorar la memoria. Primero se intuye lo que podría aprenderse y desarrollarse con una mayor capacidad de memoria para profundizar después en la comprensión de uno mismo y de los demás a modo de humanización plena.

¿Cómo podrían aprovecharse unos conocimientos semejantes a partir de la ciencia y de la historia de la cultura para la experiencia de niños de tres, cinco o seis años? ¿Cómo se les puede ayudar a no separarse de sus recuerdos y a reforzar la memoria, la sensibilidad por las huellas de recuerdos de su cuerpo, por la memoria física? ¿Sus antenas reciben la lengua de los recién nacidos? Les puede resultar más fácil que a los adultos no olvidar las propias preferencias por unos comportamientos o situaciones propias determinadas, volver a comprenderlas. ¿Qué se puede aprender de aquellos que aún están más cerca de esas experiencias?

Cada persona tiene la experiencia física de otro mundo. Cada niño conoce ya dos mundos. Sobre eso podemos fantasear juntos. Ya antes de nacer, te gustaba viajar. Cuando íbamos de viaje con el coche o en barco, te movías mucho, como si tú mismo estuvieras de viaje. Una vez tuvimos que frenar en seco en la autovía y, probablemente, te asustaste mucho porque te quedaste quieto durante todo un día.

El respeto a la vida empieza también con el respeto con el que se recuerda el inicio de la propia vida. En la bañera, podemos comentarle que, antes de nacer, ya sabía nadar. En cuanto al ombligo, se le puede contar que, en el cuerpo, queda registrado que, al principio de la vida, cada uno está unido a otra persona. Sin otras personas, nadie puede empezar a vivir. Durante nueve meses hemos hablado «en dual» con el mundo exterior.

Observar con el niño imágenes de fetos en su tierno esplendor, cómo flotan con el tamaño de un pulgar, pero en un centro de fuerzas obstinado y ya en diálogo con otras personas. El acontecimiento único del nacimiento. El niño activa el nacimiento. Hoy en día, se sabe que el feto envía señales que activan las hormonas maternas. Ya queda poco espacio y el alimento ha perdido calidad. Así pues, el ser humano se trae al mundo a sí mismo, es «autoactivo», en este proceso las madres deben dejar a un lado su vanidad.

El niño determina el momento. «Yo decido sobre mí mismo.» Este sentimiento básico de haber venido bien al mundo, de agradecerse también a sí mismo la existencia, es una experiencia de fuerza, se aferra al mundo. Shiva es el dios «que se dio a luz a sí mismo».

Por eso, hay que alimentar el recuerdo, no contar demasiado, y preguntar, indicar: ¿Cómo podría haber sido para el niño? No se trata de hablar sólo de la indefensión del recién nacido, sino también del deseo de libertad, de los frenos a la emancipación. Con el primer aliento, que duele y libera al mismo tiempo, el ser humano se conecta a un océano de energía. Los niños pueden sentir la euforia de la respiración, una buena respiración, y recordar el suceso de su primer aliento.

Nuestra conversación sobre esta entrada a la vida todavía es torpe, por eso debemos inventarla, así como las imágenes, en ocasiones algo *kitsch* o formales («feto»). El acceso a la vida… Durante décadas fue la foto de los estudiantes en el examen de acceso a la universidad, o el primer día de colegio, con el niño de pie y con el primer peso de la vida como paquete a la espalda, aunque todavía se aferra a la bolsa de chucherías que le dan por su primer día de clase, un chupete gigante con interior azucarado.

Por el contrario, el nacimiento —al que le gusta una puesta en escena tan «tranquila», tal y como se exige hoy en día— es siempre una cuestión de vida o muerte. Las actitudes de las que dan a luz y las actitudes de los que vienen al mundo contradicen todas las actitudes aprendidas y establecidas de los adultos civilizados, igual que sucede con la muerte. Quizás a eso se deba el «olvido del nacimiento», el recuerdo interrumpido. En una «cultura del crecimiento», como actualmente prefiere exigirse, debe oponerse algo al olvido del nacimiento, ese desconocimiento aprendido. En una cultura del crecimiento ayudaremos a los niños a verse como una criatura que llega para que, más tarde, su vida no gire sólo en torno a sus papeles adultos. Haber venido al mundo, la primera inspiración, los recuerdos de todo eso como un alimento de los sentidos profundamente estético aumentan la alegría de existir y la presencia de la mente.

Todos los niños de siete años deberían haber podido preguntar cómo surge la vida.
Cada niño y cada niña debería saber cómo se siente un bebé.
Se debería reforzar en cada niño sus recuerdos y fantasías sobre la vida antes de nacer.

¡OTRA VEZ!

A mí me olvidará. Pero su muñeca no se olvidará de mí.
Un profesor de violín ruso
sobre su alumno de ocho años

«¡Otra vez!», pide la niña de tres años sonriente. Esta noche ya le han leído el libro dos veces de cabo a rabo.
«¡Otra vez!» Cinco veces consecutivas ha cruzado el niño de dos años el tronco de árbol cogido de la mano.
«¡Otra vez!»
Los bebés aprenden las sílabas, los niños pequeños aprenden a subir las escaleras, los de cinco años prue-

ban sus palabras preferidas en nuevos contextos, los de seis años ejercitan obstinadamente la técnica para jugar al balón y repiten incansablemente un determinado lanzamiento. ¿Esta forma de practicar es una necesidad espontánea? ¿Los niños adoptan de los adultos la opinión de que practicar es monótono, de que repetir es aburrido?

En realidad, los bebés dan la espalda a las actividades a las que se «habitúan», a las que ya no ofrecen ningún estímulo nuevo para que presten atención. Sin embargo, el adulto con afán de innovar subestima la necesidad que tienen los niños de repetir. En el estudio TIMS, el estudio comparativo internacional sobre el rendimiento escolar y la habilidad en la resolución de problemas de los jóvenes de quince años (1996), se intentó explicar también que la ventaja que los alumnos asiáticos sacan a los norteamericanos y a los europeos occidentales se debe a que, en las aulas japonesas, se dedica más tiempo a las repeticiones. A los profesores japoneses no les supone ningún problema aburrir a sus alumnos con la recuperación de temas muy bien sabidos y con nuevos rodeos sobre lo ya hecho y dicho. Al contrario de lo que sucede con los profesores norteamericanos, que pretenden ser y prefieren verse como animadores, que sólo pueden mantener despierto el interés de los niños mediante la estimulación con cosas nuevas. Por eso, se someten a una gran presión en busca de la originalidad y atraen a sus alumnos constantemente hacia nuevos terrenos.

«El niño debe confiar en su propia guía», afirmó John Locke. Sorprendentemente, no lo dijo en un contexto que tratara sobre el descubrimiento de lo nuevo, sino en el capítulo «Habits» de la obra *An Essay Concerning Human Understanding*.[16]

La práctica debe aprenderse y la práctica debe practicarse. Cualquier pedagogo musical o cualquier profesor de deportes sabe que hay que conocer las técnicas para desarrollar una práctica inteligente. Aprender a aprender también significa aprender a practicar, saber aislar un suceso, realizar una actividad o una secuencia de movimientos con principio y final para poder repetirla, archivarla analíticamente alternando la propia observación y del olvido de uno mismo. No de forma mecánica, sino con ligeras variaciones. Las técnicas inteligentes de la práctica enseñan a los niños en edad preescolar, sobre todo, a observar por el rabillo del ojo al amigo y al rival mientras saltan a la comba, nadan, recortan, hacen malabares o patinan. Se les quedará más en la memoria la preparación de un número de circo en el patio que no la propia actuación. Durante su fase romántica de resultados, en la etapa de la primaria, cuando los niños pueden recitar de memoria la mitad del Libro Guinness de los récords, fantasean con conseguir la preparación necesaria para alcanzar un exótico logro excepcional, con la perseverancia, el entrenamiento, con el arte de practicar.

En japonés, «practicar» se escribe con el signo de «reencontrar amigos de confianza».

No se domina nada sin una práctica previa. En las investigaciones sobre expertos, las investigaciones sobre el origen de rendimientos excepcionales, se añaden horas de práctica como requisito imprescindible para conseguirlo: en equis miles de horas debe haberse habituado a ciertas secuencias de movimiento en el piano o con la raqueta de tenis. Primero hubo que memorizar equis miles de esquemas de solución para el ajedrez.

«¡Otra vez!»

> Todo niño de siete años debería poder decir:
> Puedo hacer eso bastante bien porque lo he practicado.
> Me gustaría poder hacerlo. Lo practicaré.

LA NARANJA

– Coger una naranja con la mano.
– Cortar la piel en tiras, pero no hasta el fondo.
– Separar las tiras de piel con cuidado y doblarlas hacia
*   fuera.*
– Separar por arriba los gajos de la fruta con cuidado.
– Poder ver, oler y comer naranja por uno mismo, pero no
*   «solo».*

Había naranja sólo en Navidad. Por entonces era demasia-
do cara. ¡Qué aroma! ¡Y cómo la abría mi padre! Hacía una
«flor» con ella. ¿Eso es un hecho real? ¿Una fantasía? ¿Una
suerte? ¿Una desgracia?

En mi opinión, debería incluirse esta experiencia en la lista
de conocimientos para los niños de siete años de hoy.

ANKE STEENKEN, Hamburgo 1998

¿Por qué era también una desgracia? ¿Porque el niño no podía reconocer o distinguir qué era fruta y qué basura? ¿El arte desperdiciaría en este caso fruta o basura? ¿Se debería poder destruir ese tipo de arte? ¿O tener que destruirlo? ¿Esa obra de arte merecería acabar en el estómago? Resulta difícil soportar la confusión de sentimientos. No quedó en la memoria.

Hoy en día, ¿dónde experimenta un niño el precioso valor de un alimento, de una fruta? «De lejos...» Eso suponía un cierto prestigio en la posguerra, pero ya no. Y esa forma dramática de destapar, esa disposición del interior-exterior, ¿dónde puede tener un niño esas experiencias hoy en día? Las bolsas de naranjas se apilan en las estanterías del supermercado; para el zumo de naranja se exprimen en la máquina de la cafetería de la estación cientos de naranjas de las que sólo queda la piel como un desperdicio pringoso.

El acto de embalar y desembalar es un juego de niños

elemental, un juego de experimentación. El empaquetado aumenta el valor del contenido. En algunas culturas, sobre todo en la japonesa, se obtuvieron importantes resultados en ese aspecto, además de la crítica de los defensores del medio ambiente por los residuos ilimitados que generan los envoltorios. El arte de envolver es sagrado para ellos y se enseña a los niños desde pequeños el sentido del espacio y del material. El juego estético con técnicas de papiroflexia y de nudos estimula las propias ideas representativas mediante la escenificación de un don.

Abrir el coco en compañía de un niño. ¡Cómo protegen algunas frutas su interior! La castaña tiene pinchos. Una coliflor... ¡Cuántas capas, cuántas protecciones deben deshojarse para obtener una verdura pálida e inofensiva! La alcachofa, ese alimento misteriosamente escondido. Palomitas de maíz, ¡cuánta vitalidad explosiva pueden esconder bajo la piel!

Éstas son experiencias que aportan temas para metáforas, para comparar exterior e interior, apariencia y ser.

En una escuela de educación especial en el llamado Silicon Valley alemán, entre Frankfurt y Darmstadt, una región rica con numerosas pequeñas empresas de informática, la maestra quiere presentar el concepto «fruta». Los niños tienen que hacer una macedonia. Resultó que, de los quince niños de hasta doce años, la mayoría no había conocido en toda su vida ninguna fruta que no fuera la manzana, el plátano o la naranja. Eso es pobreza infantil en Alemania, una pobreza relativa, una malnutrición cultural que no se percibe a simple vista. Unos niños no admitidos a la mesa de la globalizada cultura cotidiana.

Protección y necesidad de protección, cáscara y pepita, piel y sustancia. Si los adultos abordan este tema con los niños con poca atención o bien de una forma tremendamente elaborada, si el niño siente por la naranja la misma reverencia que sintió ese padre en la posguerra, entonces estamos abocados la fracaso. Un fracaso inolvidable que dará que pensar toda una vida.

Todos los niños deberían haber pelado una fruta. Todos los niños deberían haber quitado una pepita.

EXCURSIÓN POR EL BOSQUE

«Crecíamos como el escaramujo», recuerda Albert Schweitzer de su infancia. Es decir, poca educación y pocas atenciones, el padre dejaba tanta libertad «como podían asumir los hijos».[17] Pero en verano, iba dos o tres días a la montaña con los hijos. De ahí la metáfora. Albert Schweitzer puede reconocerse en unos arbustos y establecer una relación consigo mismo.

Prácticamente no hubo entrevista relacionada con el proyecto de los conocimientos del mundo en la que no se lamentara lo lejos que se encuentran de la «naturaleza» los niños de hoy en día. La infancia que se recuerda, la alegre, se sitúa casi siempre «al aire libre», fuera de casa. El mundo, vivido en positivo como algo generoso, alentador, lleno de infinitas sorpresas y que cautiva los sentidos: eso es la «naturaleza» en el recuerdo. ¿Se trata de un tópico del siglo XX, ya que se solía recetar «luz, aire y sol» para crecer bien? ¿O es universal que los niños necesitan en cualquier época y cultura la experiencia de que, junto a nosotros, se crece, se trabaja y se muere de diferentes formas? Así pues, aunque esté tan lejos del centro de la ciudad, ¿tenemos que facilitar esa experiencia a cualquier precio como elemento educativo central?

Los parvularios que organizan «días en el campo» con cierta periodicidad, una vez a la semana o una semana al mes, creen que sí.

Si se les acompaña en uno de esos días en el campo, se les debe dar la razón.

Resulta muy complicado. El precio que pagamos por vivir en las ciudades es elevado para aquellos que quieren salir con los niños. No se puede hacer de forma espontánea. Debe planearse: botas de goma, calcetines de repuesto, móvil, prismáticos, botiquín... Largos trayectos en tren o autobús, a veces con varios transbordos... Los preparativos suelen durar más que la excursión propiamente dicha. No tiene por qué ser una excursión larga, e incluso así hay que planificarla.

Al principio, algunos de los niños se sienten confundidos. «Creo que estoy en el bosque.» ¿Qué se nos ha perdido aquí? Están en otro planeta. «¿Aquí es donde se juega?», preguntaron unos berlineses de seis años cuando se bajaron del autobús en el albergue sueco entre un lago y un río donde iban a estar de campamento. «¿Dónde está aquí el *bosque*?», preguntó una niña de cinco años en medio del bosque urbano de Frankfurt.

Los padres acompañantes se encuentran aún más desubicados e incómodos en el bosque que sus hijos. Pero enseguida los niños reconocen el bosque como un terreno conocido desde hace tiempo. Hacen equilibrios sobre las ramas de los árboles o las piedras resbaladizas, hacen agujeros en el follaje húmedo, se abren paso, quieren más. Son todo ojos, igual que se puede ser todo oídos. La vida bulle bajo las ramas de los árboles y, de todas esas cosas, ¿cuáles pueden comerse las personas? Otra magnitud del tiempo en la observación de la oruga que se arrastra milímetro a milímetro sobre la corteza. La tijereta. La temblorosa pata de la araña y una brillante tela de araña. Si se comparan las grabaciones en vídeo realizadas durante esas semanas, se ve cómo reviven los niños, cómo los pies se vuelven más seguros en el terreno desigual, cómo cada vez se desenvuelven con mayor libertad, cómo aumenta su perseverancia en la observación de sus descubrimientos. Cavar, sacar, manosear, oler. Comparan los nervios de las hojas con las líneas de la mano. Intentan que los dedos repten como las orugas. Asco, asombro y curiosidad mezclados de forma inolvidable. Les surgen nuevas preguntas, las voces se animan más y aparecen nuevos debates entre los niños. Esos días en el bosque son un impulso de vitalidad y, a primera vista, también lo son para las educadoras. Si se deja llevar por los niños al aire libre, se unirá a los viajes iniciáticos de los niños.

> Todos los niños deberían haber pasado algunos días de su vida en el bosque.
> Todos los niños deberían haber recogido bayas de los arbustos.
> Todos los niños deberían haber contado anillos en un tronco de árbol.
> Todos los niños deberían haberse metido alguna vez en un arroyo.

Escritura y signos

Los lectores de libros [...] cultivan una facultad que nos es común a todos. Leer letras en una página es sólo una de sus muchas formas. El astrónomo que lee un mapa de estrellas que ya no existen; el arquitecto japonés que lee el terreno donde se va a edificar una casa con el fin de protegerla de fuerzas malignas; el zoólogo que lee las huellas de los animales en el bosque; la jugadora de cartas que lee los gestos de su compañero antes de arrojar sobre la mesa el naipe victorioso; el bailarín que lee las anotaciones del coreógrafo y el público que lee los movimientos del bailarín sobre el escenario; el tejedor que lee el intrincado diseño de una alfombra que está fabricando; el organista que lee simultáneamente en la página diferentes líneas de música orquestada; el padre que lee el rostro del bebé buscando señales de alegría, miedo o asombro; el adivino chino que lee las antiguas marcas en el caparazón de una tortuga; el amante que de noche, bajo las sábanas, lee a ciegas el cuerpo de la amada; el psiquiatra que ayuda a los pacientes a leer sus propios sueños desconcertantes; el pescador hawaiano que, hundiendo una mano en el agua, lee las corrientes marinas; el granjero que lee en el cielo el tiempo que va a hacer; todos ellos comparten con los lectores de libros la habilidad de descifrar y traducir signos.

ALBERTO MANGUEL,
Una historia de la lectura

Hubo pocas recomendaciones de la lista de los «conocimientos del mundo a los siete años» que provocaran tantas protestas como la de que «Todos los niños deberían haber escrito un signo chino en sus primeros siete años de vida».

«¡Superfluo!» «¡Ni siquiera un adulto puede!» «China está muy lejos. ¿Qué tiene que ver con la situación de los niños alemanes?» Heriberth Späth, ex presidente de la Cámara Central de Comercio Alemán, se había quejado en repetidas ocasiones durante la entrevista de que, en Alemania, los aprendices ya no saben ni leer ni escribir. Sin embargo, le irritó especialmente esa recomendación: «¿Para qué le sirve eso a un niño de Múnich?».

Asombro entre los adultos cuando se les enseñan los tres primeros signos chinos (iguales en japonés).

一　二　三

Kanji:　　　*uno*　　　*dos*　　　*tres*

¡Mucho más fáciles de aprender que los números arábigos!

En un grupo de padres, uno comentó: «Claro, si se *sabe*...».

Otra sorpresa se produjo en una escuela de educación especial. En el patio de recreo, los niños, junto con la profesora, habían dibujado sobre el asfalto círculos de tiza con los números arábigos del uno al diez en su interior. A un grito de la maestra, los niños saltaban al interior del círculo con el número que les había gritado. De esta forma, memorizaron los números que les resultaban difíciles con la ayuda del movimiento físico. Añadí a los números arábigos los signos chinos que corresponden a uno, dos y tres. Un niño de diez años, conocido por su falta de interés por la lectura y por sus obstinadas objeciones, comentó con indiferencia: «Se parecen al uno, dos y tres romanos, sólo que girados».

La evolución ha liberado la mano al ser humano para que pueda escribir. Sólo el *Homo sapiens* puede captar el pensamiento, tanto individual como colectivo, mediante símbolos. En todas las culturas de la escritura, el aprendizaje de la lectura constituye una iniciación, una transición desde la dependencia y la comprensión limitada hacia la capacidad de participar del pensamiento colectivo con la ayuda de los signos.

Normalmente, esta introducción a la lectura corresponde a la madre. «La Virgen María enseña a leer al Niño Jesús.» «Ana enseña a María» es uno de los motivos preferidos de la iconografía medieval.

En una ocasión, pregunté en el Wissenschaftkolleg Berlin a un grupo de treinta y dos investigadores de todo el mundo quiénes habían tenido su primer contacto con la escritura en la escuela. Treinta científicos recordaban haber aprendido a leer antes de ir a la escuela, en el entorno familiar.

Los niños japoneses aprenden los signos de los silabarios *katakana* y *hiragana* con la madre. Cuando empiezan a ir a la escuela a los seis años, ya han leído enteros algunos libros escritos en *hiragana*. Esto resulta natural: la lengua materna es también la escritura materna. Estos silabarios —en comparación con el alfabeto romano, menos difíciles de aprender que los signos fonéticos— se aprenden en las tiendas, en los carteles del parque infantil, en los anuncios, en los libros para niños de tres y cuatro años, y por medio de la televisión, un maestro en el que se confía mucho en Japón. En uno de los programas infantiles tradicionales (*okaasan-to-issō*, un programa con el que ya crecieron las actuales madres) también se presentan signos del silabario *hiragana*. Por último, no podemos olvidarnos de las clases formales con la madre. Un cuarto de hora diario escribiendo los dos en el suelo, o en la mesa, actualmente.

La veneración por la escritura es idéntica en todas las culturas expertas en escritura, sobre todo en Japón. «Una buena letra atrae a un buen marido», se recuerda a las hijas de los campesinos. También se dice que el pincel es un objeto animado que debe manejarse con cuidado y respeto. No se salta sobre un pincel, da mala suerte.[18] Se considera que los caracteres ya existen en el mundo, sólo que están ocultos. Una «hoja en blanco» ya contiene los caracteres, se afirma en la caligrafía japonesa. El alumno aprende a «extraer del papel» los caracteres. La grafía no es la fuente de escritura, la grafía es un regalo. Los dioses japoneses escuchan poco las oraciones, prefieren *leerlas*. La gente escribe las plegarias en notas. A los niños se les anima a hacerlo ya a una edad temprana y las madres o las educadoras escriben los deseos de los niños en notas durante la celebración del *Tanabata*. El viento mueve las tiras de papel blanco que se cuelgan en los árboles y arbustos.

En la cultura musulmana, cuya máxima expresión artística es la caligrafía, las letras juegan un papel importante. De forma similar a lo que sucede en la cultura judía, las letras tienen algo de sagrado, ya que el nombre de Dios se compone de ellas. La gente procura no tirar o destruir papeles escritos. Incluso san Francisco guardó hojas escritas, cuyo texto se mantuvo indeleble sobre ellas. En todas las grandes religiones mundiales se dice que el destino está «escrito». ¿Y acaso John Locke no comparó al niño con un «papel en blanco», cada niño un nuevo comienzo, sobre el que los padres y el entorno «escriben»?

En Europa y en Alemania, esta veneración de la escritura es más tímida. La educación pública ha monopolizado el aprendizaje de la escritura y de la lectura. En la historia de la alfabetización en Occidente, la instrucción domina en la *lectura*, ya que la emplean, sobre todo, el Estado y la Iglesia para leyes, avisos, instrucciones e informaciones. Durante mucho tiempo, se fomentó poco el uso propio y privado de la escritura por ser difícil de controlar, especialmente entre las mujeres. En la actualidad, aprender a escribir ya no es un privilegio, pero el *placer* de leer y escribir, sobre todo de escribir, parece que sigue reservado a unos pocos. Desde que existe la escolarización obligatoria pública generalizada y supervisada, los expertos intimidan a las familias, a las madres. ¿Método integral sí o no? ¿Se puede permitir que un niño escriba con la mano izquierda? ¿Hay indicios de dislexia en un niño que escribe al revés? Hasta hace poco, la introducción a la escritura se consideraba un proceso muy precario en el que los seglares podían cometer tantas equivocaciones que llegó un momento en el que hubo que proteger el lugar oficial, al pedagogo formado. Es preferible que los diletantes, al igual que los padres y los educadores, no intervengan.

«A diferencia de la adquisición de la lengua, la lectura y la escritura se enseñan en clases dirigidas», seguía afirmándose en 1981 en un seminario de psicología lingüística.[19] Eso puede transformar la escritura en algo ajeno.

Caroline Barrat-Pugh, una psicóloga del desarrollo anglo-australiana que investiga la alfabetización temprana de los niños más pequeños, recuerda las instrucciones para el personal pedagógico que había colgadas en las guarderías inglesas de los años setenta: «La escritura y las letras de cualquier tipo deben evitarse en las salas comunes. Esto también se aplica a los trabajos de manualidades y de dibujo de los niños. Sólo los adultos pueden entregar los libros y el reparto y colocación de los mismos se realizará bajo supervisión. Por su nivel de desarrollo, los niños en edad preescolar no están preparados ni capacitados para leer o escribir. Por este motivo, el material escrito puede provocar algún tipo de miedo y desorientación».[20]

Incluso hoy en día, las madres experimentan el malestar que se crea en una guardería alemana cuando se descubre que su hijo «ya sabe leer». Recelos entre las educadoras: ¿Se habrá hecho estudiar al niño en casa? ¿Los padres de los demás niños se sentirán presionados?

El esfuerzo que las escuelas infantiles reformadas querían evitar a los niños en edad preescolar se dio realmente en Alemania durante los años sesenta. En los programas de aprendizaje temprano de la lectura, mediante instrucción frontal en mesas, se practicaba el movimiento de la mano de izquierda a derecha con los niños de cinco años. En los cuadernos, diferenciaban las formas abstractas y los colores, y se memorizaban las relaciones entre los sonidos y las letras. La lectura y la escritura se consideraban actividades distintas. Se intentaban enseñar funciones aisladas para combinarlas después al escribir. Estos programas de aprendizaje temprano de la lectura no eran concebidos para alentar la capacidad comunicativa de los niños, sino que formaban parte de un programa para estimular la inteligencia. Las pruebas que se realizaron unos años más tarde no pudieron demostrar ningún aumento considerable del cociente intelectual.

En los países anglosajones se debate desde la década

de los años setenta sobre los nuevos enfoques de *emerging literacy*, de «capacidad de lectoescritura creada progresivamente». Sobre todo Hans Brügelmann en los años ochenta y, últimamente, Gundel Mattenklott y Ute Andersen han dado un nuevo impulso a los ensayos de escritura espontánea en Alemania.[21]

Cualquier institución que admita a niños debe asumir que, independientemente de la edad, *hace tiempo que han tenido experiencias con la escritura y con la comunicación por medio de signos* en el seno de la familia y en su entorno.

Caroline Barrat-Pugh describe algunas fórmulas de alfabetización temprana que se dan en niños de entre seis meses y tres años en una guardería de Australia. En el grupo de niños hay una gran variedad étnica.

Jane, de 24 meses, está sentada en una cuna y lee un libro titulado *Mis animales favoritos*. Pasa las páginas hacia delante y hacia atrás, observa las imágenes con gran atención, señala alguna ilustración y susurra el texto tal y como lo recuerda de cuando se lo leyeron. Para las voces de los animales, intenta reproducir dos versiones: la que se emplea en el texto y otro sonido que, probablemente, conoce de los juegos de improvisación con otros niños.

Ismael, de nueve meses, está sentado en el rincón de lectura rodeado de cojines. Se entretiene pasando las páginas de cartón de un libro ilustrado, abriendo y cerrando el libro, y girándolo en todas las direcciones. Da gritos de alegría cuando abre el libro por una página con la imagen de un plátano y de una botella de leche, y repite varias veces «plátano» y «bebe».

Mascha, de 27 meses, y Susan, de 30 meses, miran juntas un libro ilustrado. Susan lee en voz alta. Se pelean porque Mascha prefiere pasar las páginas y Susan quiere seguir con la historia. Mascha llora.

Mei, de tres años, ha traído de casa una hoja llena de grafía jemer. Su hermana mayor, que acude a una escuela bilingüe, ha escrito los signos. Mei está sentada en el rincón de escritura de la guardería y juega a aprender a escribir dibujando un garabato por cada signo jemer de su hermana mayor.[22]

¿Cuáles son los elementos de la escritura?

Jane, de dos años, ha traído un libro de casa. Cuando lo mira en la guardería, recuerda la postura de su madre y de su abuela cuando leen en voz alta y las imita. Ha aprendido que lo que está impreso es constante, que se puede repetir y que las palabras y las letras están relacionadas con las imágenes. A menudo, pasa las páginas hacia atrás como si quisiera cerciorarse de algo.

Ismael, con sólo nueve meses, ya parece disfrutar del contacto con un libro. Entiende que los símbolos representan objetos y que los objetos tienen nombres. Manipular un libro es emocionante, la posición, mirar las imágenes, todo.

Susan no sabe leer, es decir, todavía no sabe descifrar las letras, pero sigue las líneas de texto impreso con el dedo mientras le cuenta a Mascha el texto como si se lo estuviera leyendo. Sabe que existe una relación entre las palabras que emplea y las palabras impresas. También sabe que el texto y la imagen tienen funciones diferentes. Se fija en las imágenes y las toma de modelo para ayudarse. Por las imágenes sabe que se adapta a lo que cuenta. Sabe que la información de las imágenes puede dar un argumento mientras avanza. Pero a Susan le da igual pasar una página u otra. Entonces, ¿por qué Mascha le hace perder la paciencia? Quizás Mascha ya ha vivido la experiencia de que los cuentos tienen una secuencia obligatoria y que ese sentido se pierde si se destruye esa secuencia. Quizás se le fastidia la diversión si sus expectativas ante la historia le decepcionan. De todos modos, tiene un concepto explícito de cómo se le debe leer una historia.

Mei ya tiene una idea clara de cómo deben manejarse

los signos en jemer. Ella «lee» los signos naturalmente de izquierda a derecha o de arriba a abajo. Por su hermana sabe que los signos deben practicarse y repetirse. Ha reconocido a su hermana mayor como autoridad en el aprendizaje de la escritura y practica el comportamiento de una alumna.

Los niños intentan encontrar a los signos un sentido con el que estén familiarizados. Intentan encontrar las formas culturales en las que aparece la escritura en su entorno. Cada niño vive diferentes situaciones en las que se emplea la escritura, según la cultura correspondiente.

La oralidad constituye siempre un componente esencial de la escritura. Mei pronuncia siempre el signo en jemer. Ismael da gritos de alegría cuando reconoce un objeto en el libro y lo nombra con sus primeras sílabas. Mascha y Susan se pelean por la forma correcta de leer en voz alta.

Las formas expresivas y literarias de la *oralidad* (imitar los ruidos, los sonidos de los animales, las formas de hablar, las primeras rimas y trabalenguas…) suponen una ayuda importante en el camino hacia la escritura. Igual que cantar desarrolla la «conciencia fonológica», la ejecución de las sílabas y de los sonidos, la alfabetización de los niños implica oír, hablar, cantar, leer y escribir. El estímulo de cada una de esas habilidades estimula a la vez a las demás.

Los niños en edad preescolar ya pueden experimentar que las letras y los signos transmiten y organizan información, que describen propiedades como si fueran el símbolo de marca registrada que da un reconocimiento de calidad a los objetos, que envían mensajes, que reproducen una canción, que cuentan una historia.

Según su experiencia, la escritura es constante y contiene un mensaje. Existe una relación entre las imágenes y las letras. Los cuentos poseen una estructura narrativa especial. Tienen un título que suele aparecer en la cubierta. Los libros son valiosos y deben cuidarse. Leer y escribir son actividades relacionadas entre sí.

A raíz de su experiencia en escuelas infantiles, Maria Montessori comentó que muchos niños tenían una auténtica «grafomanía» después de haber descubierto la escritura.

En ninguna guardería, en ninguna escuela infantil faltan los carteles con letras grandes (lo que se conoce como *environmental print*, en lo posible en varios idiomas), franjas con las fotos de los niños y sus fechas de cumpleaños en cifras grandes, un buzón para cada niño, un ordenador, una pequeña biblioteca y un rincón de escritura.

En el rincón de escritura de una guardería debería haber: papel para cartas, notas, un calendario, tarjetas de felicitación en varios idiomas, sobres, utensilios para escribir, pizarra y tiza, un sello, una pluma, un marcador y un ordenador.

Tampoco hay que olvidarse de los paseos por el bosque, por la playa o por la nieve. Se pueden aprovechar para escribir el propio nombre en el aire, en el cristal empañado de la ventana. Las carreras de papelitos con mensajes. Una visita al cementerio con los niños: los nombres sobre las lápidas protegen el recuerdo de los muertos. La magia y el poder de la escritura: firmar algo con el propio nombre, «confirmar» de forma inconfundible. Llevar un diario de la guardería de forma colectiva. Descubrir diferentes escrituras: escritura de nudos, jeroglífica, braille... Se puede fabricar un pergamino con los niños. Encuadernar un libro con una tapa que sea un placer para la vista y para el tacto.

No sólo los lugares constituyen la patria, también las actividades pueden serlo. Para Alberto Manguel, lo sería la lectura: «La combinación de cama y libro me proporcionaba algo semejante a un hogar al que siempre podía volver, noche tras noche, donde fuera que estuviese».[23] O la escritura para la autora de *haikus* judía Lia Frank tras una vida de destierros y emigraciones entre Lituania, Rusia, Tayikistán y Alemania. En nuestra entrevista sobre los conocimientos del mundo, la anciana de ochenta años afirmó: «Para escribir no hace falta electricidad».

Cualquier niño debería haber escrito o leído un mensaje escrito o una carta en sus primeros siete años de vida.

Un mensaje escrito debería haberle cambiado de estado de ánimo, haberle consolado o haberle hecho estar impaciente alguna vez.

Cualquier niño debería haber dictado una historia o un sueño a alguien que sepa escribir y que ésta lo anotará ante sus ojos.

Debería haber podido probar la escritura cifrada mediante un «mensaje secreto».

Debería tener un recuerdo de la emoción y de la alegría que puede provocar una hoja de papel que no esté escrita ni pintada.

Todos los niños deberían haber escrito un signo chino, árabe, cirílico o egipcio.

Deberían haber enviado y recibido un mensaje de correo electrónico.

Deberían conocer algunas aplicaciones informáticas del ordenador.

Deberían haber tocado, leído su propio nombre escrito en braille. O deberían haber emitido o recibido un mensaje en el lenguaje de signos de los sordos, un conocimiento estimulante que puede hacer sentir mejor a los demás.

EL SILENCIO COMO PARTE DE LA MÚSICA

No tengo talento musical, afirma mucha gente porque no pueden cantar bien o porque guardan un mal recuerdo de las clases de piano.

El oído es el primer sentido que se forma en el feto.

Toda las personan nacen con la experiencia del ritmo, el latido del corazón de la madre, y con un instrumento musical, la voz.

Nacidos con todos los requisitos necesarios para el desarrollo musical, a muchos niños no se les franquea realmente el paso a las esferas del sonido y del silencio. A otros niños se les activa el sentido de la música durante la primera infancia. Durante toda la vida, la música le levantará el ánimo y, si expresa sus sensaciones y sus imágenes interiores por medio de voz, gestos e instrumentos musicales, quizá sienta algo parecido a lo que sentía Martín Lutero: «Mi corazón rebosa de gratitud por la música».

Hasta hace poco, las relaciones musicales entre el recién nacido y los adultos cercanos a él era un aspecto de la comunicación oral poco tratado. Actualmente se sabe que existen modelos melódicos universales para animar, consolar y tranquilizar. Los mensajes biológicamente importantes (como avisar o tranquilizar) se transmiten de forma musicalmente elemental, es decir, protegidos por programas innatos.[24] Los lactantes están dotados de una sorprendente capacidad de percepción acústica. No menos sofisticada es su predisposición a la creación de sonidos y sus intentos de seguir elaborándolos. Los bebés están muy motivados a la hora de producir sonidos. Disfrutan de su voz. Sobre todo cuando se encuentran solos, relajados y tranquilos, la exploran, articulan pequeños sonidos, susurran y murmuran, prueban diferentes timbres de voz, soplan con los dedos en los labios y ensayan diferentes efectos de sonido… En estos monólogos musicales elementales demuestran una gran constancia.

No sólo los niños aprenden música de forma intuitiva, sorprendentemente los padres también adaptan su entonación y su ritmo a los niños (en el «lenguaje de las niñeras» en el que caen la mayoría de los adultos instintivamente cuando cogen en brazos a un niño) de forma que incluso los niños más pequeños pueden empezar con algo. Los padres son profesores de música involuntarios, es algo universal. En China, al igual que en Latinoamérica, tal y como el matrimonio Papousek investigó, las madres emplean una entonación ascendente si quieren animar a sus hijos y una entonación descendente con intensidad decreciente (*decrescendo*) para calmarlos. El canto del cuco (tercera menor descendente) se ha extendido como un primer modelo musical entre los adultos y los bebés de todo el mundo.

Hacia el final del primer año de vida, el desarrollo musical se diferencia en la medida en que los padres cantan —o no cantan— con sus hijos.

Las sociedades modernas se diferencian considerablemente por sus esfuerzos para sacar a la luz el tesoro de la musicalidad latente en cada niño. El lenguaje musical está mucho más presente en la vida de los niños húngaros que en la de los niños alemanes. En la actualidad, nuestros niños escuchan mucha más música que antes pero, aun así, en Alemania todavía estamos lejos de alcanzar una «musicalización» de todos los niños comparable a la alfabetización.

Es cierto que, en una sociedad democrática con el derecho a una «cultura para todos», la oportunidad de entrar en contacto con un instrumento musical ya no es sólo un privilegio de la clase burguesa. Hoy en día hay un millón de niños que acude a las escuelas de música alemanas y unos dos millones y medio de niños son «musicalmente activos» en la escuela y en su tiempo libre.[25] En comparación con el resto de Europa, esas cifras no son pequeñas; Alemania está situada entre los países más musicalmente activos. Aun así, las tres cuartas partes de todos los niños mantienen sus oportunidades musicales en la reserva.

No tener «talento musical» se aprende. Si la música es una expresión elemental del ser humano, en Alemania hay muchos niños que tienen un problema. ¿Qué diríamos si un niño no hubiera aprendido a hablar? Alguien debe haber desaprovechado algo; los padres o la sociedad han desaprovechado la oportunidad de activar esta habilidad humana en el niño.

Tocar música no sólo desarrolla la agudeza auditiva y el temperamento musical en el niño. Las investigaciones más recientes han revelado unos poderes misteriosos de la música: desarrolla el espíritu y el alma de los niños más allá de lo puramente musical. Atrapa a todo el niño, estimula la inteligencia, el equilibrio interno: pensar, sentir y actuar por igual. La psicología del desarrollo investigó los efectos de transferencia sobre el desarrollo de la inteligencia espacial, sobre el desarrollo lingüístico tanto en la lengua materna como en el aprendizaje de idiomas extranjeros y, en último término, las repercusiones positivas para la actitud ante el aprendizaje por medio de la «práctica de la práctica» y de la formación del desarrollo de la concentración y la perseverancia. En los últimos diez años se han publicado sobre todo tres estudios que lo demuestran: en el trabajo conocido como Estudio suizo (1990-1993), se señaló que no se reduce el rendimiento matemático de los niños si se sustituyen algunas horas de matemáticas por clases de música dentro del horario lectivo, y que incluso aumenta su rendimiento en otras asignaturas. En el Estudio berlinés (1996-1999) se demostró que en las escuelas primarias el comportamiento social de la clase mejoró y que los niños desarrollaron una imagen positiva de sí mismos por medio de la música. En un estudio realizado en Hungría (1995-1998), se confirmaron los dos estudios anteriores: un aumento del cociente intelectual y del rendimiento escolar de los niños procedentes de familias alejadas de la música, un ambiente más agradable en la clase y una actitud más positiva de los niños de forma individual ante la escuela que antes aborrecían.[26]

En Alemania, estos descubrimientos contrastan con una práctica de la música en la etapa infantil que sólo se desarrolla modestamente. Las reformas en los planes de estudio de los años setenta acabaron, normalmente sin sustituirla, con la herencia musical de la antigua pedagogía infantil: las canciones, los juegos con los dedos, las rimas, los bailes. Los padres y las educadoras, ya educados en parvularios reformados, han tenido pocas experiencias con la tradición de la antigua pedagogía infantil. Como propiedad humana, como lenguaje fundamental de los seres humanos junto con la lengua hablada, actualmente la música desempeña un papel secundario en nuestra concepción de la educación. No obstante, una vez interrumpida una tradición, se precisa un esfuerzo consciente para volver a levantar una cultura musical, por ejemplo a través del canto.

En la lista de conocimientos del mundo incluimos que todos los niños deberían entrar en contacto con la música de forma activa en sus primeros siete años de vida. Nadie protestó, pero muy pocos interlocutores se mostraron entusiasmados. ¿Eso da la impresión de que se abandona la «educación temprana»?

«Cinco lobitos tiene la loba», el «caracol, col, col» que saca los cuernos al sol… Saltar cuando suena el timbre de la bicicleta, rascar y golpear instrumentos elementales, campanas y trozos de madera sin pulir… En cierto modo, eso da vergüenza o resulta poco atractivo. Hace tiempo que los niños participan en esa forma de hacer música inocente y mediante «juegos», tienen buena disposición. Pero no permiten que esa infantilización dure excesivamente. No puede esperarse eso de ellos, es demasiado banal. Entonces le dan la espalda y buscan un medio menos tonto para su movimiento interno y, probablemente, no encuentran ninguno. O quizás el atronador volumen de las discotecas que, con el tiempo, será perjudicial para su oído.

La música no sólo es divertida. Cuando Albert Schweitzer escuchó por primera vez la música de órgano a los ocho años, tuvo que apoyarse en la pared para no caerse. La música no sólo es armónica, a menudo es demasiado para nosotros, más de lo que podemos aguantar. Una experiencia trascendental en la infancia, en la que ningún concepto es lo suficientemente fuerte. El contacto alegre e inofensivo con la música es una ofensa a la música y a los niños. Sólo *todo el niño* puede saber algo y sólo toda la música es música. Crea abismos, a veces la tensión se vuelve insoportable. Una mirada de reojo a los adultos: cómo se transforman cuando escuchan, ajenos, no muy intranquilos, con los ojos cerrados, ¿sufren? Palpitaciones en el corazón, una embriaguez de poder en un *crescendo* creado por uno mismo. Palpitaciones de otro tipo y respiración contenida cuando aumenta el desasosiego en el *decrescendo*. La pausa, el silencio, la resonancia. ¿Dónde? ¿En el interior o en el exterior? ¿Es eso lo contrario de la música? ¿O es la auténtica música? ¿Qué suena cuando se callan los instrumentos? Yehudi Menuhin nombró al silencio, más que a la música, el auténtico idioma universal.

Inquietante, prometedor, más fuerte que uno mismo. Para la grandeza de la música, su mensaje de nostalgia, arrogancia y esplendor, algunos niños pueden ser más receptivos que otros. Pero quién lo sabe de antemano. «Hay zonas del alma que sólo pueden iluminarse con la música», afirmó Zoltán Kodály, y esto otro: «La música pertenece a todos».

Todos los niños deberían haber encontrado su voz.

Todos los niños deberían haber tenido la experiencia de actuar como instrumento musical y haber intervenido en un diálogo con un instrumento.

En sus primeros siete años de vida, todos los niños deberían haber sentido un ritmo en los pies, haber escuchado o provocado eco, y haber sufrido un ruido hasta el límite del dolor.

Todos los niños deberían haber vivido el silencio como parte de la música.

¡Cuánto dependemos de la mímica de las manos! Incluso medio dormidos antes de desayunar confiamos en su funcionamiento sin pensar: agarramos, abrimos, levantamos, giramos, cerramos, atamos...

Los estudios neuroconductuales consideran que la mano es la cristalización de las habilidades humanas, el elemento clave. «Las manos han liberado a la boca de la obtención de alimentos para que ésta pueda ponerse al servicio del habla» sostiene André Leroi-Gourhan.[27] Hoy en día se sabe que la evolución no sólo estuvo impulsada por el crecimiento del cerebro, sino también por la *interacción* del aparato locomotor. Desde que las extremidades delanteras ya no tienen que soportar el peso del cuerpo, el vuelo de la evolución ha despegado. La liberación de la mano hizo posible la aparición de la escritura, del pensamiento simbólico. La confrontación de los dedos con el pulgar contribuyó decisivamente a la distinción entre primates y seres humanos, ya que sin pulgar una mano humana retrocede unos 60 millones de años en el calendario de la historia de la evolución hasta un estadio en el que el pulgar era un dedo como cualquier otro.

El cerebro se comunica con la mano y la mano con el cerebro. Anatómicamente plana, la mano se extiende desde la muñeca hasta la yema de los dedos. Pero la *mano oculta*, la mano bajo la piel, eso es lo interesante: su funcionamiento, su control, su influencia en el cerebro. En qué parte del cuerpo empieza y termina no lo determinan las fronteras anatómicas.

A modo de ayuda para la orientación, la mano debe ser más activa que el ojo humano. La luz se posa en la pasiva retina, mientras que los sensores del pulgar y de la yema de los dedos deben dirigirse hacia el objeto con determinación.

El niño aprende los requisitos necesarios para una navegación autónoma con ayuda de las manos durante los diez primeros meses de vida. Después, la mano está preparada para explorar durante toda la vida.

Los niños observan fascinados las manos de los recién nacidos. Pero cuando las tocan, enmudecen con inquietud: el tacto es frío, un poco húmedo, molesto, extraño, «anfibio»... Y sin embargo, la promesa de futuro calor y movimiento humano ya se adivina en ese modelo en miniatura.

¿Cómo se puede involucrar a los niños de siete años en el cumplimiento de esta promesa? Por medio del asombro orgulloso ante la propia mano: «*Mi* mano, no hay ninguna otra igual en todo el mundo». Ya en el siglo III antes de Cristo se sabía en China que las líneas de cada mano eran distintivas y exclusivas. La huella dactilar es una expresión íntima y, al mismo tiempo, involuntaria de uno mismo. Quizás por eso el concepto «huella dactilar genética» pueda provocar inquietud.

La mano es involuntariamente sensorial. En los monasterios, las novicias aprendían a hablar sin gestos y a esconder las manos en las mangas.

La mano es un puente tendido a los demás seres humanos. «Pedir la mano» no es sólo una decisión amorosa, sino también físicamente trascendental.

El repertorio de movimientos de la mano, con todas las repercusiones en las posibilidades cognitivas del cerebro, es una riqueza que cada niño posee. Durante los primeros años de la escuela infantil, el niño puede conocer, embellecer y estimular continuamente nuevos movimientos de sus propias manos. Los educadores también se alegran ante la destreza de las manos de los niños a su cargo. ¡Con qué precisión de «pinzas» decoran las galletas con trocitos de almendras! Para dejar la toalla en el colgador, todavía necesitan las dos manos, pero mueven el ratón del ordenador con una precisión milimétrica.

«Apoyar la mano» puede consolar, puede aliviar. Se trata de una forma que tienen los seres vivos sociales para afianzarse y que se remonta a la higiene personal de los primates. «Todos los niños deberían haber cambiado a un bebé, haber dado un masaje», se apuntó en la lista de conocimientos del mundo. Este deseo educativo levantó críticas en algunas ocasiones. Entonces, había que aclarar lo que suponen las experiencias con las manos, qué es acariciar, qué es dar un masaje. Entre los objetivos de la etapa preescolar, se suele incluir que los niños deben desarrollar habilidades motrices de precisión. ¿Significa sólo ensartar cuentas o recortar estrellas de Navidad? ¿O también dar masajes? Movimientos circulares con los pulgares, caricias con toda la mano extendida, diversas sacudidas y golpecitos rítmicos. A todos los seres vivos les gusta, también a los perros y a los hámsteres, y a los adultos después del estrés de un atasco de tráfico. Si se les quiere aliviar, normalmente hay que agarrar con fuerza, con toda la energía. A veces les duele y gimen, pero al mismo tiempo afirman que les sienta bien y lo agradecen. En el caso de los bebés, de los gatos, de los caballos, se debe proceder de otra forma. Eso es un conocimiento del mundo. Poder administrar la energía de uno mismo a través de la mano y, de esta forma, estimular el ánimo de los demás, sanarles, aliviarles. Saber cómo funciona.

¡Con las dos manos! La «dominancia de una de las manos», el diferente grado de destreza en cada mano, es un rasgo exclusivamente humano. Sólo el *Homo sapiens* muestra esta marcada inclinación por el uso de una mano concreta. Pero las dos manos interactúan, no sólo en el caso de los músicos (en los que la «dominancia de una de las manos» está menos marcada en general). También al escribir juega la mano no dominante un papel importante: estabiliza y mueve el papel, las manos se ayudan entre sí. Los pedagogos del arte recomiendan que los niños dibujen mucho con ambas manos.

Si la mano es una «cristalización de las habilidades humanas»,[28] como afirma el neurólogo Frank R. Wilson, ¿qué aporta nuestro sistema educativo a la formación de las habilidades? Las nuevas investigaciones del cerebro indican que «sólo el niño *en conjunto* puede saber algo». Pero de momento, el sistema educativo valora más el conocimiento simbólico que el *conocimiento manual*, el *know-how*.

De nuevo la etapa preescolar está excelentemente indicada para organizar una experiencia educativa como «la mano» sin la premura del tiempo. En algunas escuelas infantiles saludan a los visitantes ya en el vestíbulo de entrada con un *collage* de las manos de todos los niños y adultos de la escuela. Se organizan reuniones de padres sobre las manos de los niños, sobre su aspecto instrumental, expresivo, social y artístico. ¿Qué tienen los padres que aportar? ¿Qué ideas de proyectos pueden surgir?

Ya en 1980, el paleontólogo André Leroi-Gourhan intuyó la «desaparición de la mano» en la rutina informatizada. ¿Los niños dibujan sólo con el ordenador o también con témperas sobre superficies duras? Hoy en día, las empresas de diseño prefieren contratar empleados que han aprendido a dibujar según la forma tradicional. Los jóvenes que sólo saben utilizar los programas informáticos de diseño y los gráficos en tres dimensiones observan con menor precisión psicológica y dibujan con mayor rigidez. ¿Un niño puede alegrarse al hacer malabares con unas bolas en Internet o, simplemente, al «cogerlas» si nunca ha intentado mantener dos o tres bolas en el aire? También de aquí se extrae una conclusión para la confrontación entre la mano real y la virtual. En la escuela infantil, el niño debe poder acariciar y alimentar a un ratón vivo. El ratón del ordenador y el ratón vivo, el mundo real y el mundo virtual: el virtual no tiene ningún significado por sí mismo. Comprender significa que los niños deben obtener su criterio en la realidad real, un criterio personal fundado. Si no, no serán *sus* mundos.

Homenajear, adornar la mano que se ve con los ojos, dibujar su contorno. Pero también hay que proporcionar al niño conocimientos sobre la mano oculta, la mano invisible pero sabia, experta, hábil, virtuosa, la mano en la que tan interesados están los neurólogos y los científicos cognitivos últimamente. «¿Veis la luna allí arriba? Sólo se puede ver la mitad y, en realidad, es redonda y bonita...»

Qué puede hacer una mano. Qué podré hacer con la mano. Emoción por el futuro trabajo manual, emoción por lo que uno será en el futuro.

Todos los niños deberían estar satisfechos de sus dos manos.

Deberían tener un conocimiento respetuoso de las posibilidades virtuosas de la mano humana: hacer magia o malabares, operar, tocar el piano...

Emocionarse por todo lo que puede llegar a hacer con las manos una persona.

IV

INFANCIA Y PEDAGOGÍA INFANTIL EN OTROS PAÍSES

Los ejemplos de «prácticas correctas» en todo el mundo, ejemplos a la altura de las pautas de todos los participantes, pueden presentarnos lo posible como algo realizable. Durante la etapa de formación, los educadores deberían tener la oportunidad de observar las futuras formas de relacionarse con los niños que van surgiendo en otros países. Además, durante la práctica profesional, deberían tener la oportunidad de viajar, de asistir a cursos y de trabajar en otros países durante los años sabáticos. Sin embargo, cuando hoy en día se fomenta la «internacionalización» de los cursos de formación, ésta sólo se destina a los estudiantes universitarios.

Para concluir, presentaremos algunas observaciones sobre las diferentes situaciones de la infancia y sobre las variaciones y los desarrollos en pedagogía elemental en Estados Unidos, Inglaterra, Japón y Hungría. Reflexiones ejemplares sobre las culturas del crecimiento y los discursos de la pedagogía elemental en las sociedades modernas.

La clave de la cultura norteamericana es la juventud. En ningún otro lugar del mundo se encuentran tantas representaciones de la adolescencia en la literatura y en el cine. Y esa peculiaridad se ha propagado por todas las culturas juveniles del mundo durante la americanización del mundo. En comparación de la infancia, de los primeros siete años de vida, se han ocupado menos. Parece que falta un poco de paciencia para lograr una pedagogía explícita de esta etapa vital.

El cuidado de los niños en el seno de las familias norteamericanas se ha convertido en los últimos decenios en una actividad cada vez menos reconocida y más bien impopular. Este proceso se vio desencadenado por el continuo declive de los ingresos reales de las familias norteamericanas. Ya ni siquiera una familia de clase media puede sobrevivir con los ingresos del padre exclusivamente. La clásica ama de casa de los años cincuenta y el modelo de cuidado de los niños que implica ya no existen ni en Estados Unidos ni en Alemania.[1] Además, las familias monoparentales (su número ha aumentado entre 1970 y 1996 un 127 por ciento y asciende a 12,5 millones)[2] suelen tener que vivir con dos trabajos.

De todos los sectores de población norteamericanos, las madres separadas presentan las mayores tasas de actividad laboral a jornada completa. En 1960, sólo una quinta parte de las madres norteamericanas con hijos menores de seis años trabajaba. En 1996, ese porcentaje superaba el triple: dos tercios del conjunto de madres trabajadoras con hijos en edad preescolar trabajaban a jornada completa. En un país sin bajas de maternidad reguladas por la ley, una de cada dos mujeres regresa a su puesto de trabajo en el primer año tras el nacimiento del hijo. Esta situación la provocó sobre todo la reforma de la Ley de asistencia social (1996) del gobierno Clinton, por la que los perceptores de ayuda social debían demostrar que estaban dispuestos a iniciar una actividad laboral. Estados Unidos se encuentra entre los siete países industrializados con mayores rentas per capita del mundo, pero los niños menores de seis años constituyen el sector de la población más afectado por la pobreza. El porcentaje de niños que viven en la pobreza ha pasado del 16,6 por ciento de 1970 al 22 por ciento de 1997. Este aumento afecta sobre todo a las familias blancas. Además, uno de cada dos niños afroamericanos vivía en 1997 por debajo del umbral de la pobreza.[3] En Estados Unidos se habla de «desconsideración estructural» hacia los niños.[4]

Por este motivo, parece que, además de las obligaciones económicas, el esquema vital de las mujeres y de los adultos en general se adapta cada vez menos a la vida de los niños. La velocidad y las expectativas en la actividad y la vitalidad de los adultos chocan con el ritmo de los niños. Los estudios demuestran que las jóvenes norteamericanas no recurren tanto a la fórmula del *job-sharing* o a las bajas por maternidad que ofrecen las empresas como era de esperar. Las empleadas mejor pagadas son sobre todo las que muestran menos interés por reducir su jornada laboral, aunque se enorgullecen de la política de conciliación de la vida familiar y laboral de su empresa. ¿Se ha convertido el puesto de trabajo en una forma de hogar y el hogar en el trabajo? La atracción emocional del puesto de trabajo es fuerte. Los hombres la conocían desde hace tiempo y, evidentemente, ahora le ha llegado el turno a las mujeres.[5] Parece que se ha vuelto poco probable ocuparse en exclusiva de un hijo durante unos años con el perfil actual de la joven norteamericana, a menos que esté desterrada en los suburbios. Las mujeres que trabajan tampoco se lo toleran a otras madres. Precisamente las mujeres jóvenes son, según las encuestas, las mayores opositoras a la prestación de ayuda social para madres solteras. No quieren ver cómo se financia con sus impuestos que otras madres vayan al parque infantil con sus hijos o que se sienten a ver la televisión mientras ellas se exponen al estrés laboral.

Así pues, en Estados Unidos los padres delegan cada vez más la educación infantil de sus hijos. «Resulta difícil prever lo que supondrá para esta generación de norteamericanos que les críen niñeras y canguros que ya suelen trabajar por turnos, una forma de educar parecida a la educación que recibían antes los niños de clase alta en Europa», afirmaba el «padre de las familias norteamericanas», el nonagenario Dr. Benjamin Spock, en una entrevista de 1991. «Personalmente, no apuesto por un desarrollo feliz. Pero nunca he criticado a las madres y procuraré no hacerlo ahora públicamente.»[6]

En numerosas películas norteamericanas de los años noventa aparece el dilema de las madres trabajadoras. La madre o el padre llevan al niño —casi siempre varón— invariablemente atractivo y, en vista de su estresante vida, sorprendentemente intacto y vital, a diferentes centros asistenciales con afabilidad, pero con prisas y apuros. El amor por el hijo se expresa, sobre todo, por medio de los sentimientos de culpa. Las escenas clave de estas películas son las despedidas. «Te quiero», afirman los jóvenes padres y madres en cuclillas a la altura de los ojos del hijo de cinco años bien vestido, antes de darse la vuelta y destrozados pero decididos, y se apresuran hacia sus otras obligaciones, al estudio de arquitectura, a la galería de arte, al trabajo en el restaurante de comida rápida, o a la cita con un amante. Lo mismo sucede con los padres divorciados cuando regresan a su rutina de soltero tras la correspondiente visita del hijo pactada en el divorcio.

En Estados Unidos no existe un sistema público responsable del cuidado y la formación de los niños menores de seis años. Sólo el 45 por ciento de los niños de las familias con menos ingresos disponen de algún tipo de asistencia o ayuda, en comparación con las tres cuartas partes de niños de la misma edad procedentes de familias con ingresos elevados.[7] Algunos programas con financiación pública intentan cubrir las lagunas asistenciales más graves. Entre los más conocidos, se encuentran desde los años setenta los programas *Head Start* y *Early Head Start*, pero a pesar del aumento de los medios, sólo proporcionan algo parecido a una ayuda a un tercio de los niños que viven por debajo del umbral de la pobreza y tan sólo durante unas horas al día.

Las ofertas de asistencia privada abren la brecha. Los costes suponen una elevada carga para las familias. En 1999 se publicó que las familias soportan el 59 por ciento de los costes del cuidado durante la etapa infantil, algo que afecta sobre todo a las familias con menos ingresos, que deben aportar el 18 por ciento de sus ingresos al cuidado de los hijos, en comparación con el 7 por ciento de las familias con ingresos medios.[8] Las familias norteamericanas pagan en conjunto más por el cuidado de los hijos menores de seis años de lo que deberían pagar por la educación superior en un Community College, ya que Estados invierte más en los centros de educación superior y en las universidades que en los centros de educación preescolar. En quince Estados norteamericanos los estudios universitarios cuestan menos de la mitad que un centro de educación infantil.[9]

¿Qué se ofrece a los niños en los planes de asistencia de Estados Unidos? Para una gran parte de los niños existe una oferta atenta y dinámica —aunque muy pobre desde el punto de vista educativo— en escuelas infantiles privadas, como la cadena de centros *KinderCare*. Las jóvenes (el 97 por ciento de los empleados en el sector preescolar son mujeres), que más que formarse se aproximan sólo superficialmente a la profesión mediante cursillos breves, reciben por el cuidado de los niños unos sueldos que se encuentran entre los más bajos de Estados Unidos: una media de 13.000 dólares al año.[10] Las educadoras norteamericanas ganan menos que los vigilantes de aparcamientos, menos de la mitad que los vigilantes penitenciarios y aproximadamente un tercio de lo que gana una maestra de primaria en Estados Unidos. El equipamiento para el cuidado de los niños suele ser escaso, sobre todo para los menores de tres años, con salas atestadas de juguetes en las que siempre hay un televisor encendido. En el otro extremo, para una quinta parte de los niños en centros públicos, hay una pedagogía infantil muy cualificada en escuelas infantiles modélicas que suelen estar vinculadas a universidades. En esos centros, los niños norteamericanos reciben una estimulación pedagógica precoz que se encuentra entre las mejores experiencias del mundo y se basa en las reflexiones sobre el *emergent curriculum* y en una observación atenta de cada niño en coordinación con la serie de estímulos desarrollada con los padres en todos los ámbitos esenciales del desarrollo infantil.[11] Además son ricos en ejemplos atractivos de estímulos en la música y el arte desde la edad más temprana, sin olvidar los museos del niño, los famosos museos interactivos *hands-on* con una tradición centenaria de propuestas llenas de fantasía para explorar los fenómenos naturales.

Los propios observadores norteamericanos están asustados por el grave hundimiento de la calidad en el contexto del cuidado de los niños. Alarmados por los nuevos conocimientos neurológicos sobre la importancia de la etapa infantil, ya se habla de una «crisis en relación con la generación posterior».

Estados Unidos es un país rico en el que el Gobierno no asume ninguna responsabilidad en la educación de las futuras generaciones durante los primeros años. Sin embargo, por otra parte, el alcance y el nivel de la investigación en la etapa infantil y en pedagogía elemental sorprenden continuamente. De hecho, la educación primaria tampoco es un campo de investigación conocido en Estados Unidos, pero en ese gran país con profusión de universidades y fundaciones, todavía se investiga y se publica mucho. Desde los años ochenta hay una impresionante serie de estudios comparativos de la calidad que resultarían estimulantes para el debate en Alemania si nos llegaran. Pero como la pedagogía infantil con orientación internacional es prácticamente inexistente (no hay revistas, ni cátedras, ni congresos sobre el tema), aquí no se conocen esos trabajos.

INGLATERRA

En el Reino Unido se escolariza a los niños con sólo cinco años, por lo que la educación elemental abarca un período breve. Lo que se ofrece a los menores de cinco años se describe en el *Times Literary Supplement* de 1996 como «diversidad y desorden», como una amalgama de ofertas obvias de distinta calidad. En total, el 84 por ciento de los niños de cuatro años acude antes de la escolarización a las denominadas *reception classes*, el curso previo a la primaria. Ahí pasan seis horas en grupos de hasta treinta alumnos por aula y se les ofrece un proyecto curricular obligatorio parecido al de la escuela (desde los años ochenta unificado en todo el país). En Inglaterra, las zonas de juegos dedicadas a la pedagogía innovadora se ven sobre todo con los niños más pequeños. Ya durante la etapa en la oposición, el partido laborista impulsó una amplia oferta pública para los niños de tres y cuatro años y, por último, también para niños más pequeños y lactantes. Una oferta que se vio reforzada tras el cambio de gobierno de 1997. Debido al aumento de las expectativas en la formación de la etapa infantil y a la mejora de la calidad en estas instituciones, esta oferta se considera una prioridad de la política educativa. Desde 1999 se prepara en el Ministerio de Educación británico un proyecto curricular para una especialidad denominada «educación para la paternidad».

De los proyectos modélicos ingleses, como los *Early Excellence Centers* y los proyectos del programa *Sure-Start* para niños pequeños y lactantes iniciados en 1999, se puede aprender más de lo que, de momento, se sabe en Alemania. En 1997, se reconoció por primera vez a ocho instituciones inglesas con el distintivo *Early Excellence Center* por satisfacer las mayores exigencias en la práctica de la conexión de la formación de los padres, la educación y la investigación. Dotadas de considerables medios complementarios, han asumido la misión de difundir por toda Inglaterra los niveles de calidad más exigentes. El gobierno de Tony Blair había previsto fundar antes de 2001 un total de 25 *Early Excellence Centers*, centros innovadores para la educación en la etapa infantil, para los que se destinó una partida presupuestaria de 300 millones de libras esterlinas. Entre los otros medios con los que se cuenta para la educación infantil, destaca el programa *Education Action Zones*, que apoya las iniciativas educativas en zonas conflictivas.

Desde los primeros años noventa, se ha reanimado la situación de la investigación inglesa en el campo de la pedagogía infantil. Uno de los puntos fuertes radica en la *community education*, una especialidad británica desde los trabajos de la pionera Margaret MacMillan a principios del siglo XX. En la actualidad, la *community education* constituye una búsqueda de métodos modernos para la colaboración entre familias e instituciones públicas para impulsar la «calidad en la educación» en la etapa anterior a la escolarización: los padres sólo pueden acompañar a los niños en su camino hacia la sociedad de la información si ellos mismos se ponen en marcha.

232

Debemos agradecer al *Pen Green Center* de Corby, uno de los *Early Excellence Center* más conocido de toda Inglaterra, las numerosas sugerencias que aportó a este libro. En Corby, una de las antiguas ciudades del centro de Inglaterra dedicadas a la industria del acero con una tasa de desempleo especialmente elevada y años con el mayor nivel de fracaso escolar de Inglaterra, se ha logrado implicar a los padres en un intenso discurso de psicología del desarrollo. La primera institución educativa pública que pisaron con gusto estos adultos, entre los que había muchos analfabetos, de una región educativamente abandonada, fue el *Pen Green Center for Under Fives and their Families:* guardería, centro educativo, centro de formación, laboratorio de investigación, todo en uno. Los treinta empleados del centro suponen en los padres el mayor interés por la educación de los hijos y despiertan así su espíritu pionero. Con el respaldo de varios proyectos de investigación de algunas universidades inglesas, el *Pen Green Center* ha desarrollado métodos para observar y acompañar el progreso en el desarrollo de los niños. Los padres de todos los niveles sociales y de minorías étnicas pueden manejarse perfectamente con estos métodos. Los pedagogos de Corby conocen como *schemes* los «modelos cognitivos» que observan en la forma de jugar de los niños.[12]

Schemes

Los niños hacen cosas únicas. ¿Por qué llevan arena en bolsas de papel? ¿Por qué empujan un carro de bebé vacío? ¿Por qué juntan las patas de la silla con las patas de la mesa y utilizan rollos de cinta adhesiva para pegarlas? ¿Por qué algunos niños a veces parecen poseídos y se dedican a empaquetar objetos, envolver libros, o hacer paquetitos de plastilina envueltos en papel de seda? Para muchos niños parece que se trata sobre todo de vaciar:

volcar todas las piezas de Lego en el suelo, continuamente... Para los adultos ese comportamiento no sólo resulta incomprensible, sino también agotador.

Si los psicólogos del desarrollo constructivistas detectan en este comportamiento «esquemas», modelos cognitivos de autoaprendizaje, resultará tranquilizante observar con más atención a los niños en esta actividad sin aparente fin. En un cartel del vestíbulo de la guardería del *Pen Green Center*, se afirma: «Los constructivistas son educadores centrados en los niños que quieren entender mediante teorías lo que significa *entender y saber algo*. Los constructivistas se interesan por cómo los niños construyen su conocimiento». Se pretende haber descubierto 26 tipos de esos «esquemas» que utilizan los niños en la construcción de su conocimiento. A continuación, comentamos algunos de los más frecuentes.

La trayectoria *(trajectory)*. Este esquema ya se aplica a los bebés. Explica por qué les fascina tanto tirar objetos desde la sillita. Las «trayectorias» son líneas rectas, sobre todo en vertical. El niño la pinta, la observa, la pone en juego. Esto puede parecer una observación contemplativa, cómo fluye el agua del grifo (una recta vertical en movimiento). También le motiva saltar hacia delante, una y otra vez, desde el reposabrazos del sillón, o desde la estructura de barras para juegos infantiles («trayectoria de la caída»). Es un ejemplo que se experimenta cuando se bota la pelota, o cuando se ponen figuras o coches de juguete en línea recta. Incluso cuando el niño quiere ayudar a toda costa a pasar la aspiradora o a fregar el suelo, le puede surgir la fascinación por poder realizar líneas rectas.

Envolver, *enveloping* es otro modelo cognitivo que los niños practican a menudo. Se envuelven los objetos. Con paciencia, se envuelven pequeños regalos con papel higiénico, peluches o muñecas enrollados en mantas, se llenan bolsitas con cacharros. O el niño se envuelve a sí mismo con ropas bajo las que desaparece. Los sacos de dormir son uno de los complementos preferidos para aquellos niños que ya manejan el patrón de envolver. La *rotación* es otro de los esquemas. Los niños están especialmente interesados en el ventilador y se sientan delante de la puerta de la lavadora para contemplarla ensimismados. Su atención se centra en todo aquello que gira, en todo los que tiene ruedas. Cuando la rotación es su tema, pintan círculos y les encantan las ruecas o el caleidoscopio.

Transportar: Las cosas, las personas cambian de lugar ¡y conservan su identidad! Cuando el niño está ocupado con este modelo cognitivo, nada permanece en su lugar. Juega permanentemente a las mudanzas: transporta los muebles de un rincón a otro, desordena incansablemente. En la zona de juegos, se carga arena y barro y se pasea por la casa. Al niño le encanta hacer de conductor de autobús y llevar a los otros niños de pasajeros.

Conectar *(connecting)*: Muchos niños pasan una fase en la que, mediante juegos, experimentan con diferentes formas de conexión. Pegan los pomos de las puertas con pegamento, buscan elementos que puedan unirse en uno solo, como los vagones de tren, y se interesan por la mecánica de las cerraduras. Es probable que los niños que sujetan las patas de la mesa con cuerdas o que atan a los adultos a un árbol se estén ocupando del desafío cognitivo de *connecting*.

Por supuesto, estos comportamientos también podrían clasificarse en otras categorías. Hace algunas décadas, el punto de vista psicoterapéutico habría percibido otra relación de vida interior del niño en el juego con un carrito de niño vacío o con un adulto atado a un tronco de árbol. El niño que observa el grifo de agua abierto «ajeno a lo que le rodea», además de la observación de la «línea de caída», vive una serie de experiencias, un placer estético del sonido y del brillo quizás, un ensimismamiento hipnótico en la intemporalidad del interminable fluir y de la corriente, y quién sabe qué más. En el trabajo pedagógico en función del «punto de partida de la situación», probablemente no se habría prestado atención a esas insignificantes actividades de desarrollo infantiles, los educadores lo habrían pasado por alto.

En Corby se eligió un acceso al juego que atrae la atención de los padres hacia las actividades investigadoras de sus hijos en la *ocupación cotidiana*. Los padres aprenden a percibir como operaciones de aprendizaje las actividades sin objetivo aparente de los hijos. Este punto de partida les permite darse cuenta de que, en ocasiones, un montón de cuerdas puede ser un regalo mejor que un coche de juguete caro. Si los padres y educadores anotan sus observaciones y las comentan en reuniones de padres, los padres suelen estar un paso por delante de los educadores, ya que ven a sus hijos con más frecuencia y en el día a día del hogar surgen más oportunidades para que los niños experimenten con esos «esquemas» que en el mundo estructurado pedagógicamente de la escuela infantil. Según una educadora de Corby, «los padres son los mejores observadores de esquemas». Esta nueva forma de concebir el aprendizaje a través del manejo de objetos cotidianos, la observación de una excentricidad del hijo, despierta la curiosidad en los padres: ¡Cuánta inteligencia, afán investigador y obstinación esconden sus hijos! ¡Con cuánta energía construyen su «arquitectura cognitiva»!

En función de las observaciones sobre esos «modelos cognitivos» reales, en la escuela infantil se recomiendan materiales y actividades con los que los niños pueden progresar mientras prueban y exploran los «esquemas» con los que ya cuentan, además de ampliar su ámbito de conocimientos musicales, motrices y lingüísticos. Una situación de laboratorio, un encuentro de trabajo, categorías científicas para lo cotidiano, humor... Todo esto soportan los padres durante los años anteriores a la escolarización de sus hijos. Les descarga de la presión de su propia biografía, libera su punto de vista para el nuevo comienzo que hay con cada niño. No tienen que reflexionar sobre la herencia de su propia biografía educativa —poco exitosa hasta el momento— o sobre los efectos de la separación de la pareja, y tampoco sobre las condiciones desagradables para el juego de los niños, como los pisos pequeños y el desempleo.

Cuando los padres se sienten fascinados por el aprendizaje de sus hijos, cuando ellos mismos registran en diarios y grabaciones de vídeo los modelos cognitivos de sus hijos mientras juegan y los interpretan con investigadores en reuniones de padres, a muchos de ellos les entran ganas de volver a dar una oportunidad a su propia formación. «Aquí he aprendido a no subestimar a mi hijo. Ni a mí mismo.» En el centro se dan cursos para adultos, desde alfabetización *(Family Literacy)*, hasta clases de psicología de la universidad a distancia, pasando por talleres como *Creative Writing*. De momento, predominan los padres que han aprovechado la oportunidad de una formación práctica como educadores, que está relacionada con un trabajo en prácticas remunerado y, a partir de un grado de formación determinado, con un salario regular. Además de los treinta empleados fijos, en el centro siempre hay trabajando algunos estudiantes, visitantes de otros *Excellence Centers,* periodistas educativos y evaluadores de institutos universitarios de pedagogía infantil. Su punto de vista y sus preguntas suponen para los trabajadores y para los padres una opinión consciente sobre la experimentación continua y el aprendizaje de algo nuevo y las habilidades importantes que representan las propias experiencias. En el año 1999, un tercio de las más de 500 familias inscritas en el centro tomaron prestada una cámara de vídeo y llevaron a la escuela infantil «escenas» grabadas en el hogar, secuencias de observaciones de juegos. En el *Excellence Center* de Corby, resulta impresionante cómo pueden facilitarse a los padres los inicios científicos y que siempre se logre vincular a madres, padres y abuelas en un proceso sistemático de observación. Y todo esto en Inglaterra, el país europeo con la mayor tasa de adultos analfabetos y la mayor tasa de niños que viven por debajo del umbral de la pobreza.[13]

En los tablones de los centros de actividades se cuelgan fotos, citas extraídas de entrevistas con los niños, preguntas abiertas de las educadoras, información constante acerca de los desarrollos de los que se estaba pendiente. La gran estima por los rendimientos cognitivos de cada niño es contagiosa y —si se observan los barrios en los que se encuentran casi todos los centros— probablemente para los adultos supone la única posibilidad de volver a abrir su propio horizonte. *Confident Parent / Confident Children* es el nombre de uno de los grupos. *Voice-of-the-Child* y *Communication skills* (experimentos con la escritura y la comunicación escrita) son otros grupos en marcha. En el grupo *Great expectations,* un grupo para mujeres embarazadas, se ocupan de las experiencias prenatales de sus hijos. En los grupos *Baby-Massage* no siempre les resulta fácil a algunas madres desnudar, tocar, disfrutar o acariciar a su hijo delante de otras mujeres. Esto es medicina preventiva en el sentido más amplio y también aumenta la expectativa de vida de las madres.

En el marco de los proyectos británicos «New Deal» para recortar el desempleo juvenil, los *Early Excellence Centers* asumen una participación decisiva en la formación de educadores. En algunos centros hay un elevado porcentaje de alumnos varones, algo poco habitual, y en el *Children's Center* de Sheffield el 80 por ciento de los empleados son negros.

El Ministerio de Educación británico se ha comprometido a valorar el perfil profesional de los educadores desde diferentes puntos de vista. A ello contribuirán los estudios de evaluación de los *Early Excellence Centers*. Se ha encargado a los departamentos de investigación de algunas universidades, como Warwick o Cambridge, el desarrollo de los métodos y de un lenguaje práctico y vivo[14] del que deberían aprovecharse los planteamientos rígidos y burocráticos que se dan en el panorama alemán (Tietze, 1998).[15]

JAPÓN

La infancia y la tercera edad son etapas de la vida privilegiadas en Japón.

Si observamos los indicadores del «bienestar infantil», Japón se encuentra por delante en los indicadores básicos, como mortalidad infantil, salud, atención y educación en instituciones públicas. La mortalidad infantil es la más baja del mundo, junto con Suecia. El 94 por ciento de los niños mayores de cuatro años acuden a una escuela infantil al menos seis horas al día; el 94 por ciento de cada curso termina la etapa escolar tras trece años de formación con un nivel que permite el acceso a la educación superior y que es comparable con el de los estudiantes alemanes que acceden a la universidad.

Si se recurriera a otros indicadores para comparar a escala internacional las diferentes culturas del crecimiento, probablemente Japón también aventajaría a los demás.

Tiempo para los niños. Japón se permite —de momento— el lujo de conceder bajas de maternidad a la mayoría de las madres jóvenes para que puedan educar a sus hijos. Son mujeres con una sólida cultura general, equiparable a la del bachillerato; además, un tercio de cada promoción tiene un título superior de dos años como mínimo, y casi todas las mujeres habían trabajado algunos años antes del matrimonio. Según todas las encuestas, la mayoría de las mujeres considera que la mejor solución es que el niño sea atendido en casa durante los tres primeros años de vida.[16]

En qué consiste la presencia, la *visibilidad* social de los niños: la educación, la cultura de los niños, sobre todo bajo el signo de la gran preocupación y autocrítica; todo esto es una cuestión cardinal en Japón. Ocupa el espacio público de las primeras páginas de los periódicos, de los programas en la franja de máxima audiencia y, de ningún modo, se trata de un tema femenino exclusivamente.

Las *expectativas* emocionales sobre la infancia como fase de la vida parecen más intensas en la cultura japonesa que en otras sociedades modernas. Ocuparse de los niños libera de las convenciones inexorables de la vida adulta japonesa. Por eso, se da esa permisividad, esa paciencia y ese espíritu de sacrificio con los niños durante la etapa infantil tan sorprendente desde la perspectiva occidental. Los niños se disfrutan con una débil melancolía y se les consiente una espontaneidad que uno tuvo que sacrificar en beneficio del desarrollo global del niño. En Japón, se contempla a los niños como personas a las que no se les han cortado las alas.

Donde coinciden «infancia» y «aprendizaje», dos de los fenómenos más valorados culturalmente en Japón, la sociedad japonesa moviliza las mayores energías.

En la tradición confuciana, el aprendizaje se valora como fuente de esfuerzos. Una persona que aprende es una persona buena en la que se puede confiar. A diferencia de lo que sucede en las sociedades occidentales, ocuparse de los niños supone *prestigio*. Una vida con los niños, ser «sólo ama de casa», no se considera un destino forzado para las mujeres. No se espera que las mujeres jóvenes que, hasta el momento, se habían relacionado con gente de su edad en la escuela y que, después, trabajan durante un tiempo, puedan cumplir bien con su papel de madres sin ayuda. El papel de madre más bien debe *aprenderse*, al igual que todo en la vida. Tener presente un modelo de «madre profesional» tal y como lo presentan los medios de comunicación y las otras madres ayuda, estimula y permite controlar a las madres jóvenes a través de una red de consejeros y obligaciones sociales.

Especialmente marcadas son las diferencias entre las culturas educativas de Japón y del mundo occidental en lo que se refiere a la *posición del educador profesional.* Desde los años setenta la posición social de una educadora japonesa equivale a la de un profesor universitario y, al menos al principio, en las instituciones públicas reciben el mismo salario. Tanto a la educadora como al profesor universitario se les llama *sensei,* es decir, maestro. La «dignidad del aprendizaje» influye en la situación profesional. No obstante, la autocrítica que los pedagogos japoneses realizan constantemente —y con un fuerte ritual— no conduce nunca a una conclusión de autosupresión de los pedagogos («antipedagogía»), a diferencia de las conclusiones occidentales. ¡Todavía se deberían hacer las cosas mucho mejor! Las organizaciones profesionales japonesas de educadoras y docentes universitarios de magisterio invierten mucho en formación continua, en el intercambio de experiencias in situ, además de organizar congresos nacionales anualmente en los que se reúnen miles de educadores y profesores de todo Japón.

En Japón, la *atención científica* a las condiciones de vida de los niños es muy activa, se publica mucho y con estadísticas, sobre todo ante los signos de gran preocupación por «fenómenos de crisis» que se debaten con enorme consternación pero que, en comparación con los datos occidentales, suelen parecer inofensivos.[17] Esto también afecta a las tasas de «suicidios de escolares», «violencia entre escolares» y «abandono escolar» que tanto gusta citar en Occidente. En Japón, es posible que estas perturbaciones más bien inofensivas en una cultura educativa armoniosa en comparación con lo que indican las estadísticas en las sociedades occidentales (sobre todo en Estados Unidos) se dramaticen a modo de advertencia, a modo de expresión de vigilancia general y de un exceso de preocupación totalitario. (En relación con los temas que cambian, véase *Education in Japan Yearbooks*, 1990-1999.)

Por ese motivo, se traduce mucha bibliografía científica internacional en Japón. Incluso los clásicos europeos de la pedagogía infantil pueden encontrarse en ediciones baratas. Aunque no se podrá encontrar una pedagogía infantil específicamente japonesa. Más bien se trata de una apropiación ecléctica de planteamientos europeos y norteamericanos que se japoniza en la práctica con niños, una habilidad especialmente japonesa relacionada con el aprendizaje de otras culturas. Como si nunca hubiera sido de otra forma, como si formara parte de la antigua tradición japonesa.

En Japón —donde la cultura del crecimiento ha superado claramente a la occidental—, impresiona la calidad educativa que se logra con homogeneidad hasta en los ámbitos más recónditos en las instituciones públicas para niños. Por lo que he podido observar, Japón es el país del mundo, junto a Suecia y Dinamarca, con la *menor diferencia en calidad* entre los centros de educación infantil urbanos y rurales, o entre los distritos y las regiones más ricas y más pobres.

La especial atención que se presta a los primeros años y los niños japoneses bien atendidos en un sentido amplio —niños que reflejan confianza en los adultos, niños que pueden jugar concentrados y con constancia— han impresionado a los viajeros de todo el mundo desde la apertura de Japón al mundo occidental en el siglo XIX, incluso cuando Japón dejó de maravillarles o detestaron realmente esta cultura, como fue el caso de Pierre Loti. Tras la Segunda Guerra Mundial, el rápido crecimiento económico de Japón ha planteado, sobre todo en Estados Unidos, la cuestión de los requisitos de esta capacidad, del capital humano japonés en los primeros años. Eminentes estudiosos de la cultura japonesa, como Thomas Rohlen, de Stanford, ya en los años ochenta dedicaron al tema «Infancia en Japón» ediciones especiales de revistas especializadas,[18] y los primeros estudios comparativos internacionales sobre el rendimiento de los escolares impulsaron ya entonces, sobre todo debido a los malos resultados de Estados Unidos, innumerables proyectos norteamericanos de investigación comparativa de los sistemas educativos de ambos países en los que siempre tuvo un peso importante la etapa infantil.[19]

En la República Federal de Alemania no se tuvieron en cuenta esos estudios comparativos internacionales durante los años de la certeza de crecimiento en Alemania. Tan sólo a inicios de los años noventa se iniciaron aquí algunos trabajos.[20] Sobre todo desde la agitación provocada por los malos resultados de Alemania en el estudio TIMS *(Third International Math and Science Study 1997)*, en Alemania ha surgido un gran interés por la educación japonesa en la familia y en la escuela infantil. Los profesores de secundaria alemanes quieren aclarar especialmente que el mayor rendimiento de los jóvenes japoneses de quince años no sólo se explica con la buena didáctica de las matemáticas durante el curso, sino que se remonta a las raíces de la habilidad para la resolución de problemas en las experiencias de la etapa infantil.

El ejemplo japonés puede fomentar que vuelvan a tenerse en cuenta los primeros años de aprendizaje como la primera etapa del sistema educativo, precisamente porque en las escuelas infantiles alemanas *no* se estudian hechos objetivos, sino que se crean sistemáticamente actitudes básicas. La disposición para la concentración, la curiosidad activa o la necesidad de cooperar se practican cuidadosamente en las escuelas infantiles japonesas como «trabajo de la vida».[21] «*Shitsuke* va antes de *ky?iku*», dice la norma básica japonesa para la pedagogía en la escuela infantil. *Shitsuke* significa «refinamiento del cuerpo y de sus gestos», es decir, actitudes básicas de un estilo de vida cuidadoso y estético, presencia de ánimo, actividad animada, alegría por la compañía de los demás. Servir el tazón de sopa del otro con tanto cuidado que no se vierta nada, plegar el pijama con tanta precisión que quepa en el pequeño cajón... Sólo después de que el *shitsuke* fije las bases de los «hábitos de vida fácilmente asimilables», se puede pasar al *ky?iku*, es decir, al aprendizaje formal.[22]

Sin embargo, cuanto más claramente se percibe en Occidente y en Japón lo que necesitarán los niños en el futuro para encaminarse a la sociedad de la información —más que nunca sus *propias* preguntas, sus propias respuestas, el aprendizaje como actividad eficaz por sí misma—, con más nitidez se ven las limitaciones de la cultura japonesa del aprendizaje. La relación maestro-alumno es una relación a la que los japoneses siguen recurriendo hasta una edad avanzada. En Japón se da el porcentaje más elevado de educación para adultos. Los conocimientos que buscan las personas de mediana edad y los ancianos sólo en raras ocasiones sirven para ascender profesionalmente, para «cualificarse» para la carrera profesional. Se prefieren buscar oportunidades para cultivarse, como en concursos de *haikus,* en los que participan cientos de miles de personas; el *ikebana* en los círculos del arte caligráfico. Pero ¿tiene futuro este «modelo de aprendizaje» tradicional, esta constelación maestro-alumno tan valiosa para los japoneses? «El maestro la aguja, el alumno el hilo.» ¿Cómo se adapta esto a la sociedad de la información? Además, desde la Segunda Guerra Mundial, la escuela se ha convertido en el universo de los niños y de los jóvenes japoneses. Hasta el ingreso en la universidad, pasan el doble de tiempo en la escuela que los niños y jóvenes alemanes. En la escuela japonesa, durante la jornada se da a los niños más tiempo para el arte, el movimiento y los grupos de interés que en la escuela alemana de media jornada, pero sigue siendo la *escuela.* ¿Dónde aprende un niño a conocer su propio ritmo, a seguir sus propios intereses? Los japoneses, con la expectativa de vida más elevada del mundo, deberán llenar treinta mil horas de ocio tras acabar la vida laboral. Aun así, actualmente la intensa «pedagogización» de la vida en la etapa infantil recibe duras críticas.[23]

En Asia, Japón domina la pedagogía elemental, organiza conferencias sobre política educativa y asesora a escuelas infantiles modelo en Taiwán, Malasia y China. En Alemania no se busca el intercambio investigador con Japón en el campo de la pedagogía. Esto no sólo se debe a la ingenuidad alemana, sino que también se debe a cierto desinterés japonés por la escena educativa alemana. Allí se escriben artículos sobre Friedrich Fröbel, pero de las escuelas infantiles alemanas de la actualidad parecen esperarse pocas propuestas. En los años noventa circulaba entre los directivos japoneses la siguiente recomendación confidencial para la educación óptima de los hijos: educación infantil y primaria en Japón, educación secundaria en Alemania y educación superior en Estados Unidos.

Puesto que los japoneses destacan por su capacidad de observación de la calidad en otros países, esta opinión debería preocuparnos.

HUNGRÍA

Al igual que en Rusia, también Hungría se «desregularizó» tras el hundimiento del socialismo; eso significa que la responsabilidad estatal sobre la etapa elemental del sistema educativo pasó a las autoridades municipales. Mientras que para las escuelas infantiles rusas eso supuso, por lo general, el cierre o el empeoramiento de las condiciones, o que los mejores centros de educación infantil fueran imposibles de pagar para la mayoría, parece que el sistema educativo húngaro ha resistido mejor la ruptura con el socialismo. La fuerza especial que tiene el sistema educativo húngaro, la extensa «alfabetización musical» desde la edad preescolar, se ha mantenido tras el cambio de régimen.

Hungría es un ejemplo históricamente único de cómo la llamada de un musicólogo y compositor puede poner en marcha reformas educativas. «¡La música pertenece a todos!» Esta exigencia de Zoltán Kodály impulsó tras la Segunda Guerra Mundial un movimiento pedagógico en Hungría cuyos efectos aún pueden observarse en el elevado nivel de la educación musical básica de los centros de educación infantil y de las escuelas.

«En todas las grandes artes el niño está vivo», había afirmado Kodály. En los años cincuenta, Kodály y su colaboradora Katalin Forrai emprendieron la creación de una educación musical básica en las guarderías y escuelas infantiles húngaras, así como la introducción de una pedagogía musical sistemática en la formación de educadoras y profesores. Para Kodály, la clave para la alfabetización musical no es el instrumento musical, sino la parte del canto. «Debemos llevar la música a las masas, pero la cultura instrumental no puede ser nunca una cultura de masas.» En 1937 había calculado que un niño húngaro habría aprendido una media de 57 canciones tras dieciocho meses. Lo que hoy parece un repertorio impresionante, a Kodály le parecía un resultado débil que quedaba muy lejos de las posibilidades musicales de cada niño. «Se dice que un viejo zíngaro olvida una canción cada día. El niño en edad preescolar puede aprender una nueva canción cada día.»

El repertorio de canciones de las educadoras húngaras, tal y como lo encontró, lo criticó por infantil. A las melodías y los textos de las canciones infantiles de entonces les faltaba temperamento, eran «improvisaciones inseguras [...] sin carácter y aburridas. Si la comida que le damos a nuestros hijos fuera de la misma calidad que las canciones, hace tiempo que habrían dejado de vivir». A cambio, introdujo transcripciones de música popular húngara, polirrítmicas, material complejo, sobresaliente en la tradición de la tecnología musical que él mismo había fundado a principios del siglo XX en Hungría junto con Béla Bartók. «Hay espacios del alma que sólo se iluminan por medio de la música, así como experiencias físicas que sólo pueden realizarse con la música [...]. Todos los niños deberían haberse sentido invadidos por la gran música húngara alguna vez.»

Después del cambio de régimen, en Hungría se esforzaron por la continuidad en el campo de la educación musical. Desde 1996, cada escuela infantil puede elegir sus propios puntos fuertes para los tres cursos de educación preescolar de acuerdo con las autoridades municipales y los padres. En la actualidad, las escuelas infantiles húngaras pueden especializarse en el área matemática y científica (en este punto surgen las preguntas de los padres) u ofrecer una segunda lengua, lo que en gran medida supone fomentar alguna de las once lenguas minoritarias de Hungría. El deporte y la actividad física pueden ser un punto fuerte, o incluso la música. Después de tres años, según el plan húngaro para la etapa preescolar, todos los niños deben haber desarrollado conocimientos básicos y habilidades en todas estas áreas, lo que incluye también el área de la música. En el último año de educación preescolar, la educadora evalúa el desarrollo alcanzado por cada niño antes de su paso a la educación primaria. La evaluación realizada por la educadora es importante para la escolarización; en Hungría los educadores de la etapa infantil tienen un gran prestigio en comparación con Alemania. Los educadores tienen un título equivalente al bachillerato y se forman en escuelas superiores de magisterio junto con los maestros de primaria. Al igual que éstos, los educadores también se denominan «pedagogos» y, como funcionarios, reciben el mismo salario, aunque los pedagogos de escuelas infantiles trabajan con los niños algunas horas más a la semana.

Incluso hoy en día, treinta años después de la muerte de Kodály y diez años después del cambio de régimen, destaca el gran nivel de formación musical de las escuelas infantiles húngaras que, en absoluto, disponen de un equipamiento superior a la media según los criterios alemanes. Los educadores no tienen genios ante sí, sino niños de cinco años que bailan complicadas coreografías con presencia rítmica y seguridad gestual, y que cantan de memoria un amplio repertorio de canciones populares húngaras o de canciones en otros idiomas. Ya en la etapa preescolar los niños aprenden a «pensar» melodías y ritmos de canciones y bailes, es decir, a cantar por dentro, a escuchar pausas y representarlas con gestos. En las escuelas infantiles especializadas en música se profundiza sobre todo en los ejercicios de eco, en las primeras canciones con forma de canon.

Kodály observó que muy poca gente presenta problemas de entonación permanentes. El propio menosprecio («no sé cantar», «no tengo oído para la música») indicaba para él un proceso de aprendizaje defectuoso: a no tener oído para la música se aprende. Exigió que cada niño pudiera hallar su propia voz para cantar.

No sólo en la formación de las educadoras húngaras la posición de la música es indiscutida de momento, también tras el cambio de régimen se ha mantenido vivo el compromiso musical en general. En los conciertos para la familia, como el tradicional concierto de la Orquesta Filarmónica de Budapest los sábados, se agotan las entradas. Los centros culturales ofrecen eventos musicales en familia de otro tipo, también fuera de las grandes ciudades. Para los grupos húngaros de música popular conocidos sigue resultando natural tocar gratis cuando se juntan padres, abuelos y niños en las tardes musicales de padres e hijos. No se puede perder la tradición, así se cuida el público del futuro.

El programa de Kodály para una «musicalización» temprana tuvo eco en Estados Unidos. Desde los años noventa también se sigue el método Kodály en muchas escuelas primarias de Inglaterra. En Hungría, los trabajadores cualificados de la fundación londinense «Voice» recuperan en la práctica una cualificación profesional fundamental junto con educadoras de escuelas infantiles y maestras de primaria: el canto.

En la formación de las educadoras alemanas, la pedagogía musical se toca de soslayo y no existe una especialización de «Docencia de la música en escuelas de educación general». Sólo el nueve por ciento de las maestras de primaria han estudiado música como asignatura. La tradición de cantar con los niños se perdió hace mucho. La apropiación de las canciones populares por parte del nacionalsocialismo perjudicó la relación con la música popular alemana. Actualmente, en la vida de los niños alemanes hay más música que nunca, pero aún estamos lejos de alcanzar una *musicalización* de todos los niños equiparable a la alfabetización.

En el caso húngaro se puede apreciar de lo que se priva a los niños. Un país pequeño como Hungría puede mantener viva la exigencia de desarrollar la música como una idioma elemental de los seres humanos. No obstante, para lograr exactamente lo mismo en Alemania, el ejemplo húngaro no es adecuado. ¿Qué alumna de magisterio alemana estudiaría bailes en círculo con los niños o se aprendería una canción tras otra sin objeciones irónicas, sin dudas pedagógicas?

¿En qué parte de la cultura musical húngara se encuentra el aprendizaje «autoefectivo», el aprendizaje «autoeducativo»? Los niños se disponen en círculo y realizan la coreografía indicada, aprenden canciones que les han cantado, siguen ritmos con palmadas. Y sin embargo, por lo que observamos, no parecen regulados ni heterónomos. La experiencia del caso húngaro puede prevenir, por lo menos, que los conceptos pedagógicos se concierten en nuevas doctrinas redentoras como la del «niño que se educa a sí mismo».

Epílogo
Inventar al niño

Para rodar la película *Escritura y signos* visitamos a Florian en su casa. Queremos observar cómo los niños intentan captar los signos y los símbolos que se encuentran en su parcela del mundo a partir de la etapa infantil.

Florian ha cumplido dos años hace unas semanas. En estos momentos, su bien más preciado es un atlas gigante. Posiblemente, ya lo considera un «libro» porque el pesado volumen se guarda junto a sus otros libros y porque el padre se sienta y adopta una postura concreta cuando Florian examina este pesado objeto. Florian abre el libro con todo el brazo. Con su altura, el movimiento equivale al de un adulto al abrir la puerta de un armario. «El mundo es grande, ¿eh?», susurra el padre. Cuando Florian pasa las páginas, también necesita todo el brazo, como un empapelador. Se detiene en su página preferida: América. «Estados Unidos», precisa el padre.

Al borde de la página un filete con reproducciones de las banderas de los diferentes estados del tamaño de un sello de correos. Una mirada de soslayo al padre: ¿Puede empezar el juego? Puede: ¿Dónde está Wyoming? El dedo índice de Florian aterriza en medio de la reproducción de la bandera de Wyoming. ¿Tennessee? Correcto. ¿Georgia? Correcto. ¿California? *Pausa.* Florian, ¿California? Un suspiro, un movimiento hacia delante con todo el cuerpo: ¡Ahí!

Tras las séptima bandera de un estado de Estados Unidos, el cámara está perdido. Debe dejar la cámara, ya no puede rodar desde el hombro. Se ríe tanto que se mueve. Se rueda con la estática. Continúan con Pennsylvania, Florida, Washington…

¿A qué se está jugando? ¿A un juego de caza? Así atrapan algunos perros jóvenes a las avispas. Y así son los juegos educativos, los concursos de conocimientos generales, los ejercicios educativos humanos: Florian, a sus dos años, al nivel de los programas concurso de la tarde. Los espectadores comparten asombrados su alegría y su triunfo. Ha encontrado la palabra correcta, el símbolo correcto: ¡Ábrete Sésamo! Una llave mágica para el tesoro oculto…

Perdón, ¿qué tesoro? ¿Banderas de los estados norteamericanos? Los niños deben ser creativos ¿y se buscan estas actividades triviales para su educación? ¿Qué tiene que ver la bandera de Wyoming con su situación personal? En apariencia, nada; y si profundizamos en lo estético y en lo psicológico tampoco encontramos explicación.

Pero Florian acaba de vivir algo que en nuestra lista de deseos aparece como: «La experiencia de que un avance en el aprendizaje provoca regocijo en los adultos». Florian percibe lo impresionados que estamos por su obra de arte cognitiva. Su energía aumenta a raíz de nuestro asombro. No sólo nos maravilla él, Florian, en este momento estelar de su concurso de conocimientos, sino también las sorprendentes posibilidades cognitivas de todas las personas.

Para el niño de dos años, también se da en estos momentos otra experiencia de nuestra lista: «Haberse adelantado a su edad». Florian todavía habla con frases de una sola palabra, pero puede reconocer una secuencia de sonidos como Ten-nes-see y hallarla entre cincuenta símbolos gráficos.

Ya no podíamos sujetar la cámara, la imagen se movía. Otra vez tenemos que rodar una nueva imagen del niño de dos años y de lo que denominamos aprendizaje «sensato».

Debemos «permitir», «promover» la creatividad de los niños, nos dicen en los congresos de educación sobre el futuro de la sociedad de la información. Como si supiéramos lo que es la creatividad. Florian nos ha mostrado el camino, ahora somos nosotros los que debemos ser creativos. ¡Inventar al niño! En el estudio visionaremos el material y lo montaremos. Después haremos en la mesa de edición lo que los padres hacen constantemente por el rabillo del ojo, lo que hacen los científicos con datos y textos en el ordenador: formaremos una nueva imagen del niño.

AGRADECIMIENTOS

El proyecto *Conocimientos del mundo a los siete años* estuvo financiado entre 1996 y 1999 por el Ministerio Federal de Educación y Ciencia de Alemania. A Hans Herbert Wilhelmi (...1998) siempre le estaré agradecida por la sinceridad con la que acogió ésta y otras muchas ideas de proyectos, y por la confianza que puso en la maduración de las mismas. Mucho tengo que agradecer también a mis compañeros del Instituto de la Juventud Alemán. El hecho de que su director, Ingo Richter, apreciara la investigación sobre la infancia y la juventud desde múltiples perspectivas, ha ayudado a mantener el trabajo abierto a los amplios márgenes de maniobra necesarios.

En nuestro equipo de redacción de *Conocimientos del mundo a los siete años,* participaron científicos, publicistas y pedagogos que debatieron sus ideas y los resultados de las entrevistas: Irmgard Burtscher, Eva Grüber, Silvia Hüsler, Elke Kater, Reinhard Kahl, Thomas Kehlert y Barbara Tennstedt, Gabriele König, Gerd Schäfer, Peter Loewy, Hannelore Ohle-Nieschmidt, Inge Pape, Otto Schweitzer, Harald Seehausen, Anke Steenken. De las más de ciento cincuenta entrevistas, sólo hemos podido reproducir aquí una pequeña selección, pero sus temas y nuestros debates se reconocen en todo el libro.

También damos las gracias a los alumnos de los seminarios sobre conocimientos del mundo en las universidades de Frankfurt, Innsbruck y Friburgo por sus ideas y por los protocolos de entrevistas multilingües.

Frankfurt am Main, enero de 2001

NOTAS

CAPÍTULO I

[1] Alison Gopnik, Andrew N. Meltzoff, Patricia Kuhl, *The Scientist in the Crib. Minds, Brains, and How Children Learn*, Nueva York, 1999.

[2] Peter Sloterdijk, *Vor der Jahrtausendwende*, Frankfurt, 1990, p. 707.

[3] Johann Wolfgang von Goethe, *Poesía y verdad: de mi vida*, trad. de Rosa Sala, Alba Editorial, Barcelona, 1999, p. 85.

[4] Peter Handke, *Historia de niños*, trad. de Jorge Deike, Alianza Editorial, Madrid, 1986, p. 68.

[5] Friedrich Schiller, *Sobre la gracia y la dignidad, Sobre poesía ingenua y poesía sentimental*, trad. de Juan Probst y Raimundo Lida (1953), Icaria, Barcelona, 1985, pp. 67-68.

[6] Peter Sloterdijk, *Vor der Jahrtausendwende*, Frankfurt, 1990.

[7] Diane Ravitch, *National Standards in American Education. A Citizen's Guide*, Washington, 1993.

[8] *Delphi-Befragung 1996-1998: Potentiale und Dimensionen der Wissensgesellschaft. Auswirkungen auf Bildungsprozesse und Bildungsstrukturen. Integrierter Abschlußbericht*, Múnich, 1998.

[9] Johann Amos Comenius, *Orbis Sensualium Pictus*, (1658), prólogo de Heiner Höfener, Harenberg, 1978.

[10] Comenius, *Didáctica Magna*, Akal, Madrid, 1986, pp. 86-87.

[11] Veit J. Dieterich, *Johann Amos Comenius*, Reinbek, 1995, p. 58.

[12] I. Seeger, L. Keller, *J. A. Comenius: Das einzig Notwendige*, Hamburgo, 1904, reimpr. 1964, p. 140.

[13] Hans Joachim Heydorn, *Zur bürgerlichen Bildung. Anspruch und Wirklichkeit. Bildungstheoretische Schriften I*, Frankfurt, 1980, pp. 197-227.

Capítulo II

[1] Florian Illies, *Generation Golf. Eine Inspektion*, Berlín, 2000.

[2] N. Bennett, L. Wood y S. Rogers, *Teaching Through Play*, Buckingham, 1997.

[3] Ferre Laevers, «Deep Level Learning. An Exemplary Application on the Area of Physical Knowledge», en: *European Early Childhood Research journal*, vol. 1, nº 1, pp. 53-68.

[4] Proyecto «Gastarbeiterkinder» (ed.), *Freunde und Fremde. Kindergarten, ausländische kinder und ihre Familien*, Gelnhausen, 1983.

[5] Equivalente a 2º de E.S.O. (*N. de la T.*)

[6] Bundesministerium für Familie (ed.), *Kinder- und Jugendbericht der Bundesregierung*, Bonn, 1998.

[7] GEO, *Die Väter*, 1, 2001.

[8] El sistema de notas alemán es muy diferente del español. Se puntúa del 1 al 5, con el 1 como mejor nota. Así pues, un 2 equivale a un notable y un 3 a un bien. El Gymnasium equivale a nuestro Instituto de Enseñanza Secundaria. La Hauptschule es un centro de secundaria con un nivel de exigencia menor. (*N. de la T.*)

[9] Giorgio Manganelli, «Hat Pinocchio recht?», en: *Corriere della Sera*, 14-9-1981, citado en: Donata Elschenbroich, en: *Kindheit*, 4, 1982, p. 145.

[10] Johann Wolfgang von Goethe, *Poesía y verdad: de mi vida*, trad. de Rosa Sala, Alba Editorial, Barcelona, 1999, p. 336.

Capítulo III

[1] Imgard Burtscher y Donata Elschenbroich (ed.), *Südtiroler Kindheiten. Erinnerungen und Bilder drei Generationen*, Bozen, 1996.

[2] Mihályi Csikszentmihályi y Eugene Rochberg-Halton, *Der Sinn der Dinge. Das Selbst und die Symbole der Wohnbereichs*, Weinheim, 1989.

Villém Flusser, *Vom Stand der Dinge*, Göttingen, 1993.

[3] William Maxwell, *They Came Like Swallows*, Nueva York, 1938.

[4] Gert Selle, *Siebensachsen. Ein Buch über die Dinge*, Frankfurt/Nueva York, 1998.

[5] Institut für Demoskopie Allensbach, Frankfürter Allgemeine Zeitung, 16-8-2000, p. 5.

[6] F. Karl Waechter, *Brülle ich zum Fenster raus*, Weinheim, 1984.

[7] Peter Handke, *Historia de niños*, trad. cast.: Jorge Deike, Alianza Editorial, Madrid, 1986, p. 44.

[8] Harold W. Stevenson y J. Stigler, *The Learning Gap*, Nueva York, 1992.

[9] Proyecto «Infancia en Siegerland», estudios prácticos sobre la infancia en una región, manual de métodos, Siegen, 1991.

[10] Annemarie Schimmel, *Wie universal ist die Mystik?*, Friburgo, 1998.

[11] Martin Dornes, *Die frühe Kindheit. Entwicklungspsychologie des ersten Lebensjahres*, Frankfurt am Main, 1997.

[12] William Fifer, «Of Human Bonding. Newborns Prefer their Mother's Voice», en: *Science*, 208, 1980, pp. 1174-1176.

David B. Chamberlain, *Woran Babies sich erinnern. Die Anfänge unseres Bewusstseins im Mutterleib*, Múnich, 1990.

[13] Andrew N. Meltzoff, «Imitation of Facial and Manual Gestures by Human Neonates», en: *Science*, 198, 1977, pp. 75-78.

[14] Hanus Papousek y Mechthild Papousek, «Mothering and the Cognitive Head Start. Psychobiological Considerations», en: H. R. Schaffer (ed.), *Studies in Mother-Infant Interaction*, Londres, 1977, p.70.

[15] Peter Sloterdijk, *Weltfremdheit*, Frankfurt am Main, 1993.

[16] John Locke, *Gedanken über Erziehung [Pensamientos sobre la educación]*, Frankfurt am Main, 1993.

[17] Albert Schweitzer, *Aus meiner Kindheit und Jugendzeit*, Múnich, 1924.

[18] Laurence Caillet, *Das Leben der Frau Yamazaki. Eine japanische Karriere*, Múnich, 1993.

[19] Gudula List, *Sprachpsychologie*, Stuttgart, 1981.

[20] Caroline Barratt-Pugh, «This says "Happy New Year". Learning to be Literate: Reading and Writing with young Children», en: Lesley Abbott y Helen Moylett (ed.), *Working with the Under-threes: Responding to Children's Needs*, Buckingham-Philadelphia, 1997, pp. 53-74.

[21] Ute Andresen, *Wort, Welt, Wir*, Múnich, 1999.

Gundel Mattenklott (ed.), «Über Schrift und Schreiben. Metamorphosen der Schrift», en: *Päd. Forum*, diciembre de 1998.

[22] Barrat-Pugh, op. cit., pp. 44 y siguientes.

[23] Alberto Manguel, *Una historia de la lectura*, trad.: José Luis López Muñoz, Alianza Editorial, Fundación Germán Ruipérez, Madrid, 1998, p. 181.

[24] Hanus Papousek y Mechthild Papousek, «Beginning of Human Musicality», en: Robert Steinberg (ed.), *Music and the Mind Machine*, Berlín, 1995.

[25] Verband deutscher Musikschulen (ed.), *Statistisches Jahrbuch der Musikschulen in Deutschland*, Bonn, 1999.

[26] H. G. Bastian, *Musik(erziehung) und ihre Wirkung*, Mainz, 2000.

Magda Kalmár, *Assesing the Effects of the MUSE-Project*, Budapest, 1999.

[27] André Leroi-Gourhan, *Hand und Wort. Die Evolution von Technik, Sprache und Kunst*, Frankfurt am Main, 1995.

[28] Frank R. Wilson, *Die Hand - Geniestreich der Evolution*, Stuttgart, 2000. *[La mano: de cómo su uso configura el cerebro, el lenguaje y la cultura humana*, trad.: Jaime Gavaldá Posiello, Tusquets, Barcelona, 2002.]

Capítulo IV

[1] Hans Bertram, «Familie, Ökonomie und Fürsorge», en: *Aus Politik und Zeitgeschichte*, suplemento «Das Parlament», n.º 53, 25 de diciembre de 1998, pp. 27-37.

[2] OECD Country Note 2000, *Early Childhood Education and Care Policy in the USA.*

[3] OECD Country Note, op. cit., p. 23.

[4] Jerome Kagan, *Three Seductive Ideas*, Cambridge, 1998.

[5] Arlie Russel Hochschild, *The Time Bind. Whe Work becomes Home and Home becomes Work*, Nueva York, 1998.

[6] Donata Elschenbroich, «Der Vater amerikanischer Familien» (entrevista con el Dr. Benjamin Spock), en: Deutsches Jugendinstitut (ed.), *Was für Kinder. Ein Handbuch*, Múnich, 1993, p. 170.

[7] National Education Goals Panel, 1997.

[8] Adams y Schulman, 1998, citado en: OECD, op. cit., p. 24.

[9] Whitebook y otros, 1998, citado en: OECD, op. cit., p. 35.

[10] CQCO Study Team 1995, citado en: OECD, op. cit., p. 45.

[11] Elizabeth Jones y John Nimmo, *Emergent Curriculum*, Washington D.C., 1995.

[12] Margaret Whalley, *Learning to be Strong*, Londres, 1994.

Margaret Whalley y Pen Green Team (ed.), *Involving Parents in their Children's Learning*, Londres, 2001.

[13] *Frankfurter Allgemeine Zeitung*, 16 de junio de 1999.

[14] Chris Pascal y otros (ed.), *Effective Early Learning. The Quality Evaluation and Development Process*, Worcester, 1994.

[15] W. Tietze, K. M. Schuster y H. G. Rossbach, *Kindergarten-Einschätzskala*, Neuwied, 1997.

[16] Foundation for Children's Future, *Child Welfare. Information from Japan*, Tokio, 2000.

[17] Donata Elschenbroich (ed.), *Anleitung zur Neugier*, Frankfurt am Main, 1996.

[18] *The Journal of Japanese Studies*, n.º 15/1, invierno de 1989.

[19] Harold Stevenson y Jerome Stigler, *The Learning Gap*, Nueva York, 1992, p. 54.

[20] Más referencias en la bibliografía comentada que se recoge en: Donata Elschenbroich, *Aufwachsen und Lernen in Japan*, Múnich, 1994.

[21] Thomas Rohlen, *Japan's High Schools*, Berkeley, 1983.

[22] Volker Schubert, *Die Inszenierung der Harmonie. Erziehung und Gesellschaft in Japan*, Darmstadt, 1992.

[23] The Foundation for Children's Future, *Child Welfare*, Tokio, 2000.

BIBLIOGRAFÍA

ALBER, CHRISTINE: *Lernwerkstatt Kindedrgarten. Ein Handbuch für die Praxis.* Berlín, 2000.

ANDRESEN, UTE: *Ausflüge in die Wirklichkeit.* Weinheim, 2000.

ATHEY, CHRIS: *Extending Thought in Young Children. A Parent-Teacher Partnership.* Londres, 1990.

BACHELARD, GASTON: *Die Bildung des wissenschaftlichen Geistes.* Frankfurt am Main, 1987.

— : *Die Flamme einer Kerze.* Múnich, 1988.

BALHORN, HEIKO; NIEMANN, HEIDE: *Sprachen werden Schrift. Mündlichkeit, Schriftlichkeit, Mehrsprachigkeit.* Lenwil, 1997.

BEHNKEN, IMBKE; JAUMANN, O. (ed.): *Kindheit und Schule. Kinderleben im Blick von Grundschulpädagogik und Kindheitsforschung.* Weinheim, 1995.

BENTZEN, WARREN: *A Guide to Observing and Recording.* Albany, 1993.

BERGLAND, RICHARD: *The Fabric of Mind.* Nueva York, 1985.

BERTRAM, HANS: «Familie, Ökonomie und Fürsorge». En: *Aus Politik und Zeitgeschichte. Beilage Das Parlament.* Vol. 53/98, 25. Dez. 1998, pp. 27-37.

BLOOM, B. S.: *Taxonomy of Educational Objectives. The Classification of Educational Goals.* Nueva York, 1964.

BOUEKE, DIETRICH; SCHÜLEIN, FRIEDER y otros.: *Wie Kinder erzählen. Untersuchungen zur Erzähltheorie und zur Entwicklung narrativer Fähigkeiten.* Múnich, 1995.

BRONFENBRENNER, URIE: *The Ecology of Human Development.* Cambridge, 1979.

BRUCE, TINA: *Time to Play in Early Childhood Education*. Londres, 1991.

BRUNER, JEROME: *The Culture of Education*. Cambridge, 1996.

BRÜGELMANN, HANS; BALHORN, HEIKO; FÜSSENICH, IRIS (ed.): *Am Rande der Schrift. Zwischen Sprachenvielfalt und Analphabetismus*. Lengwil 1995.

Bundesministerium für Bildung und Forschung (BMBF) (ed.): Delphi-*Befragung 1996-1998: Potentiale und Dimensionen der Wissensgesellschaft. Auswirkungen auf Bildungsprozesse und Bildungsstrukturen*. Bonn 1998.

BURTSCHER, IRMGARD: *Mehr Spielraum für Bildung. Kindertagesstätten als Bildungseinrichtungen der Zukunft*. Múnich, 2000.

BURTSCHER, IMGARD; ELSCHENBROICH, DONATA (ed.): *Südtiroler Kindheiten. Erinnerungen und Bilder aus drei Generationen*. Bozen, 1996.

CHAMBERLAIN, DAVID B.: *Woran Babies sich erinnern. Die Anfänge unseres Bewußtseins im Mutterleib*. Múnich, 1990.

CHARTIER, ROGER; CAVALLO, G.: *Die Welt des Lesens*. Frankfurt am Main, 1999 [*Historia de la lectura en el mundo occidental*, Taurus, Madrid, 1997].

CHAWLA, LOUISE: «Childhood's Changing Terrain. Incorporating Childhood Past and Present into Community Evaluation». En: *Childhood*, 1994, 4, pp. 221-233.

COLBERG-SCHRADER, H.; KRUG, M.: *Arbeitsfeld Kindergarten. Pädagogische Wege, Zukunftsentwürfe und berufliche Perspektiven*. Weinheim/Múnich, 1999.

COMENIUS, JOHANN AMOS: *Orbis Sensualium Pictus*. 1658.

CSIKSZENTMIHÁLYI, MIHÁLY; ROCHBERG-HALTON, E.: *The Meaning of Things. Domestic Symbols and the Self*. Cambridge, Mass., 1981.

DAHLBERG, G.; MOSS, P.; PENCE, A.: *Beyond Quality in Early Childhood Education and Care: Postmodern Perspectives*. Hampshire, 1999.

DAMASIO, A. R.: *Descartes' Irrtum. Fühlen, Denken und das menschliche Gehirn*. Múnich, 1994.

DAVID, TRICIA (ed.): *Researching Early Childhood Education. European Perspectives*. Londres, 1998.

Delphi-Befragung 1996-1998: «Potentiale und Dimensionen der

Wissensgesellschaft. Auswirkungen auf Bildungsprozesse und Bildungsstrukturen. Abschlußbericht zum "Bildungs-Delphi", Integrierter Abschlußbericht». Múnich, 1998.

DETTLING, WARNFRIED: *Die Zukunft denken.* Frankfurt am Maine, 1996.

Deutsches Jugendinstitut (ed.): *Was für Kinder. Aufwachsen in Deutschland. Ein Handbuch.* Múnich, 1993.

DEWEY, JOHN: Experience and Education. Nueva York, 1938.

DIETERICH, VEIT JAKOBUS: *Johann Amos Comenius.* Reinbek, 1995.

DOMES, MARTIN: *Die frühe Kindheit. Entwicklungspsychologie der ersten Lebensjahre.* Frankfurt am Maine, 1997

—: *Die emotionale Welt des Kindes.* Frankfurt am Maine, 2000.

DRUMMOND, M. J.; LALLY, M.; PUGH, G. (ed.): *Developing a Curriculum for the Early Years.* Londres (National Children's Bureau), 1989.

EDWARDS, C.; GANDINI, L.; FORMAN, G.: *The Hundred Languages of Children. The Reggio Emilia Approach.* New Jersey, 1996.

ELKIND, DAVID: *Ties that Stress. The New Family Imbalance.* Boston 1994.

ELSCHENBROICH, DONATA: *Aufwachsen und Lernen in Japan. Eine kommentierte Bibliographie angloamerikanischer, japanischer und deutscher Literatur.* Múnich, 1994.

— (ed.): *Anleitung zur Neugier. Grundlagen japanischer Erziehung.* Frankfurt am Maine, 1996.

—: «Wissensfreie Kindheit. Bildungspolitik macht einen Bogen um die frühen Jahre». En: RAINER FLÖHL, HENNING RITTER (ed.): *Wissenschaftsjahrbuch* 1998, Frankfurt am Maine, 1998, pp. 340-345.

—: «Das Kind als Modell». En: JEISMANN, MICHAEL (ed.): *Das 20. Jahrhundert.* Múnich, 2000.

—: «Ein neues Jahrhundert des Kindes? Von Ankunftswesen und Erkenntniswesen». En: LARASS, PETRA (ed.): *Kindsein – kein Kinderspiel. Katalog zur Ausstellung in den Franckeschen Stiftungen.* Halle, 2000, pp. 425-435.

FEIN, SYLVIA: *Heidi's Horse.* Pleasant Hill, 1976.

—: First Drawings. *Genesis of Visual Thinking.* Mit einem Vorwort von Rudolf Amheim. Pleasant Hill, 1993.

FLUSSER,VILLEM: Vom Stand der Dinge. Göttingen, 1993.

Fthenakis, W E.; Eirich, H. (ed.): *Erziehungsqualitäten im Kindergarten. Forschungsergebnisse und Erfahrungen.* Friburgo, 1998.

GARBARINO, JAMES; STOTT, FRANCES M.: *What Children Can Tell Us. Eliciting, Interpreting and Evaluating Information from Children.* San Francisco/Oxford, 1990.

GARDNER, HOWARD: *Dem Denken auf der Spur. Der Weg der Kognitionswissenschaft.* Stuttgart, 1989.

GEMBRIS, HEINER: *Grundlagen musikalischer Begabung und Entwicklung.* Augsburg, 1998.

GONTSCHAROW, IWAN A.: *Oblomov.* Múnich, 1994 [*Óblomov*, Alba Editorial, Barcelona, 2002].

GOPNIK, ALISON; MELTZOFF, ANDREW N.; KUHL, PATRICIA, K.: *The Scientist in the Crib. Minds, Brains and How Children Learn.* Nueva York, 1999.

GORKI, MAXIM: *Wie ich lesen lernte* (San Petersburgo, 1918). Berlín, 2000.

Guzzetti, Barbara; Hynd, Cyndie (ed.): *Perspectives an Conceptual Change. Multiple Ways to Understand Knowing and Learning in a Complex World.* University of Georgia, 1998.

HANDKE, PETER: Kindergeschichte. Frankfurt am Maine, 1980 [*Historia de niños*, trad. Jorge Deike, Alianza Editorial, Madrid, 1986].

HART, ROGER: *Children's Experience of Place.* Nueva York, 1979.

HEINZEL, FRIEDERIKE (ed.): *Methoden der Kindheitsforschung. Ein Überblick über Forschungszugänge zur kindlichen Perspektive.* Weinheim/Múnich, 2000.

HENGST, HEINZ; ZEIHER, HELGA (ed.): *Die Arbeit der Kinder. Kindheitskon zept und Arbeitsteilung zwischen den Generationen.* Weinheim/Múnich, 2000.

HOCHSCHILD RUSSEL, ARLIE: *The Time Bind. When Work becomes Home and Home becomes Work.* Nueva York, 1998.

HOENISCH, N.; NIGGEMEYER, E.; ZIMMER, J.: *Vorschulkinder.* Stuttgart, 1969.

HOHMANN, MARY; WEIKART, DAVID P.: *Educating Young Children.* (Ypsilanti High/Scope Educational Research Foundation), 1995.

ILLIES, FLORIAN: *Generation Golf. Eine Inspektion.* Berlín, 2000.

ISAACS, SUSAN: *The Nursery Years*. Londres, 1968.

JAIN, M.: *Towards Open Learning Communities: One Vision under Construction*. UNESCO, París, 1997

KATZ, LILIAN; CHARD, SYLVIA: *Engaging Children's Minds. The Project Approach*. Norwood, New Jersey, 1993.

KEY, ELLEN: *Das Jahrhundert des Kindes. (1902)*. Weinheim, 1992.

KRAPPMANN, LOTHAR: «Reicht der Situationsansatz? Nachträgliche und vorbereitende Gedanken zu Förderkonzepten im Elementarbereich». En: *Neue Sammlung* 35, 1994, n.º 4, pp. 103-124.

KRAPPMANN, LOTHAR; OSWALD, HANS: *Alltag der Schulkinder. Beobachtungen und Analysen von Interaktionen und Sozialbeziehungen*. Weinheim, 1995

LAEWEN, H.-J.; NEUMANN, K.; ZIMMER, J. (ed.): *Der Situationsansatz. Vergangenheit und Zukunft*. Seelze-Velber, 1997.

LAKOFF, G.; JOHNSON, M.: *Philosophy in the Flesh. The Embodied Mind and its Challenge to Western Thought*. Nueva York, 1999.

LEROI-GOURHAN, ANDRE: *Hand und Wort. Die Evolution der Technik in Sprache und Kunst*. Frankfurt am Maine, 1995

LESTER, BARRY M.; BOUKYDIS, C.F.Z. (ed.): *Infant Crying*. Nueva York, 1985.

LEWIS, CATHERINE: *Educating Hearts and Minds*. Cambridge, 1996.

LOCKE, JOHN: *Gedanken über Erziehung*. Stuttgart, 1970.

MACHO, THOMAS: «Stille». Kunstverein Kärnten (ed.): K*atalog der Jahresausstellung*, 1992.

MANGANELLI, GIORGIO: «Hatte Pinocchio recht?». En: *Corriere della Sera*, 14-9-1981. Reproducido en: *Kindheit* 4, 1982, pp. 145f.

MANGUEL, ALBERTO: *Eine Geschichte des Lesens*. Berlín, 1998 [Una historia de la lectura, trad. José Luis López Muñoz, Alianza Editorial, Madrid, 1988].

MATTENKLOTT, GUNDEL: *Grundschule der Künste*. Baltmannsweiler, 1998.

MERKEI, JOHANNES: *Spielen, Erzählen, Phantasieren. Die Sprache der inneren Welt*. Múnich, 2000.

NABOKOV, VLADIMIR: «Erinnerung, sprich. Wiedersehen mit einer Autobiographie». En: *Gesammelte Werke*. Ed. E. ZIMMER, vol. 22., Berlín, 1991.

OBERHUEMER, PAMELA; ULICH, MICHAELA: *Kinderbetreuung in Europa.* Weinheim, 1997.

OECD Country Note 2000: *Early Childhood Education and Care Policy in the USA.* http.//www.oecd.org/els/ecec

OPIE, L; OPIE P.: *The Singing Game.* Oxford, 1988

OSER, FRITZ: *Die Entstehung Gottes im Kinde.* Zúrich, 1992.

—: *Die Architektur des inneren religiösen Lebens.* Friburgo (Suiza), 1999.

PAPOUSEK, HANUS; PAPOUSEK, MECHTHILD: «Mothering and the Cognitive Head Start. Psychobiological Considerations». En: H.R. SCHAFFER (ed.): *Studies in Mother-Infant Interaction.* Londres, 1977, pp.70f.

—: «Beginning of Human Musicality». En: STEINBERG, ROBERT (ed.): *Music and the Mind Machine.* Berlín, 1995, pp.27-34.

PASCAL, CHRIS y otros: *Effective Early Learning. The Quality Evaluation and Development Process.* Worcester, 1994.

RICHTER, DIETER: *Kindheit im Gedicht.* Frankfurt am Maine, 1992.

RICHTER, INGO: *Die sieben Todsünden der Bildungspolitik.* Múnich, 1999.

RILKE, RAINER MARIA: *Briefwechsel mit Ellen Key.* Frankfurt am Maine, 1993.

ROBINSOHN, S. B.: *Comparative Education. A Basic Approach.* Jerusalén, 1992.

—: *Bildungsreform als Revision des Curriculum. Und ein Strukturkonzept für Curriculumentwicklung.* Neuwied, 1971.

SCHÄFER, G. E.: *Bildungsprozesse im Kindesalter. Selbstbildung, Erfahrung und Lernen in der frühen Kindheit.* Weinheim, 1995.

SCHILLER, FRIEDRICH: Über naive und sentimentalische Dichtung. En: *F. Schiller, Gedichte und Prosa.* ed. EMIL STAIGER. Stuttgart, 1984, pp. 537 y ss. [Sobre la gracia y la dignidad. Sobre poesía ingenua y poesía sentimental, trad. de Juan Probst y Raimundo Lida (1953), Icaria, Barcelona, 1958].

SCHIMMEL, ANNEMARIE: *Wie universal ist die Mystik?* Friburgo, 1998.

SCHUBERT, VOLKER: *Die Inszenierung der Harmonie. Erziehung und Gesellschaft in Japan.* Darmstadt, 1992.

SCHWEITZER, ALBERT: *Aus meiner Kindheit und Jugendzeit.* Múnich, 1924.

SELLE, GERT: *Siebensachen. Ein Buch über die Dinge.* Frankfurt am Maine, 1997.

SLOTERDIJK, PETER: *Zur Welt kommen – zur Sprache kommen. Frankfurter Vorlesungen.* Frankfurt am Maine, 1988.

SLOTERDIJK, PETER: *Weltfremdheit.* Frankfurt am Maine, 1993.

SLOTERDIJK, PETER (ed.): *Vor der Jahrtausendwende. Berichte zur Lage der Zukunft.* Frankfurt am Maine, 1990.

SOBEL, DAVID: *Mapmaking with Children. Sense-of-Play-Education for the Elementary Years.* Londres, 1998.

TIETZE, E. (ed.): *Wie gut sind unsere Kindergärten? Eine Untersuchung zur pädagogischen Qualität in deutschen Kindergärten.* Neuwied, 1998.

TOBIN, D.; WU, D.; DAVIDSON, D.: *Preschool in Three Cultures. Japan, China and the United States.* New Haven, 1989.

TOMATIS, ALFRED: *Der Klang des Lebens.* Reinbek, 1987.

VALTIN, RENATE; FLITNER, ELISABETH; WALPER, SABINE: *Mit den Augen der Kinder. Freundschaft, Geheimnisse, Lügen, Streit und Strafe.* Hamburgo, 1991.

Verband deutscher Musikschulen (ed.): *Statistisches Jahrbuch der Musikschulen in Deutschland.* Bonn, 1999.

VYGOTSKIJ, LEV S.: *Das Spiel und seine Rolle für die psychische Entwicklung des Kindes. Ästhetik und Kommunikation II* (1973).

VYGOTSKIJ, LEV S.: *Denken und Sprechen.* Frankfurt am Maine, 1993.

WEINBERGER, J.: *Literacy Goes to School. The Parents' Role in Young Children's Literacy Learning.* Londres, 1996.

WEINERT, FRANZ EMANUEL: «Wissen und Denken. Über die unterschätzte Bedeutung des Gedächtnisses für das menschliche Denken». En: Bayerische Akademie der Wissenschaften (ed.): *Jahrbuch* 1996. Múnich, 1997, pp.15-31.

WEINERT, FRANZ E.; HELMKE, ANDREAS (ed.): *Entwicklung im Grundschulalter.* Weinheim, 1997

WILSON, FRANK: *Die Hand – Geniestreich der Evolution. Ihr Einfluß auf Gehirn, Sprache und Kultur des Menschen.* Stuttgart, 2000 [La mano: de cómo su uso configura el cerebro, el lenguaje y la cultura humana, trad. Jaime Gavaldá Posiello, Tusquets, Barcelona, 2002].

WHALLEY, MARGARET: *Learning to be Strong.* Londres, 1994.

WHALLEY, MARGARET; Pen Green Center Team: *Involving Parents in their Children's Learning*. Londres, 2001.

WHITEHEAD, MARIAN: *Supporting Language and Early Literacy Development in the Early Years*. Milton Keynes, 1999.

ZIMMER, JÜRGEN: *Kindergärten auf dem Prüfstand*. Seelze-Velber, 1997.

—: «Qualität und Unternehmensgeist. Zur Reform der Ausbildung von Erzieherinnen». En: W. E. FTHENAKIS; H. EIRICH (ed.): *Erziehungsqualitäten im Kindergarten. Forschungsergebnisse und Erfahrungen*. Friburgo, 1998.

ZINNECKER, JÜRGEN; SILBEREISEN, RAINER K.; GEORGE, WERNER y otros (ed.): *Kindheit in Deutschland. Aktueller Survey über Kinder und ihre Eltern*. Weinheim, 1996.